대한민국
부동산
사용설명서

대한민국
부동산
사용설명서

부동산 절대 기준 빠숑의 특급 가이드

김학렬 지음

에프엔미디어

대한민국 부동산에 던지는 냉철한 시장주의자의 제안

오래전부터 저는 각종 언론 매체를 통해 "집값이 단기 조정을 보일지라도 서울 주요 지역 등 인기 지역의 가격은 중장기적으로 오를 수밖에 없을 것"이라고 이야기해 왔습니다. 그 이후 집값 하락을 희망하는 사람들에게 저는 공공의 적이 되었습니다. 하지만 김학렬 소장이 받은 공격을 생각하면 저는 해프닝 정도였을 뿐입니다. 일부 언론에서 김 소장을 집중적으로 그리고 부정적으로 다룬 것을 보고 저는 아연할 수밖에 없었습니다.

그는 부동산 업자가 아닙니다. 오히려 그 반대 역할을 해 오고 있습니다. 그는 스마트튜브 부동산조사연구소 소장입니다. 그 전에는 한국갤럽조사연구소 팀장이었고요. 그의 지난 20년간의 활동은 객관적인 리서치 결과에 기반한 것입니다. 책, 칼럼, 강의, 그리고 그를 통해 나오는 모든 콘텐츠는 단순히 부동산 시장이 오를 것이라는 어중간한 메시지를 전달하고자 함이 아닙니다. 그는 현재 대한민국 시장을 치열하게 객관적으로 보려고 하는 냉철한 시장주의자인 것이죠.

김 소장과는 몇 년 전 한 방송 프로그램에 출연하면서 연을 맺은 뒤 줄곧 친분을 이어 오고 있습니다. 그때 출연자 대기실에서 그가 제게 묻더군요.

"교수님은 요즘 어느 지역에 관심이 있으세요?"

저는 주변에서 어느 곳의 부동산을 사는 게 좋은지 물어 오면 입버릇처럼 하는 대답을 했습니다.

"현재 가격 기준으로 단기적으로는 강남, 중장기적으로는 용산이 톱이지요."

그는 일반적으로 교수들은 제도권의 전문가들처럼 부동산 시장을 부정적으로만 보는 줄 알았다고 하더군요. 강남, 용산 이야기만 해도 투기 세력으로 오해하는 탁상 전문가들과는 다르다며 저를 치켜세웠습니다. 자신의 연구 결과도 마찬가지라고 하면서 말이죠.

강남은 고용, 산업, 문화 등에서 가장 발달한 지역입니다. 이것이 팩트입니다. 여기에 최근 서초구는 경부고속도로 지하화 계획인 '나비

플랜'을 기반으로 'R&CD(연구개발 및 산업 생태계) 특구' 개발을 통해 연구와 혁신의 거점이 되겠다는 구상을 세우고 있습니다.

용산은 무산된 국제업무지구 개발 사업이 어떤 형태로든 재개될 것이고, 이에 따라 엄청난 고용이 일어날 것입니다. 다시 추진될 경우 과거 계획으로 본다면 테헤란로의 모든 건물이 들어올 수 있는 물량이고, 쇼핑센터도 코엑스 규모의 몇 배가 들어올 수 있기 때문이죠. 이런 미래 가치를 그도 똑같이 이야기했습니다.

그와 대한민국 부동산의 미래에 대해 이야기 나누는 것이 정말 좋습니다. 많은 부분 생각이 같기 때문입니다.

부동산 가격 폭락을 얘기하는 전문가들이 있어 왔고 지금도 있습니다. 최근 유행하는 유튜브에서도 폭락을 주장하는 사람들의 콘텐츠 조회 수가 꽤 높다고 들었습니다. 참 신기합니다. 1990년대부터 계속해서 폭락이 올 것이라고 주장했다면 두 번은 적중했을 것입니다. 1997년 IMF 외환위기와 2008년 세계 금융위기 때 말입니다. 그러나 이런 사람들의 말에 따라 폭락을 계속 기다렸다면 지금은 한숨만 쉬고 있을 가능성이 높습니다.

부동산, 특히 주택은 가격이 어떻게 형성되고 이 가격은 어떤 속성이 있는지 충분히 이해하지 못하고 일부 사실만 과장되게 해석해서 폭락론을 따른다면 평생 무주택자 신세를 벗어나지 못할 것입니다.

추천사

즉 중산층 이상이 자산을 축적하는 과정인 성장 사다리에 올라타지 못할 가능성이 높다는 말입니다. 따라서 시장에 대한 객관적인 자세를 견지하고 역사적, 세계적 흐름을 이해하는 것이 매우 중요합니다.

물론 폭락이라는 현실은 언제든지 닥칠 수 있습니다. 그러나 그것은 일반적으로 예측 불가능한 영역입니다. 리스크와 불확실성의 차이라고도 볼 수 있습니다. 주택 가격의 움직임을 본인의 신념에 맞추어 무리하게 해석하기보다는 자연스러운 흐름으로 보는 것이 더 합리적인 태도가 아닐까 생각합니다. 그 흐름을 따라가는 것이 더 자연스럽다는 말입니다.

아직도 대한민국 부동산을 어떻게 이해하고 활용해야 할지 잘 모르겠다는 분이 많습니다.

그렇다면 대한민국 부동산에 던지는 냉철한 시장주의자 김학렬 소장의 제안에 귀 기울여 보시기 바랍니다. 《대한민국 부동산 사용설명서》는 대한민국만의 독특한 부동산 시장을 알기 쉽게 해설했고, 시장 가격에 대한 혜안을 주며, 대한민국 부동산 상품의 핵심을 잘 짚어 내고 있습니다. 지난 20년간 대형 건설사와 1천여 건의 부동산 수요 조사 프로젝트를 진두지휘했던 노하우와, 부동산의 핵심이라고 할 수 있는 입지 분석 노하우가 이 책에 담겨 있습니다. 마지막으로 대한민국 부동산 정책을 어떻게 이해하고 판단해야 하는지에 대한 속 시원한 그만의 통찰력은 혼란스러운 시장을 이해하는 데 큰 도움이 될 것입니다.

　김학렬 소장은 늘 제게 얘기합니다. 학계에 저 같은 사람이 있어서 그나마 다행이라고요. 항상 의지가 된다며 고맙다고 합니다. 빈말(?)인 줄 알지만 기쁘게 듣습니다. 저 역시 김 소장께 이렇게 이야기하고 싶습니다. 대한민국 부동산 시장에 계셔서 든든하다고 말이죠. 언제 어디서든 그의 활약을 진심으로 응원합니다.

심교언 건국대학교 부동산학과 교수

아는 사람만 알아보는 대한민국 1%의 부동산 인사이트

　제가 한국갤럽조사연구소에서 부동산조사본부 연구원으로 업무를 시작한 것이 2002년이었습니다. 만 18년 전이지요.

　처음 담당했던 프로젝트가 기억납니다. 대형 할인점 출점 수요 조사였습니다. 부산광역시 영도구의 특정 부지에 대형 할인점 입점을 검토하고 있던 대형 유통기업에서 출점 가능성 여부를 검토해 달라고 의뢰한 프로젝트였습니다.

　한국갤럽조사연구소는 철저하게 소비자 베이스에서 할인점 출점 가능성을 검토합니다. 먼저 조사 지역을 선정합니다. 해당 지역에 대형 할인점이 입점했을 때 소비자들이 이용할 수 있는 지역을 가상으로 정하는 것입니다. 1차 타깃 지역, 2차 타깃 지역, 3차 타깃 지역으로 나누어 모집단을 세분화합니다. 세분화된 모집단 내에서 조사를 진행하기 위해 정교하게 샘플링을 합니다.

선정한 조사 지역의 인구가 20만 명이라면 1,000명 전후의 표본으로 20만 명을 대표하는 의견을 도출해야 하므로 샘플링을 정확하게 해야 합니다.

특히 부산 영도구는 섬 지역이기 때문에 다리가 있다 하더라도 접근성이 떨어진다고 봐야 합니다. 그러니 내륙에서의 이용 가능성 여부를 더 디테일하게 따져 봐야 하는 프로젝트였습니다.

그렇게 조사했더니 당시 영도구에는 대형 할인점이 입점하기에는 잠재 수요층의 규모가 충분치 않다는 결과가 도출되었습니다.

게다가 주변에 경쟁 대형 슈퍼마켓이 이미 많았기 때문에 그 충분치 않은 수요층마저 또다시 나뉜다는 사항도 추가되어야 했습니다.

대형 할인점 입점 후 경쟁 구도까지 도출해 보니 영도구 내에서 1위의 유통점이 될 수 있는 역량을 갖추었지만 영도구 내 인구로는 점포를 유지할 만한 매출 발생이 어렵다는 것이 최종 결론이었습니다. 결국 영도구 내 대형 할인점 출점은 무산되었지요.

수요 조사를 한다고 해서 무조건 출점을 하는 것이 아닙니다. 오히려 출점해서는 안 된다는 보고서가 나온 프로젝트가 더 많았습니다. 특히 상업 시설은 그랬습니다.

지난 19년간 2,000개 가까운 부동산 프로젝트를 진행했습니다. 그 중에서 가장 많은 비율을 차지한 것이 아파트 수요 프로젝트였습니다. 특정 입지에 아파트를 분양하면 수요가 있을지, 수요가 있다면 분양가를 얼마까지 받을 수 있을지가 주요 내용이었습니다.

2006~2007년은 부동산 광풍의 시기였습니다. 수요 조사를 할 필요가 없었던 시기지요. 2010~2013년 수도권은 암흑의 시기였습니다. 수요 조사를 100건 실시하면 95개는 분양을 하면 안 된다는 결과가 나왔습니다.

미분양 발생 가능성이 높다는 결론이 도출되는 프로젝트는 실제 분양을 하지 않았습니다. 최소 수백억, 최대 몇 조의 비용이 투입되는 프로젝트이므로 건설사는 이렇게 다양한 방법으로 사업 타당성 여부를 검토하는 것이 당연하지요.

결국 저는 부동산 위기 관리를 위해 가장 보수적인 보고서를 작성합니다. 가장 확률이 높고 리스크가 낮은 방법을 찾아 드리는 것이 제 주요 미션인 것이지요.

제 클라이언트는 대기업만 있는 것이 아닙니다. 공공기관도 있습니다. 국토교통부와는 초창기부터 주거실태조사를 진행했고, LH공사와는 토지공사, 주택공사 당시부터 세 자릿수 이상의 프로젝트를 진행했습니다.

저는 정부, 기업체, 소비자의 의사 결정 과정을 20년 가까이 조사하고 분석했습니다. 제가 가진 부동산 인사이트는 이 과정에서 쌓인 결과라고 할 수 있습니다.

그 인사이트를 담아 "빠숑의 세상 답사기"라는 네이버 블로그에 매일 칼럼을 써 오고 있습니다. 지난 10년간 칼럼 4,000여 개가 누적되었습니다. 저는 칼럼을 통해 정부와 기업체, 소비자 모두에게 필요한 메시지를 전달해 드리고 싶습니다.

이번 책《대한민국 부동산 사용설명서》에는 특히 대한민국 부동산을 보는 데 필요한 모든 것을 담았습니다. 기존의 부동산 시장 참여자뿐만 아니라 실거주자인 소비자, 주택 공급자인 기업체, 그리고 정책 입안자까지 모두 알고 이해해야 하는 대한민국 부동산에 대한 인사이트가 담겨 있습니다. 여기서 설명해 드린 부동산 인사이트를 모두 소화한다면 이후에는 각자 원하는 바대로 해석하고 응용할 수 있을 것입니다.

자신이 어떤 세대에 속해 있든, 정치적 성향이 어떠하든 간에 부동산은 부동산입니다. 하나의 시장입니다. 시장은 수요·공급의 원칙에 의해 움직입니다. 어떤 형태로든 영향을 미치거나 손해를 보지 않기 위해서는 시장의 움직임을 이해하고 전망할 수 있어야 합니다.

《대한민국 부동산 사용설명서》는 총 6개 장으로 구성되어 있습니다. '시장', '수요', '가격', '상품', '입지', '정책'이 그것입니다.

가장 먼저 대한민국 부동산 시장만의 특징을 정리했고, 대한민국 부동산에 가장 큰 영향을 주는 수요에 대한 정의를 다시 내렸습니다. 그래야 부동산 가격과 부동산 상품에 대한 올바른 기준을 세울 수 있기 때문입니다.

그리고 부동산의 기본 중에 기본이라고 할 수 있는 입지에 대한 인사이트를 제시한 다음, 부동산 시장에 대한 정부의 전략인 정책을 설명하면서 책을 마무리했습니다.

이 책 한 권에 저의 지난 20년 노하우를 모두 담았습니다. 20년간의 조사와 분석 자료를 총동원했습니다. 전국 규모의 분양 물량, 시세 변동률, 시세 변화, 거래 동향, 미분양 현황, 입주 물량 등 전체적인 공급과 수요량을 확인할 수 있을 것입니다. 대한민국 부동산을 움직이는 모든 액터들에게 이 책을 드리고 싶습니다.

정부는 정부다워야 합니다. 기업체와 개인이 해결하지 못하는 욕구들을 충족시켜 주어야 합니다. 국토교통부의 존재 이유는 국토를 효율적으로 개발하고 광역교통망을 신속하게 개발하여 국민들이 살기 좋은 부동산 환경을 만드는 것입니다.

기업체는 주민들이 안심하고 편리하게 살 수 있는 최적의 주거 상품을 공급해야 합니다.

개인은 부동산에 대해 합리적인 의사 결정을 해야 합니다. 가만히 앉아서 정부나 기업체가 무엇을 해 주기만을 기다려서는 안 됩니다. 내 가족의 보금자리는 내가 직접 만들어 가야 하기 때문입니다.

이 책이 대한민국 부동산 발전에 조금이라도 도움이 되길 기대합니다.

2019년 12월
용산의 천지개벽을 지켜보고 있는 서빙고에서
김학렬

차례

제1장 시장   시장과 싸우지 마라

제2장 수요 　　　　　　　　　　　하나만 꼽는다면 결국 수요다

제3장 가격   싸니까 사는 게 아니다

제4장 상품 이제부터는 상품 경쟁력이다

제5장 입지　　　　　　　　　　　부동산의 최고 핵심은 입지다

제6장 정책 　　　　　　　　　　정부가 집을 거저 주지는 않는다

일러두기

• 이 책에 실린 부동산 물량, 시세 변화, 거래 현황 등의 표는 KB부동산의 데이터입니다. 출처가 다른 것은 별도로 표기했습니다.
• 시세는 2019년 10월 KB부동산 기준입니다.

제1장 시장

시장과 싸우지 마라

'시장과 정책이 싸운다'는 말을 종종 한다. '과연 둘 중 누가 이길 것이냐?'라는 말도 많이 한다. 이 말에는 어폐가 있다. 결국 개인도 기업도 정부도 시장이라는 거대한 판 위에서 활동하고 있을 뿐이기 때문이다.

시장은 이길 수 없는 존재이고 이기려고 해서도 안 되는 존재이며, '시장 안에서 어떻게 조화롭게 함께 잘 살 수 있을까?'가 개인과 기업과 정부가 고민해야 할 일이라고 생각한다.

그러므로 현재 언론과 정부는 '부동산 시장'이라는 단어를, 공급자와 소비자가 만나서 매매 행위를 하는 마켓의 개념이 아니라 결국 개인이나 기업의 일부 행위들로 오용하고 있는 것이다.

2019년 말 현재, 부동산 규제 정책의 목적은 집값을 잡는 것이다. 정부는 세금과 주택 공급의 축소나 확대를 통해 수요를 분산하려고 한다. 수요에는 실수요와 투자 수요가 있다. 부동산 규제 정책은 특히 투자 수요를 억제하려는 것이다.

이렇게 하면 두 가지 부작용이 발생한다. 하나는 실수요의 향방을 예측할 수 없게 된다는 것이고, 다른 하나는 투자 수요가 줄어들면 전세 등 임차 공급이 줄어들게 된다는 것이다.

부동산 시장을 안정시키는 가장 좋은 방법은 꾸준히 신규 공급을 하는 것이다. 입지 좋은 곳의 신축 가격 인상은 어쩔 수 없다. 대기 수요층이 많기 때문이다. 하지만 입지가 좋지 않은 신축과 입지가 좋은 기축을 경쟁하게 하면 된다. 공급자끼리 공급 경쟁을 해야 시장 가격이 안정화되기 때문이다. 이렇게 시장에서 경쟁하는 구도를 만들어야 하는데 지금은 부동산 시장에서 경쟁할 물량 자체가 절대적으로 적다.

신축이든 구축이든 매물이 급격히 줄어들고 있다. 공급 축소에 대한 정부의 메시지, 양도세 부담으로 인한 장기 소유 트렌드, 의무 소유와 의무 거주 기간 강화로 매매 자체가 약화되었고, 의도했든 의도하지 않았든 간에 시장 거래가 급감하게 된 것이다.

결국 규제 일변도의 부동산 정책은 시장 실패로 갈 수밖에 없다. 이것이 현실이다. 다주택자는 탈법을 일삼는 사람이며 도덕적으로 비난받아 마땅하다고 생각하는 사람이 많은 것 같다. 그래서 현 정부에서 적폐 취급을 하는 건지도 모른다. 하지만 다주택자들도 사회에 반드시 필요하다. 그들의 활동이 불법이 아니라면 공생하는 방법을 찾는 것이 정부의 역할일 것이다.

신축이 줄어드는 것만이 문제가 아니다. 그보다 구축이 거래되지 않는 것이 더 큰 문제다. 세금 부담 등 다주택자들의 활동이 위축되는데 시장에 임대 물건 공급이 원활할 리가 없다. 정부가 규제만 하면 시장이 원활히 움직이지 않는다. 지난 50년의 부동산 역사를 통해 수없이 반복된 일이다.

다주택자들도 사람이고 국민이고 시민이다. 개인의 이익, 기업의 이익, 사회의 이익을 고려하는 존재라는 말이다. 이익이 없으면 움직이지 않는다. 당연한 말이다.

규제하고 세금을 높이면 그에 반대되는 부작용이 발생할 수밖에 없다. 부동산은 공산품처럼 무한대로 공급되는 상품이 아니기 때문이다.

이제 부동산으로 돈 버는 시대는 끝나야 한다고 말한다. 그래서 규제하는 거라는 얘기다. 그럼 대한민국 최초의 부동산 규제책은 언제 나왔을까? 박정희 정부 때인 1967년이다. 보수 정권의 시작이라고 할 수 있는 정부다. 그때 발표된 정책이 '부동산 투기 억제에 관한 특별 조치법'이었다. 양도 차익의 50%를 세금으로 걷어 가는 정책이었다.

그때 박정희 정부는 이런 선언을 한다. "이제 부동산으로 돈 버는 시대는 끝났다!" 그 정책으로 인한 시장의 결과는 어땠을까? 매도자들은 매물을 모두 수거했고 부동산 시세는 1년 동안 80% 폭등했다.

그때와 지금은 사정이 다르니 다른 결과가 나올까? 다를 수도 있고 같을 수도 있을 것이다. 하지만 시장은 냉정하다. 그 시장을 준비하고 대비하는 쪽이 이긴다. 대한민국 부동산 시장을 더 자세히 분석해야 하는 이유가 바로 여기에 있다.

1

지금 가장
유리한 사람들은?

결론부터 말하자면

정부 · 기업 · 개인 모두 입장이 다르다.
각자의 입장에서 해석한 의견에 휘둘리지 마라.

　똑같은 부동산 시장을 보고도 해석은 여러 가지다. 부동산 시장에서의 이해관계에 따라 입장이 서로 다르기 때문이다.

　먼저 정부는 원활한 거래를 원한다. 부동산 시세가 계속 오르길 희망할지도 모른다. 세금을 더 많이 걷을 수 있으니 말이다. 하지만 정부는 정치적 집단이다. 유권자 대다수가 희망하는 대로 정책을 만들고 추진하게 된다. 정치적 지지를 받지 못하면 정권을 유지할 수 없기 때문이다.

　그래서 부동산에 대한 정부 정책은 평균적인 수치를 참고하게 된다. 물론 시장에는 입지, 사람마다 세세한 차이가 존재한다. 그럼에도 어쩔 수 없다. 100가지 차이가 있어도 효율성이라는 측면 때문에 단순한 접근이 필요하다. 통상적으로 유권자 구성비 파이가 큰 2~3개 집단의 의견을 중심으로 정책을 만들고 추진하게 된다. 내가 속한 집단의 이익과 정부의 정책이 맞지 않을 수 있다. 그러므로 정부의 정책은 비판이 아닌 활용 대상이다. 그렇게 판단하고 활용하라.

둘째, 기업은 오히려 단순한 집단이다. 기업의 존재 목적은 이익 추구다. 사회 정의 실현, 공익 활동 등을 내세우기도 하지만 그러한 활동의 이면에는 결국 이익 추구가 있다. 사회적으로 칭찬받는 기업이 되려는 게 아니라 인지도, 선호도를 높이려는 마케팅 활동일 뿐이다.

그래서 기업은 이익이 되지 않으면 움직이지 않는다. 만약 강원도 정선 주민들이 삼성 래미안 아파트가 건설되길 희망한다고 치자. 래미안은 정선에 단 한 번도 아파트를 공급하지 않았고, 공급할 생각도 없어 보인다. 현대 힐스테이트와 GS 자이도 마찬가지다. 지역 주민은 콧대 높은 대기업 시공사를 원망하게 된다.

정선에는 강원랜드라는 대기업이 있어서 지역 경제가 활성화되고 인구도 많은데 왜 기업들은 정선에 브랜드 아파트를 분양하지 않는 것일까? 이유는 간단하다. 시장성이 없기 때문이다. 돈이 되지 않는다. 정선이라는 지역은 대기업이 들어오기에는 시장이 작다. 시장성이 있다면 반드시 들어온다.

마지막으로 개인이다. 개인들도 입장이 모두 다르다. 투자자, 자가 실거주층, 임차 세대 모두가 다르다. 놀라운 사실은 같은 물건을 매수한 층의 목적도 시기에 따라 다르다는 점이다. 2006년 용인시의 중대형 아파트를 매수한 사람과 2013년 매수한 사람이 현재 부동산 시장을 바라보는, 혹은 평가하는 시각이 같을 수 있을까?

전혀 다르다. 2006년 용인시의 중대형 부동산 시세는 말 그대로 거품이었다. 반면에 2013년의 시세는 거품 빠진 시장가였다. 2006년에 용인의 중대형 아파트를 매수한 사람은 시장을 부정적으로 볼 수밖에 없다. 시장은 거품으로 가득 차 있다고 판단한다. 반면 2013년 대세 상승기 초입에 매수한 사람은 시장의 상승성을 기대한다. 같은 방법으로 투자해도 계속 수익을 얻을 수 있을 거라 생각한다.

최근 같은 시장을 보면서 많은 사람들이 혼란스러워하는 이유가 여기에 있다. 2018년까지 시장가가 꽤 오른 것 같아, 거품을 경험한 이들은 시장이 두렵다. 그러나 2013년 이후에 투자를 시작한 사람들은 단 한 번도 하락장을 경험해 보지 못했다. 그래서 열정과 의지를 가지고 투자하면 무조건 승승장구할 수 있을 것 같다. 투자하지 않는 사람들을 소극적이라고 비판하기도 한다.

대한민국 부동산 시장에는 두 번의 대세 하락기가 있었다. 1997년 IMF 외환위기와 2008년 세계 금융위기 때다. 두 번의 하락기를 경험한 전문가들은 지금의 규제 정국과 조정 장세를 큰 어려움으로 보지 않는다. 오히려 장기적인 시장의 방향성과는 다른 정부, 기업, 개인의 단기적인 반응으로 인해 시장 기회가 더 많이 생겨나고 있다. 경험 많

대한민국 부동산 사용설명서

경기도 용인시 수지구 래미안 이스트팰리스 조감도

경기도 용인시 수지구

은 투자자는 이런 의도치 않은 시장 기회로 인해 더 많은 기회를 가질 수 있을 듯하다.

2019년 말 현재, 시장에서 가장 유리한 층은 무주택자와, 1주택 세대 중 자가 실수요를 위해 신규 아파트를 구매하는 층이다. 그런데 아이러니하게도 그들이 가장 불안해하고 있다.

적어도 이 글을 보는 무주택자, 1주택 세대는 50년 만에 처음 온 실수요자 시장을 제대로 활용하길 바란다. 정부, 기업, 부동산 전문가가 내놓는 단기적인 전망이나 의견에 아무 생각 없이 따르기보다는 스스로 판단하고 의사 결정하는 힘을 키워야 한다.

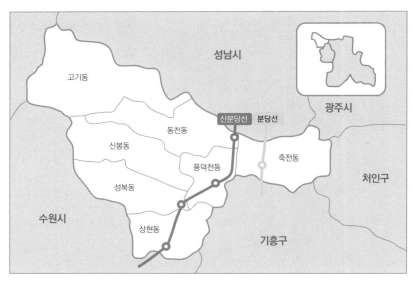

경기도 용인시 수지구

경기도 용인시 수지구 아파트 시세(2000~2019년)

(단위: 만 원/3.3m²)

	동천동	풍덕천동	전체	성복동	죽전동	상현동	신봉동
2000년	414	488	491		525	439	
2001년	449	533	539	638	573	490	648
2002년	701	607	613	623	670	568	652
2003년	734	707	748	872	775	706	877
2004년	804	666	759	864	843	683	858
2005년	1,030	856	1,041	1,213	1,168	926	1,314
2006년	1,469	1,204	1,345	1,428	1,462	1,249	1,523
2007년	1,422	1,178	1,290	1,365	1,387	1,192	1,397
2008년	1,217	1,042	1,079	1,157	1,168	971	1,064
2009년	1,256	1,062	1,121	1,145	1,188	1,048	1,182
2010년	1,379	1,034	1,115	1,205	1,135	973	1,152
2011년	1,390	1,044	1,116	1,234	1,134	956	1,127
2012년	1,278	987	1,039	1,152	1,078	888	1,024
2013년	1,282	1,003	1,027	1,057	1,083	897	1,010
2014년	1,315	1,099	1,077	1,075	1,113	961	1,056
2015년	1,388	1,189	1,139	1,127	1,161	1,021	1,096
2016년	1,398	1,206	1,140	1,118	1,160	1,022	1,083
2017년	1,399	1,245	1,150	1,116	1,174	1,028	1,073
2018년	1,583	1,518	1,299	1,162	1,266	1,188	1,153
2019년	1,665	1,537	1,346	1,340	1,288	1,180	1,147

시장

분양가 상한제,
논리적으로야 완벽하다

결론부터 말하자면

분양가를 잡아도 수요가 그대로면 프리미엄이 오른다.
집값 외에 일자리, 기반 시설에 집중해야 한다.

최근 전국 부동산 시장의 청약 결과를 보면 재미있는 사실을 확인할 수 있다. 투기지역, 투기과열지구의 신규 분양은 대부분 높은 경쟁률을 기록하며 계약 완료됐지만, 비조정대상지역의 신규 청약은 미분양이 상당수다. 왜 이런 결과가 나타나는 걸까? 이유야 여러 가지 있겠지만 그 가운데 '분양가 문제'도 있다.

현재 주택도시보증공사(HUG)에서 통제하는 분양가 정책은 분양가 상한제와 유사하다. 부동산 시장은 지역별로 극심한 차이를 보인다.

소위 양극화 시장이다. 시장에서 원하든 원하지 않든 지난 50년간 부동산의 역사, 특히 아파트 가격의 역사는 지역별 양극화 과정이었다.

서울 아파트의 평균 가격은 서울 이외 지역과는 비교가 되지 않는다. 다른 16개 광역 지자체 중 어느 곳과 비교해도 서울 아파트의 가격이 2~4배 이상이다. 광역 지자체 2위인 부산에서 시세가 가장 높은 수영구, 해운대구 아파트도 3.3㎡(약 1평)당 평균 가격이 2,000만 원이 안 된다. 하지만 서울 강남구는 5,000만 원을 넘어섰다.

가격 차이를 줄이기 위한 방법이 두 가지 있다. 시세가 높은 지역의 가격을 하락시키는 방법과 시세가 낮은 지역의 가격을 상승시키는 방법이다. 두 가지 방법을 동시에 쓸 수 있다면 이상적이겠지만 현실적으로 불가능하다. 어떤 방법이든 인위적으로 조정할 경우 특혜나 비리가 발생할 수 있다.

주택도시보증공사의 분양가 상한제는 급등하는 부동산 가격을 진정시키기 위한 하향 평준화 방법이다. 분양가 상한선을 이전 분양가의 10% 전후로 책정해서 급격한 상승을 막는 효과를 노린다. 단기적으로는 분양가 하락 효과를 볼 수 있다. 그렇게 하면 신규 아파트 가격이 싸게 공급돼 기존 아파트 가격에도 영향을 줄 수 있다. 논리적으로는 완벽하다.

하지만 시장에는 우리가 통제하지 못하는 요소가 너무 많다. 예를 들면 수요의 이동이다. 강남구에 대한 수요를 강남구 인구로만 한정할 수 있다면 분양가 상한제든, 투기지역 선정이든, 세금 규제든 어떤 규제 정책을 펼쳐도 효과를 볼 수 있었을 것이다. 하지만 강남에 대한 수요를 강남구민으로 한정할 순 없다.

강남구에 대한 수요는 그곳 아파트가 3.3㎡당 5,155만 원(KB부동산 시세, 2019년 11월 기준)이라고 평가하는 사람의 숫자만큼이다. 인구로는 53만 명, 세대로는 23만 5,000세대다. 인위적으로 강남구 평균 시세를 3.3㎡당 1,000만 원 정도 내렸다고 가정해 보자. 수요층은 지금보다 늘어날 것이다. 얼마나 늘어날까? 추정할 수 없다.

서초구, 송파구, 용산구, 동작구, 광진구, 강동구, 성동구, 성남 분당구 등 강남구를 에워싼 지역은 1차로 강남구의 적극 수요층으로 참여할 것이다. 2차로 서울 전체와 경기도, 인천, 3차로 전국까지 수요 규모가 기하급수적으로 증가할 수 있다. 여기서 가격을 더 내리면 수요층도 커진다. 이렇게 되면 현재 강남구에서 수용할 수 있는 23만여 세대보다 수요량이 기하급수적으로 증가해 다시 가격이 오를 수밖에 없다. 시장 가격의 형성 원리다.

분양가 상한제 이야기로 다시 돌아오자. 수요가 많은 지역은 분양가를 고정해도 시장에서 자연스럽게 발생하는 프리미엄으로 분양가와 시장가의 갭이 사라진다. 그게 자본주의 시장 논리다. 수요가 없는 지역은 분양가 상한 제한을 할 필요가 없다. 굳이 분양가를 붙잡아도 실익이 없기 때문이다. 해당 지역 내 수요가 어느 정도 존재하는지가 핵심이다.

강남처럼 대기 수요가 몰린 지역에 대한 해결 방법은 하나뿐이다.

수요층이 자발적으로 타 지역을 선택할 수 있도록 대안을 마련해 주는 것. 지금의 강남구에 몰려 있는 양질의 일자리와 인프라를 일부라도 타 지역으로 옮길 수 있다면 그만큼 수요층은 줄어든다.

서울시에서는 서울시 생활권 계획을 통해 다양한 수요 분산 시도를 하고 있다. 일자리가 부족한 동북권에 상업 지역을 확대해 업무 지역으로 활성화하겠다는 계획이다. 좋은 시도다. 강남에 몰린 수요층을 효과적으로 분산할 실질적인 방법일 테니 말이다.

하지만 동북권 개발 계획 및 발전 방향에서는 강남의 수요를 분산할 만한 확실한 미래가 보이지 않는다. 강남구를 포함한 동남권의 개발 계획이 더 많아 보인다. 강남구 삼성동에 몰려 있는 개발 이슈 하나가 서울시 전체의 개발 계획보다 훨씬 강력하게 느껴진다.

분양가 상한제는 수요 증감이 고정된 상태라면 시도해 볼 만한 정책이다. 하지만 수요층이 이미 많은 지역이나, 수요층이 계속해서 증가할 수밖에 없는 지역이라면 효과가 있을까? 투기지역의 집값을 잡고 싶으면 투기지역이 아닌 곳을 활성화해야 한다. 투기과열지구의 집값을 잡고 싶으면 다른 지역을 개발해야 한다. 그래야 수요가 분산될 수 있다.

집값이 오른다고 집값만 잡으면 되는 게 아니다. 집값이 크게 오르지 못하도록 다른 대책이 함께 펼쳐져야 한다. 주택 공급 조절만으로는 절대 효과가 없다. 일자리와 기반 시설의 유무가 더 중요하다. 그래야만 효과적인 부동산 정책이 될 수 있다.

전국 아파트 분양 물량(2000~2020년)

(단위: 호)

	전국	서울특별시	세종특별시	광주광역시	대구광역시	대전광역시	부산광역시	울산광역시	인천광역시
2000년	203,929	56,249		1,917	8,313	7,855	12,540	1,684	7,287
2001년	226,355	62,828		4,168	10,359	845	18,779	4,744	8,896
2002년	351,438	47,734	584	4,858	24,516	11,781	43,718	11,172	22,355
2003년	353,983	45,083		12,230	24,898	18,417	27,922	4,784	16,284
2004년	300,937	46,019	1,097	10,086	12,196	12,036	18,827	5,336	23,836
2005년	303,547	41,665	514	9,683	25,563	5,480	9,619	14,973	28,347
2006년	243,076	15,890	2,914	25,359	18,338	5,131	12,270	4,277	9,561
2007년	287,488	35,040		6,456	16,067	5,445	9,574	9,859	22,477
2008년	220,888	33,013		11,368	5,188	7,725	13,038	3,578	13,394
2009년	227,663	23,636		4,309	6,148	11,639	11,030	3,405	35,123
2010년	172,351	29,209	1,582	9,166	7,374	3,305	9,636	1,246	11,725
2011년	262,496	35,726	10,095	8,788	11,093	12,936	28,128	8,244	7,705
2012년	262,714	21,668	18,775	15,075	10,394	2,755	23,488	9,638	15,457
2013년	283,471	39,214	13,297	5,058	22,310	5,034	12,257	9,980	11,330
2014년	334,092	29,969	13,196	11,834	27,045	6,428	29,600	6,318	7,277
2015년	518,137	44,180	15,168	7,904	15,670	8,407	21,583	11,565	28,497
2016년	451,684	38,558	15,479	11,895	13,990	5,163	23,312	9,655	16,419
2017년	326,625	44,075	5,558	14,115	7,674	4,952	29,845	4,196	18,037
2018년	298,481	25,146	5,445	8,329	23,662	6,874	23,717	1,351	20,066
2019년	384,513	41,445	6,076	15,550	30,321	8,896	25,134	5,519	42,313
2020년	88,522	26,585		2,728	4,383	1,926	10,586	3,182	7,779

	강원도	경기도	경상남도	경상북도	전라남도	전라북도	충청남도	충청북도	제주도
2000년	1,164	92,812	3,213	2,148	501	3,904	2,438	636	1,268
2001년	2,477	91,871	6,225	5,611	995	3,235	2,337	2,708	277
2002년	5,146	112,606	26,590	10,691	2,934	5,051	14,907	6,395	400
2003년	10,218	110,194	29,980	11,599	5,594	8,312	19,981	7,025	1,462
2004년	11,078	78,077	20,301	7,088	4,897	8,680	22,947	17,847	589
2005년	11,910	68,153	25,055	14,854	9,665	9,493	17,526	9,213	1,834
2006년	7,398	64,850	19,495	14,292	7,103	10,531	15,032	10,599	36
2007년	6,728	108,676	12,745	15,136	5,535	5,136	18,547	9,212	855
2008년	4,257	75,485	9,608	9,199	3,134	6,581	16,127	9,130	63
2009년	1,895	94,763	7,036	6,011	5,269	6,186	5,185	4,229	1,799
2010년	3,960	57,592	8,375	5,072	5,613	6,669	3,127	6,664	2,036
2011년	5,901	65,214	29,972	6,877	12,022	8,230	8,176	2,727	662
2012년	10,827	55,196	25,655	13,111	12,686	10,758	7,524	7,371	2,336
2013년	4,145	74,740	13,799	18,186	9,678	8,765	22,056	10,225	3,397
2014년	8,467	86,324	33,393	18,142	13,733	9,372	19,857	11,510	1,627
2015년	12,591	198,663	36,159	32,257	11,822	13,019	32,952	24,331	3,369
2016년	20,527	169,091	49,918	24,935	10,468	13,018	11,849	15,127	2,280
2017년	15,237	102,464	22,501	7,630	12,219	12,611	10,240	13,576	1,695
2018년	9,211	108,989	12,301	11,151	10,819	9,318	10,756	10,645	701
2019년	11,378	125,225	15,889	3,747	11,525	10,458	19,931	9,787	1,319
2020년	402	21,699	2,583	1,280	532	723	2,766	1,368	

시장

전국 아파트 분양 물량 추이(2000~2020년)

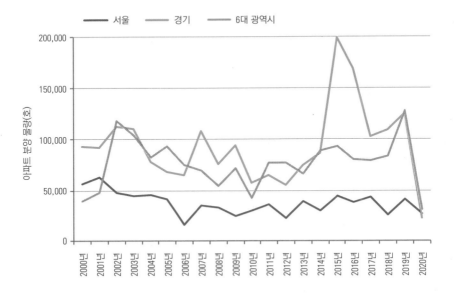

각종 위기에도 끄떡없는 '안전가옥'이 있다!

결론부터 말하자면

부모 세대의 '실수요 투자'를 벤치마킹해야 한다.
무리한 대출은 피하고 입지 공부부터 하라.

2008년 리먼 브라더스의 파산으로 시작된 금융위기를 예측한 국내 경제 전문가는 몇 명이나 되었을까? 아무도 없었다. 적어도 공식적인 매스컴을 통해서 나타난 결과는 그랬다. 세계 최고의 경제 강국인 미국도 전혀 대비하지 못했던 상황이니 국내 상황이야 말할 것도 없다.

2005년부터 2007년까지는 대한민국 사상 최고의 부동산 호황기였다. 2007년을 분기점으로 부동산 침체가 시작될 것이라고는 아무도 예상하지 못했다. 시행착오를 준비할 경험치가 전혀 없는 시장이었기 때문에 그에 대한 대책이나 전문가도 없었다. 정부, 금융권, 기업도 속수무책이었으니 부동산 투자자는 무방비로 당할 수밖에 없었다. 특히 '묻지 마 투자'를 한 사람은 지옥 같은 나날이었을 것이다.

엄청난 경제적 혼란 속에서도 큰 피해를 보지 않은 사람이 생각보다 많았다. 경제 전문가도 전업 투자자도 아닌 바로 평범한 우리들의 부모 세대였다. 투자나 투기 등에 관심 없이 자기 집 한 채만 갖고 평범하게 살아온 분들은 IMF 외환위기와 금융위기를 안정적으로 보냈다.

그런 분들은 대출이 없는 가구도 많아 전반적인 부동산 시장의 급락 속에서도 '안전가옥'이라고 할 수 있는 자기 집 한 채로 버텼다. 특히 아파트 같은 공동주택이 아닌 단독주택(다가구 포함)을 소유하고 있는 가구의 경우 오히려 재산 가치가 높아졌다. 월세를 받는 경우에는 수익률이 증가했다.

금융위기 당시의 부동산 시장 변화와 각 계층의 대응 행태를 통해 네 가지 시사점을 찾을 수 있다.

첫째, 안전가옥이라 부를 수 있는 대출 없는 집을 소유한 경우 부동산 폭락과 하락에 영향을 거의 받지 않는다.

둘째, 전세 혹은 월세 등 임대 형태로 부동산을 소유한 경우(특히 월세라면) 흔들릴 이유가 없다.

셋째, 양호한 입지의 단독주택을 소유한 자는 어떤 시장에서도 늘 승자다. 단독주택은 건물의 가치보다 땅의 가치가 훨씬 크다. 땅의 가치는 대한민국 부동산 역사상 하락한 적이 없다. IMF 때도, 금융위기 때도 피해가 없었던 유일한 부동산 상품이 바로 땅이다.

넷째, 부동산은 결국 입지가 가장 중요하다. 부모 세대가 사는 곳은 기반 시설이 잘 갖춰진 곳일 확률이 높다. 입지가 좋은 곳이라는 의미다. 일반적인 생활에 충실하고, 어떻게 하면 가족의 의식주 생활을 제대로 꾸려갈까 고민하다 보니 생활하기 편리한 입지를 자연스럽게 선택했을 것이다. 그 입지 위에 안전가옥을 만들어 리스크가 낮은 투자를 해 왔다.

아파트는 아무리 좋은 입지라도 가격이 계속 오르지는 않는다. 전세 가격도 마찬가지다. 많은 사람들이 전세 시세는 끊임없이 오를 것이라 예상하지만 이미 몇몇 지역에서 역전세 현상이 나타나고 있다.

위험 징후가 보이는 지역이 눈에 띄기 시작한 지금은 부동산 시장의 블랙 스완(발생 가능성이 적어서 예상하기 어렵지만 막상 발생하면 엄청난 영향을 미치는 사건)을 대비해야 한다. 가장 좋은 방법은 부모 세대를 벤치마킹하는 것이다.

첫째, '묻지 마 투자'를 하지 않는다. 생활비를 감안하지 않은 무리한 대출도 금지다. 매수한 부동산의 미래 가치가 이유 없이 상승하리라고 기대하는 것은 아닌지 늘 의심해야 한다.

둘째, 실거주층이 아닌 투자자끼리 매물을 돌리는 시장이 아닌지 체크해야 한다. 지금 가장 핫한 지역의 부동산 시장이라도 당장 그 수요를 받아 줄 실수요층이 있는지 확인해야 한다. 서울이 아닌 지방의 중소 도시는 더욱 주의가 필요하다. 인구 몇십만 명 수준인 지역은 소수 투자층만 집중적으로 매수해도 시장이 비정상적으로 왜곡될 수 있다.

실거주 위주의 시장은 절대 폭등하지 않는다. 인플레이션 전후 수준으로 자연스러운 상승만 있다. 특별한 호재가 없는데 가격이 급등하는 시장, 매물이 급격히 축소되는 시장은 묻지 마 투자 세력이 들어온 것이다. 호재 없는 지방 소도시의 급등은 대부분이 그렇다.

마지막으로 본질에 충실하게 투자해야 한다. 부동산의 본질은 입지이며, 입지의 미래 가치를 고려하지 않은 투자는 위험하다. 어떤 시장에서도 입지 공부가 우선이다.

노무현 정부의 투기지역 지정일과 해제일

지정 지역	시군구	지정일	해제일
서울특별시	강남구	2003.04.30.	2012.05.10.
	강북구	2006.10.27.	2008.11.07.
	강동구	2003.05.29.	2008.11.07.
	강서구	2006.04.25.	2008.11.07.
	광진구	2003.06.14.	2005.01.31.
		2006.06.23.(재지정)	2008.11.07.
	구로구	2005.08.19.	2008.11.07.
	금천구	2003.07.19.	2008.11.07.
	노원구	2006.11.24.	2008.11.07.
	도봉구	2006.11.24.	2008.11.07.
	동작구	2003.07.19.	2008.11.07.
	마포구	2003.05.29.	2008.11.07.
	서대문구	2004.03.19.	2004.12.29.
		2006.11.24.	2008.11.07.
	성북구	2006.10.27.	2008.11.07.
	서초구	2003.06.14.	2012.05.10.
	송파구	2003.05.29.	2012.05.10.
	양천구	2003.07.19.	2008.11.07.
	영등포구	2003.06.14.	2008.11.07.
	용산구	2003.06.14.	2008.11.07.
	은평구	2003.07.19.	2008.11.07.
	중랑구	2003.07.19.	2004.12.29.
		2006.11.24.	2008.11.07.
	종로구	2005.09.15.	2008.11.07.
	성동구	2005.06.30.	2008.11.07.
	중구	2006.04.25.	2008.11.07.
	동대문구	2006.11.24.	2008.11.07.
	관악구	2006.10.27.	2008.11.07.
광주광역시	광산구	2005.06.30.	2007.09.28.

지정 지역	시군구	지정일	해제일
대구광역시	서구	2003.10.20.	2004.08.25.
	수성구	2003.10.20.	2004.08.25.
		2005.06.30.(재지정)	2006.09.29.
	중구	2003.10.20.	2004.08.25.
		2005.08.19.(재지정)	2006.09.29.
	동구	2005.06.30.	2007.09.28.
	북구	2005.06.30.	2007.09.28.
	달서구	2005.06.30.	2007.09.28.
	달성군	2005.09.15.	2006.09.29.
대전광역시	대덕구	2003.10.20.	2004.12.29.
		2005.05.30.(재지정)	2007.09.28.
	동구	2003.10.20.	2005.01.31.
	서구	2003.02.27.	2004.12.29.
		2005.05.30.(재지정)	2007.09.28.
	유성구	2003.02.27.	2004.12.29.
		2005.05.30.(재지정)	2007.12.03.
	중구	2004.06.21.	2005.01.31.
		2005.05.30.(재지정)	2007.09.28.
부산광역시	북구	2003.07.19.	2004.08.25.
	해운대구	2003.07.19.	2004.08.25.
	수영구	2005.06.30.	2006.09.29.
울산광역시	남구	2005.07.20.	2008.01.30.
	중구	2006.02.21.	2008.01.30.
	동구	2006.11.24.	2008.01.30.
	북구	2006.11.24.	2008.01.30.
인천광역시	남구	2006.12.27.	2008.11.07.
	남동구	2003.06.14.	2004.12.29.
		2007.6.29.(재지정)	2008.11.07.
	동구	2008.01.30.	2008.11.07.
	부평구	2003.07.19.	2004.12.29.
		2006.11.24.	2008.11.07.
	서구	2003.06.14.	2005.01.31.
		2006.5.26.(재지정)	2008.11.07.
	중구	2007.12.03.	2008.11.07.
	연수구	2006.11.24.	2008.11.07.
	계양구	2006.12.27.	2008.11.07.

지정 지역	시군구	지정일	해제일
강원도	춘천시	2003.07.19.	2004.08.25.
	원주시	2006.04.25.	2007.12.03.
경기도	고양시 덕양구	2003.10.20.	2004.12.29.
		2006.06.23.(재지정)	2008.11.07.
	고양시 일산동구	2003.07.19.	2008.11.07.
	고양시 일산서구	2003.07.19.	2008.11.07.
	과천시	2003.05.29.	2008.11.07.
	광명시	2003.04.30.	2005.01.31.
		2005.04.29.(재지정)	2008.11.07.
	광주시	2005.08.19.	2008.11.07.
	구리시	2003.06.14.	2008.11.07.
	군포시	2003.06.14.	2004.12.29.
		2005.07.20.(재지정)	2008.11.07.
	김포시	2003.06.14.	2008.11.07.
	남양주시	2006.10.27.	2008.11.07.
	동두천시	2007.12.03.	2008.11.07.
	평택시	2003.10.20.	2008.11.07.
	하남시	2003.10.20.	2004.12.29.
		2006.05.26.(재지정)	2008.11.07.
	화성시	2003.05.29.	2008.11.07.
	양주시	2006.12.27.	2008.11.07.
경상남도	양산시	2003.10.20.	2004.08.25.
	진주시	2006.01.20.	2007.12.03.
	창원시	2003.06.14.	2007.12.03.
경상북도	포항시 북구	2005.06.30.	2007.09.28.
	구미시	2005.07.20.	2007.09.28.
충청남도	공주시	2003.10.20.	2007.12.03.
	아산시	2003.08.18.	2008.01.30.
	연기군	2006.01.20.	2007.12.03.
	천안시	2003.02.27.	2008.01.30.
충청북도	청원군	2004.02.26.	2007.09.28.
	청주시	2003.06.14.	2005.01.31.
	청주시 흥덕구	2005.07.20.(재지정)	2007.09.28.
	청주시 상당구	2006.04.25.(재지정)	2007.09.28.

입주 물량 많다고?
역전세를 활용하라

결론부터 말하자면

입지 상황 파악이 먼저다.
대응 전략을 준비하면 '저점 매수 기회'가 될 수도 있다.

입주 물량이 많은 지역은 무조건 피해야 할까? 역전세가 발생하면 집값은 무조건 내려갈까?

2018년 46만 세대, 2019년 40만 세대. 2년 동안 전국적으로 아파트 총 86만 세대가 신규 입주했다. 1기 신도시 입주 초기인 1990년대 초반 이후 최대 물량이다. 아파트 이외의 주택까지 포함하면 그 숫자는 더 늘어난다. 이를 보고 많은 부동산 전문가들은 부동산 시세가 하락할 것이고 역전세도 발생할 것이라고 전망했다. 역전세는 부동산 하락 시장을 증명하는 중요한 현상이다.

역전세 전망은 적중할 수도 있고 그렇지 않을 수도 있다. 왜냐하면 지역에 따라 역전세가 발생할 수도 있지만 그 반대의 결과도 있을 수 있기 때문이다. 역전세가 발생하는 이유 또한 지역마다 다르다. 그렇기 때문에 부동산 전문가와 언론 등은 전국적인 수치로 부동산 시장을 총평하는 일을 지양해야 한다. 대한민국 부동산 역사상 모든 지역이 동시에 오르고 동시에 내린 적은 없다. 지역마다 세부적으로 분석해야 하는 이유가 여기에 있다.

전체 수치, 전체 평균으로 부동산 시장을 분석하면 오히려 시장을 잘못 이해하고 잘못 대응하게 하는 악영향을 미칠 수 있다. 특정 목적을 가지고 호도하는 메시지를 전달하는 전문가가 없길 희망한다.

2년 동안 86만 세대가 입주하면 부동산 수요 대비 공급이 과잉돼 시세가 폭락할 것이라는 지극히 단순한 논리는 '당분간 시세가 하락할 것이니 집을 사면 안 된다'는 의미로밖에 해석되지 않는다. 부동산 시장에 대한 전문적 지식이 없는 사람들은 이런 기사의 제목만 보고 그대로 맹신하게 된다.

언론사나 전문가는 여기에 대해 조금 더 구체적인 설명을 해야 한다. 입주 물량이 많았던 과거의 특정 지역별 사례를 돌아보고, 그 지역이 여전히 문제가 되고 있는지, 아니면 문제를 해결했는지 비교해 볼 필요가 있다. 과거 역전세가 발생했던 지역의 현재 모습을 보면 역전세에 대한 대응 전략을 준비할 수 있다.

역전세로 문제가 된 지역의 대표 사례는 서울 잠실이다. 2007년 전후 송파구 잠실 권역에만 약 2만 5,000세대가 입주했다. 잠실엘스 5,678세대, 리센츠 5,563세대, 트리지움 3,696세대, 레이크팰리스 2,678세대, 파크리오 6,864세대 등 5개 단지에만 2만 4,479세대가 입주한 것이다. 이 대규모 입주 때문에 잠실과 주변 지역의 전세 시세가 하락했다. 전세 시세가 하락하면 전세를 끼고 매수했던 투자자들이 급하게 매도하기도 했다. 이로 인해 매매 시세까지 빠질 수도 있고, 실제로 그런 일이 발생했다.

중요한 것은 역전세와 시세 약세가 얼마나 지속되었는지 여부다. 이후 잠실의 아파트 단지는 어떻게 되었는가? 전세가가 당시 매매가를 넘은 것은 물론 매매 시세 역시 당시 대비 2배 넘게 상승했다.

결국 당시 매스컴을 뜨겁게 했던 잠실발 역전세난 관련 뉴스는 이제 아무도 기억하지 않는다. 현재 기준으로 잠실 지역을 복기하면 역전세난이 발생했던 그 시기가 오히려 매수 적기였음을 알 수 있다. 물론 2010년까지 시세가 상승하다가 2013년까지 조정되기도 했지만, 2009년의 시세 이하로는 내려가지 않았다. 결국 잠실처럼 대기 수요가 충분한 지역은 역전세 시기를 적정 매수 시기로 적극 활용할 수 있다는 얘기가 된다.

하지만 모든 지역, 모든 아파트가 여기에 해당되는 것은 절대 아니다. 입지 경쟁력, 상품 경쟁력이 떨어지는 아파트의 경우 역전세를 대비한 출구 전략이 필요하다. 지역 내 수요가 빠지는 지역이 특히 그렇다. 잠실처럼 중심 지역이 아닌 경우, 신규 택지 개발지 중 배후 지역이 없는 경우 등은 역전세가 발생한 이후 이 문제가 해소될 수 있는지 반드시 분석해 봐야 한다.

대기 수요층이 충분한 곳이라면 일반적으로 역전세가 발생해도 2~4년 지나면 정상 시세로 회복한다. 기반 시설이 좋아지고 수요층이 추가로 유입되면 시세가 오르기도 한다. 하지만 수요가 없는 지역은 지속적으로 시세가 빠질 수 있다.

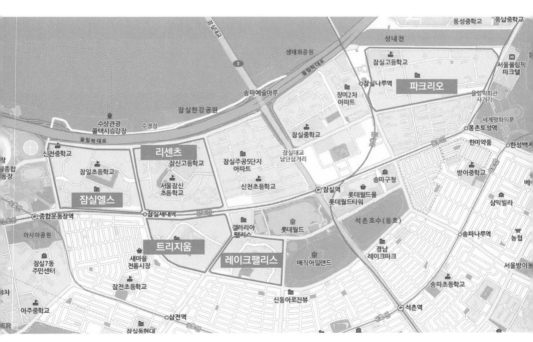

송파구 잠실엘스, 리센츠, 트리지움, 레이크팰리스, 파크리오

송파구 잠실동 레이크팰리스 조감도

송파구 잠실동 리센츠 조감도

송파구 잠실동 잠실엘스

송파구 잠실동 트리지움 조감도

송파구 신천동 파크리오 조감도

　기존 아파트가 있는 지역 인근에 신규 아파트가 입주하면 신규 아파트 쪽으로 수요가 이동하게 된다. 대기 수요가 없는 지역이라면 기존 아파트의 역전세 현상이 발생한다. 다른 지역에서 인구가 유입돼 수요를 채워 줄 수 있는 조건이라면 기존 아파트의 시세는 다시 적정 시세로 오를 수 있지만, 그렇지 않을 경우 시세가 하락할 수 있다는 것이다.

　더 큰 문제는 기존 아파트의 시세가 빠지면 신규 아파트의 시세에도 영향을 줄 수 있다는 점이다. 기존 아파트와 신규 아파트의 가격 격차가 큰데, 입지적 메리트와 상품적 메리트 차이가 그 가격만큼 나지 않는다고 판단되면, 신규 아파트를 선택했던 수요층이 기존 아파트를

전국 아파트 전세 시세 변동률(2019년)

(단위: 전주 대비 %)

	전국	서울특별시	세종특별시	광주광역시	대구광역시	대전광역시	부산광역시	울산광역시	인천광역시
19.01.07.	−0.05	−0.08	0.18	0.03	0.01	0.01	−0.03	−0.20	0.01
19.01.14.	−0.07	−0.10	0.15	0.03	−0.01	0.03	−0.03	−0.28	0.01
19.01.21.	−0.08	−0.10	0.01	0.02	−0.01	0.00	−0.03	−0.41	0.00
19.01.28.	−0.07	−0.11	0.25	0.04	0.00	0.00	−0.04	−0.28	0.00
19.02.11.	−0.09	−0.13	0.09	0.03	−0.02	−0.01	−0.03	−0.26	0.00
19.02.18.	−0.07	−0.09	0.07	−0.02	0.00	0.02	−0.02	−0.37	−0.04
19.02.25.	−0.06	−0.08	0.03	−0.03	−0.01	0.02	−0.01	−0.21	0.01
19.03.04.	−0.06	−0.07	0.00	−0.01	0.00	0.00	−0.04	−0.36	−0.04
19.03.11.	−0.05	−0.04	0.02	0.00	0.00	0.00	−0.04	−0.11	−0.03
19.03.18.	−0.05	−0.05	0.00	−0.01	0.06	0.01	−0.06	−0.12	−0.01
19.03.25.	−0.06	−0.04	−0.03	−0.02	0.00	0.06	−0.05	−0.20	−0.01
19.04.01.	−0.06	−0.02	−0.07	0.00	0.00	0.03	−0.01	−0.25	−0.05
19.04.08.	−0.04	−0.03	−0.04	0.00	0.00	0.02	−0.02	−0.14	0.00
19.04.15.	−0.04	−0.02	−0.09	0.00	0.00	0.00	−0.03	−0.14	−0.08
19.04.22.	−0.04	−0.03	0.00	−0.01	0.01	0.04	−0.04	−0.11	−0.03
19.04.29.	−0.04	−0.02	0.00	−0.02	0.02	0.01	−0.05	−0.20	−0.09
19.05.06.	−0.03	−0.02	−0.01	−0.02	0.01	0.01	−0.02	−0.09	−0.01
19.05.13.	−0.04	−0.03	0.00	0.00	0.01	0.03	−0.03	−0.18	0.00
19.05.20.	−0.04	−0.02	0.00	−0.02	0.00	0.02	−0.03	−0.12	−0.07
19.05.27.	−0.04	−0.01	0.00	−0.01	0.00	0.00	−0.06	−0.06	−0.02
19.06.03.	−0.04	−0.02	0.00	−0.02	0.00	0.01	−0.05	−0.25	−0.06
19.06.10.	−0.03	−0.02	0.00	−0.02	0.03	0.03	0.00	−0.11	−0.04
19.06.17.	−0.03	−0.02	−0.01	−0.01	0.03	0.01	−0.03	−0.18	−0.01
19.06.24.	−0.03	0.00	−0.07	0.00	0.01	0.03	−0.02	−0.10	−0.05
19.07.01.	−0.03	0.00	−0.08	0.00	0.06	0.01	−0.01	−0.20	−0.06
19.07.08.	−0.02	0.01	0.00	0.00	0.02	0.02	−0.07	−0.02	0.00
19.07.15.	−0.01	0.03	0.00	0.00	0.03	0.06	−0.04	−0.04	−0.01
19.07.22.	−0.01	0.04	−0.11	−0.01	0.10	0.01	−0.06	−0.04	0.00
19.07.29.	−0.01	0.02	0.00	−0.01	0.00	0.05	−0.02	−0.07	0.01
19.08.05.	−0.01	0.02	−0.02	−0.01	0.00	0.00	−0.01	−0.05	0.00
19.08.12.	0.00	0.03	0.00	−0.02	0.02	0.04	0.00	−0.03	0.01
19.08.19.	0.00	0.02	0.00	0.00	0.01	0.01	−0.06	0.03	0.02
19.08.26.	0.00	0.02	0.00	0.00	0.02	0.08	−0.02	0.09	0.00
19.09.02.	0.00	0.04	0.00	−0.01	0.02	0.09	−0.03	0.02	−0.01
19.09.16.	0.00	0.04	0.00	0.00	0.03	0.14	−0.01	0.01	0.01
19.09.23.	0.02	0.05	0.00	0.00	0.12	0.07	−0.02	0.03	0.03
19.09.30.	0.01	0.06	0.00	0.00	0.01	0.11	−0.01	0.03	0.02
19.10.07.	0.02	0.07	0.00	0.00	0.02	0.14	−0.01	0.03	0.03
19.10.14.	0.02	0.06	0.00	−0.02	0.07	0.03	−0.01	0.01	0.02
19.10.21.	0.02	0.04	0.00	0.00	0.07	0.03	−0.01	0.01	0.04
19.10.28.	0.02	0.06	0.00	0.00	0.05	0.06	−0.01	0.02	0.02
19.11.04.	0.03	0.07	0.00	0.00	0.08	0.14	−0.01	0.02	0.03

	강원도	경기도	경상남도	경상북도	전라남도	전라북도	충청남도	충청북도	제주도
19.01.07.	0.00	−0.06	−0.11	−0.14	0.03	−0.04	−0.01	−0.18	0.00
19.01.14.	−0.04	−0.09	−0.15	−0.04	−0.03	−0.02	−0.01	−0.19	−0.06
19.01.21.	−0.06	−0.12	−0.17	0.00	−0.01	−0.01	−0.06	−0.19	0.00
19.01.28.	0.00	−0.08	−0.09	−0.24	−0.01	0.00	0.00	−0.21	−0.01
19.02.11.	−0.14	−0.14	−0.09	−0.14	0.10	−0.06	0.00	−0.37	0.00
19.02.18.	−0.01	−0.06	−0.07	−0.17	0.00	−0.03	−0.05	−0.17	−0.09
19.02.25.	−0.06	−0.08	−0.15	−0.05	0.00	−0.10	−0.03	−0.22	0.00
19.03.04.	−0.18	−0.08	−0.02	−0.13	0.06	−0.02	−0.09	−0.01	−0.07
19.03.11.	−0.23	−0.06	−0.07	−0.20	0.01	−0.13	−0.10	−0.04	0.00
19.03.18.	−0.18	−0.06	−0.08	−0.08	0.01	−0.07	−0.14	−0.01	0.00
19.03.25.	−0.28	−0.07	−0.09	−0.10	0.03	−0.09	−0.08	−0.01	0.00
19.04.01.	−0.25	−0.07	−0.14	−0.13	0.00	−0.03	−0.09	0.00	−0.06
19.04.08.	−0.11	−0.05	−0.07	−0.16	0.00	−0.01	−0.03	−0.01	0.00
19.04.15.	−0.09	−0.04	−0.15	−0.11	0.00	0.00	−0.07	0.00	−0.05
19.04.22.	−0.10	−0.03	−0.10	−0.08	0.00	−0.05	−0.05	−0.02	0.00
19.04.29.	−0.09	−0.04	−0.10	−0.04	0.02	−0.04	−0.09	−0.01	0.00
19.05.06.	−0.04	−0.04	−0.08	−0.06	0.01	0.00	−0.05	−0.01	0.00
19.05.13.	−0.07	−0.04	−0.11	−0.11	0.00	−0.14	−0.04	−0.02	0.00
19.05.20.	−0.04	−0.05	−0.10	−0.08	0.00	−0.18	−0.02	−0.02	−0.02
19.05.27.	−0.14	−0.03	−0.07	−0.09	0.00	−0.08	−0.07	−0.07	0.00
19.06.03.	−0.05	−0.04	−0.08	−0.13	0.00	−0.13	−0.02	−0.03	0.00
19.06.10.	−0.13	−0.03	−0.06	−0.07	0.00	−0.04	−0.07	−0.05	0.00
19.06.17.	−0.03	−0.05	−0.07	−0.14	0.00	−0.03	−0.04	−0.01	−0.07
19.06.24.	−0.04	−0.04	−0.08	−0.05	−0.02	0.01	−0.05	−0.01	0.00
19.07.01.	−0.09	−0.03	−0.06	−0.04	−0.03	−0.07	−0.04	0.00	0.00
19.07.08.	−0.19	−0.02	−0.08	−0.06	−0.01	−0.02	−0.04	−0.07	0.00
19.07.15.	−0.08	0.00	−0.06	−0.02	−0.01	0.00	−0.03	−0.02	0.00
19.07.22.	−0.17	0.00	−0.11	−0.03	0.00	−0.07	−0.04	−0.01	0.00
19.07.29.	−0.01	−0.01	−0.02	−0.01	0.00	−0.04	−0.07	−0.01	0.00
19.08.05.	−0.22	0.00	−0.06	−0.02	0.01	0.00	−0.04	0.00	0.00
19.08.12.	−0.06	0.00	−0.03	−0.06	0.00	0.00	0.00	0.00	0.00
19.08.19.	−0.06	0.01	−0.09	0.00	0.00	−0.02	−0.03	0.00	0.00
19.08.26.	−0.07	0.01	−0.09	−0.02	−0.01	0.02	−0.01	−0.02	0.00
19.09.02.	−0.03	0.01	−0.14	−0.06	0.00	−0.01	−0.03	−0.05	−0.14
19.09.16.	−0.04	0.01	−0.08	−0.05	0.00	−0.13	0.00	−0.02	0.00
19.09.23.	−0.03	0.01	−0.09	−0.02	0.00	−0.01	0.00	−0.03	0.00
19.09.30.	−0.03	0.01	−0.05	−0.01	0.00	−0.02	−0.02	−0.01	0.00
19.10.07.	−0.07	0.03	−0.04	−0.04	0.00	−0.03	−0.03	−0.07	0.00
19.10.14.	−0.06	0.03	−0.06	−0.03	−0.03	−0.02	0.00	−0.03	0.03
19.10.21.	−0.07	0.04	−0.03	−0.02	−0.01	−0.01	−0.03	−0.06	0.00
19.10.28.	−0.02	0.04	−0.01	−0.01	0.00	−0.04	0.00	−0.05	0.00
19.11.04.	−0.05	0.04	−0.02	0.00	0.00	−0.03	0.00	0.00	0.00

다시 선택할 수 있기 때문이다.

이 경우는 지역 내 수요량이 정해져 있어 이른바 '나눠 먹기'를 해야 한다. 이런 곳은 많은 전문가들이 우려하는 것처럼 전반적인 부동산 시장의 시세 하락이 나타날 수도 있다.

정리하면 역전세를 활용할 수 있는 지역과 대비해야 하는 지역이 있으니 개별 입지에 맞는 전략을 수립해야 한다는 것이다. 우선 수요가 충분한 지역은 역전세를 활용하는 전략을 짜야 한다. 투자자들은 저점 매수의 기회로 활용할 수 있다. 전세 희망 임차인에게는 좋은 입지의 아파트를 상대적으로 저렴한 전세가로 들어갈 기회가 될 수 있다.

반면 기존 아파트의 수요와 나눠야 하는 지역은 대응 전략을 철저히 준비해야 한다. 수요층이 충분한지 확인하고, 충분치 않다면 출구 전략을 짜야 한다. 출구 전략은 신규 아파트 입주 2년이 되기 전에 준비해야 한다. 역전세가 발생한다고 해서 무조건 회피할 필요는 없다. 입지 상황에 따라 대응 전략을 준비하면 오히려 양질의 상품을 저가로 매수할 기회가 될 수 있다.

내 집이 필요한가?
생각부터 바꿔라

결론부터 말하자면

부동산 정책은 정부 · 기업 · 개인 모두에게
이익이 돼야 성공한다.
특정 집단만의 이익이 되어서는 효과가
발생하지 않는다.

한 나라에서 부동산 관련 의사 표현을 할 수 있는 주체는 크게 정부, 기업, 국민으로 나뉜다. 세 집단 모두가 부동산 안정화를 위해 노력해야 모두에게 이익으로 돌아갈 수 있다.

하지만 모든 집단이 자신의 단기적 이익만을 추구할 뿐, 근본적으로 문제를 해결하기 위해 노력하지 않는다. 정부는 정치적인 집단이다. 장기적인 국가 살림살이가 아니라 다음 정권을 획득하는 것이 영순위다. 부동산 정책이 국민들에게 표를 받기 위한 수단으로 활용되는 경향이 강하다.

대표적인 사례가 뉴타운 정책이다. 2002년 시작된 뉴타운은 어떻게 추진하느냐에 따라 정부·기업·국민 모두에게 이익이 될 수도 있었지만, 결과적으로 누구에게도 이익이 되지 못했다. 10년이 훨씬 지난 지금에 와서야 부분적으로 추진될 뿐이다. 이전에 참여했던 국민들은 대부분 피눈물을 흘려야 했다. 표심을 얻기 위한 단기 정책 추진의 결과였다.

부동산이 안정화되면 정부가 행정 집행을 원만하게 할 수 있고, 국

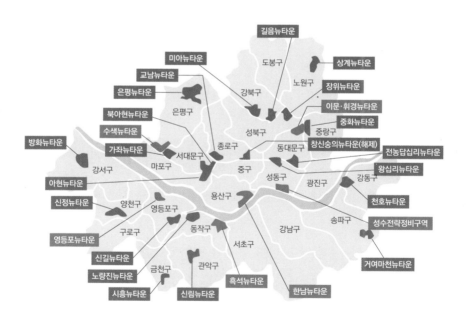

서울시 주요 뉴타운 현황

민의 생활도 안정되므로 정상적인 세금 조달이 가능하다. 정부가 장기적 관점을 가지고 부동산 안정화에 노력해야 하는 실질적인 이유가 여기에 있다.

기업들은 대한민국 부동산의 안정화가 아니라 고부가가치 산업의 한 분야로 부동산을 인식하고 이를 통해 이윤만을 추구했다. 국민 삶의 질을 개선하기 위한 주택 공급이 아닌, 더 많은 수익을 얻을 수 있는 주택 분양에 관심이 많았다. 수요 대비 공급이 턱없이 부족했던 과거에는 양적 공급에만 신경 쓰는 기업의 운영 방식이 충분히 수익을 낼 수 있었지만, 과거에 비해 수요의 절대량이 줄어든 지금은 국민들의 주거 질을 높이는 방향으로 부가가치를 만들어야 한다. 그 이윤의 일부는 당연히 주거 복지 향상에 쓰여야 한다. 이것이 건설회사가 장수할 장기 전략일 것이다.

국민에게 부동산은 삶의 보금자리이고, 생존을 위한 3대 필수 요소인 '의식주' 중 하나다. 현대에 와서는 단순히 삶의 터전을 넘어, 한 집안에서 가장 비중이 높은 자산의 역할도 한다. 최근 부동산이 주목받는 것은 가장 영향력 있는 자산 증식 수단으로도 활용되기 때문이다.

그래서 눈앞의 수익에 눈이 멀어 미래 가치에 대한 투자가 아닌 단기 수익만을 추구하는 '묻지 마 투자'를 하는 경우도 발생한다. 부동산 활황장에서는 더욱 빈번하다.

투기성 투자는 도박과 같다. 누구에게도 이익이 되지 않는다. 문제는 전문 투기꾼이 아닌 일반인까지 투기에 동참한다는 것이다. 운이 좋아 수익을 얻을 수도 있지만, 이런 분위기가 지속되면 궁극적으로 대부분 손해를 보게 된다. 개인에게 부동산이 주 수입원이 되어서는 안 된다. 개인에게 집은 보금자리여야 하고, 보금자리를 마련하는 형태로만 투자가 진행되어야 한다. 그것이 선진국에서 볼 수 있는 합리적인 임대와 임차의 모습이다.

그렇기 때문에 부동산 시장을 단순히 상승과 하락의 이분적인 구도로 보아서도 안 된다. 부동산 시장은 정부·기업·국민 중 한 주체만으로 결정되는 구조가 아니다.

우리는 각자의 입장에서 부동산 시장을 활용하려 한다. 집값이 폭락해야 내가 집을 살 수 있을 것 같다. 내가 집을 사지 못하더라도 남이 부동산으로 돈을 벌었다는 이야기를 안 들었으면 좋겠다. 부동산으로 돈 번 사람들은 모두 사악한 사람들이고, 부동산 투기로 부자들만 돈을 벌고, 건설사 대기업 재벌들만 이윤을 얻고 있으며, 이런 부자들과 대기업 재벌들만을 위해 정부가 정책을 펴는 것만 같다.

아직도 이런 선악의 논리로 부동산 시장을 이해할 것인가? 부정적인 인식이 안정적인 부동산 시장을 위해 필요한 시각인가? 그런 비판을 하면 정부와 기업과 부자들이 반성하고, 서민들을 위해 저렴한 주택을 공급하고 저렴한 전세·월세를 공급할 것이라고 생각하는가?

부동산이 폭락하면 어떻게 될 것인지를 한 번이라도 제대로 생각해 본 적이 있는가? 부동산이 폭락하면 폭락을 기대한 사람들은 부동산을 살 수 있을까? 부동산이 폭락하면 부자와 부자가 아닌 자 중에 누가 이익이고 누가 손해일까?

나 역시 부동산 가격이 지금보다 떨어지길 희망한다. 솔직한 심정이다. 내가 좋아하는 지역의, 내가 희망하는 수준의 주택을 사서 그곳으로 이사하고 싶다. 집값이 내가 가진 돈만큼만 떨어지면 살 수 있을 테니까. 과연 그렇게 될까? 아쉽지만 시장이 그렇게 되도록 내버려 두지 않을 것 같다.

어떤 시장도 개개인의 기대대로 움직이지 않는다. 정부도, 기업도 마찬가지다. 그렇기 때문에 부동산 시장의 과거 모습과 이해관계자들의 움직임을 통해 우리에게 장기적으로 도움이 되는 방향을 찾아야 한다.

이를 위해 대한민국 부동산의 본질에 대한 실질적인 이해가 필요하다. 내 욕심만으로 세상이 움직이지는 않는다. 내가 좋아하면 남도 좋아할 확률이 높다. 남들도 가지고 싶은 걸 나만 저렴한 가격에 매수할 수는 없다.

경제적인 능력이 부족한 무주택자들에게는 임대주택이 많이 공급되어야 한다. 공공임대는 정부가 공급해야 하고, 민간임대는 다주택자들이 공급해야 한다. 정부는 세금을 많이 걷어야 임대주택을 건설할 수 있고, 다주택자들은 이익이 있어야 전월세 물량을 시장에 내놓을 수 있다.

만약 정부가 내놓는 부동산 정책이 특정 일부 계층만을 위한 정책이라면 다음 선거에서 그 정부의 정치인을 뽑지 않으면 된다. 인기 많은 건설사가 말도 안 되는 폭리를 취하려고 하면 불매를 하면 된다. 그리고 시민단체에 고발하면 된다.

하지만 그런 사회적인 활동은 사회적인 활동대로 해야 할 일이고, 내가 살 집은 어떻게든 내가 구해야 한다. 아무 생각 없이 비판만 하지는 말자. 반드시 의사 결정을 해야 한다. 무언가 실행해야 한다. 모든 부동산 시장이 비뚤어져 있을 것이라는 선입견을 버리자. 그게 합리적인 의사 결정을 위한 첫 번째 단추다.

모델하우스 인파

자료: 대우건설

전문가 믿지 마라

결론부터 말하자면

부동산 논쟁으로 이득을 보는 건 전문가 집단이다.
참고는 하되 '묻지 마 추종'은 절대 안 된다.

대한민국 부동산 시장 내 정부, 기업, 국민, 전문가 등 부동산과 관련한 모든 '액터(actor)'의 입장이 다르다. 서로에게 기대하는 바도 다르다. 그렇기 때문에 부동산 이슈는 태생부터 논쟁이 있을 수밖에 없다.

정부는 지지하는 유권자의 표를 많이 얻고, 동시에 국가 재정을 위한 세금을 확보하는 방향으로 정책을 추구할 수밖에 없다. 당연히 여러 가지 현실적인 문제가 발생한다. 기업은 그 존재 이유 자체가 이윤 추구인 집단이다. 스스로 홍보를 위해 봉사하려고 하지 않는 이상 기업에 기대할 것은 많지 않다. 국민은 정부에 지나치게 의지하려는 경향이 있다. 또 기업들과 부자들에게 내놓으라고만 한다. 자신은 어떤 노력도 하지 않으면서 말이다. 전문가들도 나름의 이해관계가 있다.

따라서 논쟁의 원인을 찾아내려면 이해관계자가 아니라 한발 물러선 위치에서 봐야 한다. '구경꾼 입장'이 가장 좋다. 논쟁의 원고와 피고가 누구인지, 그리고 그들이 주장하는 내용이 어떤 것인지 객관적으로 분석해야 한다.

부동산 시장 이슈를 둘러싼 논쟁을 살펴보자. 2017년 8·2 대책 및 2018년 9·13 대책, 2019년 11·6 대책 이후 일련의 정부 부동산 정책 중에서 가장 부각되는 것은 재건축 조건 강화다. 먼저 재건축 조건 강화가 바람직한 것인가 아닌가로 뜨거운 논쟁이 있었다. 당연히 부동산 관심층은 재건축 완화를 찬성하는 쪽이었고, 아파트 매수층과 관계가 적은 사람들은 반대하는 입장이었다.

찬성하는 쪽은 자신들이 희망하는 입지의 새 아파트에서 거주할 수 있어서, 투자자는 분명 투자 금액보다 더 큰 시세 차익이나 임대 수익을 올릴 수 있다고 예상해서 그럴 것이다. 반대하는 쪽은 찬성하는 쪽이 예상하는 대로 되면 서울의 주요 인기 지역으로 들어가기가 더 어려워지고, 게다가 주변 집값에까지 영향을 주게 되므로 그럴 것이다. 무주택자들에게는 상실감까지 생기게 될 것이 우려된다며 비판하기도 한다.

양측이 논쟁하면서 국민들 사이에서 대립이 발생하고 전문가들도 의견이 나뉜다. 하지만 정부 입장에서는 재건축을 추진하는 것이 무조건 이익이다. 세금이라는 국가 수익이 발생하는 구조이기 때문이다. 게다가 재건축 찬성 쪽의 지지를 받게 될 것이다. 재미있는 사실은 재건축을 허가해 준다고 해도 재건축 반대 입장에 있는 사람들의 정부 지지율이 낮아지는 것은 아니라는 것이다. 오히려 주택 정책이 적극적으로 나올 때의 지지율이 상대적으로 더 높았다.

기업의 의견도 마찬가지다. 설사 미분양이 나서 이익이 줄어들더라도 건축비만큼 매출이 발생하기에 무조건 찬성할 것이다. 재건축 조건 완화에 대해서는 국민과 전문가들 사이에 논쟁이 발생한다.

여기에 중요한 포인트가 있다. 국민은 많은 정책의 배경을 잘 모른다. 왜 그럴까? 1차적인 이유는 국민 대부분이 피부에 바로 와 닿지 않는 이슈에는 관심이 없다는 데 있다. 그렇다면 언론이 객관적인 시각으로 친절하게 정책을 설명해야 하는데 그런 언론사가 많지 않다. 이 정책은 향후 이런 식으로 진행될 것이라고 분석해 주어야 하는데, 그런 기사들은 찾아보기가 어렵다. 부동산 분양 관련 기사가 대부분이다.

현재의 대한민국 언론사들에 가장 아쉬운 부분이 바로 전문성이다. 설명이 필요한 부분, 국민에게 꼭 알려야 하는 부분, 여론 조성이 필요한 부분은 초등학생도 알기 쉬울 정도로 쉽게 전달해야 한다. 그리고 여러 번 반복해서 이야기해야 한다. 그러나 지금은 논쟁이 필요한 부분에서는 논쟁이 발생하지 않고, 논쟁이 그다지 필요하지 않은 부분은 논쟁이 되는 경향이 있다.

논쟁을 가장 많이 조장하는 계층은 역시 전문가층이다. 지금 가장 뜨거운 이슈는 '부동산 시세가 상승할까, 하락할까'다. 사실 이것은 논쟁의 주제가 되기에 적합하지 않다. 차라리 상승하면 사회적으로 어떤 현상이 발생하고, 하락하면 이 사회가 어떻게 될 것이다, 그래서 우리는 어떻게 해야 하는가를 논하는 것이 바람직하다고 생각한다.

하지만 전문가들의 관심은 대안을 마련하는 것이 아닌가 보다. 신문과 TV 경제 뉴스를 보면 전문가들은 빌라, 상가, 분양형 호텔, 도시형 생활주택 등이 평생 월급 통장을 마련해 줄 것이라 한다. 돈 없는 우리에게 그런 대안이 무슨 소용인가? 다음 달에 전세금을 올려 줘야 하는 계층에게 아무런 도움이 되지 않는 이야기다.

또 대책 없이 부동산 하락론을 제기하는 경제학자들에게 묻고 싶다. 부동산이 폭락할 테니까, 도대체 어떻게 하라는 말인가? 폭락할 때까지 기다리라고만 한다면 도대체 그 시기가 언제라는 것인가?

이 두 전문가 집단은 국민을 위하는 것 같지 않다. 기업들에서 수수료를 받는 일부 전문가들은 그것이 밥벌이인 것 같다. 소위 폭락을 주장하는 전문가들도 그들 나름의 밥벌이를 하고 있다. 강연과 도서 판매, 그리고 그들이 운영하는 경제연구소의 경제 리포트 판매 등으로 수익이 발생한다. 진짜 궁금하다. 부동산이 폭락한다는 경제 리포트를 유료로 구독하는 분들은 도대체 그 내용을 통해 무엇을 배우려는 것일까? 그 유료 리포트를 보고 있으면 집이 저절로 생길 거라고 믿는 것인가?

그렇다면 과연 부동산 논쟁으로 누가 가장 큰 이익을 보게 될까? 정부는 어떻게든 부동산 시장을 활성화하는 것이 무조건 이득이다. 논쟁을 좋아할 리 만무하다. 기업은 어떻게든 부동산이 활성화되어 한 채라도 더 분양이 되길 희망한다. 당연히 논쟁이 발생하는 걸 싫어한다.

국민은 논쟁이 과열될 때마다 두려울 뿐이다. 위험한 일과 불확실한 일 중 어떤 것이 일반인에게 더 두려운 일일까? 위험한 일이 더 불리해 보일 수 있지만, 실제 시장에서는 불확실성이 가장 두려운 요소다.

이건 정부, 기업, 국민 모두에게 그렇다. 왜냐하면 위험은 미리 알고 대책을 세울 수 있지만, 불확실한 상황에는 어떻게 해야 할지 준비할 수 없기 때문이다. 그래서 가장 두려운 상황이 된다. 마치 페널티킥을 막는 골키퍼처럼 말이다. 결국 오른쪽이든 왼쪽이든 혹은 가운데를 유지하든 위치를 선택해야 한다. 참으로 어렵고 힘든 일이다.

이런 불확실성을 즐기는 계층은 결국 전문가다. 전문가가 가장 왕성하게 활동하는 시기가 이런 불확실성이 팽배한 시기다. 바로 지금이다. 결국 부동산 논쟁으로 가장 큰 이익을 보는 계층은 전문가다. 부정적인 전망을 하는 전문가든, 긍정적인 전망을 하는 전문가든 똑같이 바쁜 시간을 보내고 있다. 현재도 부동산 전망에 대한 책이 많이 쏟아지고 강연이 열리곤 한다.

전문가들은 참 빠르다. 경기가 조금이라도 풀리는 것 같으면 바로 각종 투자 설명회가 늘어나고, 경기가 위축되어 있으면 부동산 대세 하락과 관련된 강의도 꽤 인기를 얻는다. 남들이 어려워하는 이 위기의 순간을 기회로 잘 살리는 것을 보면 확실히 경제 전문가가 맞나 보다.

결국 전문가들은 이러한 논쟁을 즐기는 계층이며, 경제적으로 활용한다. 때론 이런 논쟁에 먼저 화두를 던지기도 한다. 논쟁으로 불확실성을 다시 한번 상기시키고 이런 때는 전문가가 필요하다고 강조한다. 결국 불확실성으로 전문가 계층만 이익을 본다고 할 수 있다.

여기에 금융권을 추가하고 싶다. 재테크 시장에서 보면 부동산 상품과 금융 상품은 경쟁 관계다. 부동산 시장이 좋으면 돈은 부동산 시장으로 몰린다. 부동산 시장이 불확실하면 다시 돈은 금융 시장으로 이동한다. 금융권에서는 부동산의 불확실성을 좋아할 수밖에 없다.

그래서 부동산과 관련한 부정적인 분석은 대부분 금융권 연구소에서 제공한다. 신문에 나오는 재테크 관련 상담의 답변을 보면 놀랍게도 부동산 전문가는 단 한 명도 없고, 금융권 전문가들이 하는 경우가 많다. 답변의 유형은 대부분 부동산을 줄이고 다양한 금융 상품으로 포트폴리오를 구성하라는 제안이다.

결국 부동산 논쟁으로 실제 당사자들이 아닌 부가적인 수익을 얻는 계층이 있는 셈이다. 내가 불안해하고 있을 때 웃고 있는 그 집단을 조심해야 한다. 의사 결정의 모든 책임은 개인에게 있다. 스스로 판단하고 합리적으로 결정할 수 있도록 객관성을 잃지 말아야 한다. 전문가 의견을 참고는 하되 '묻지 마 추종'은 절대 안 된다. 지금이 그런 시장이다.

부동산 시장에
'대세'는 없다

결론부터 말하자면

지역별 · 유형별로 시장은 세분화될 것이다.
양극화가 심화될 것이다.

대부분의 언론과 전문가들, 심지어 정부도 부동산 시장을 상승 시장, 하락 시장으로 이분화해 정의한다. 하지만 이분법적 사고로는 시세 그래프의 우상향·우하향 구간이 있다는 것을 확인할 수 있을 뿐이다. 그래프를 세부적으로 보면 모든 지역이 같은 높이나 같은 패턴으로 움직였던 것도 아니다.

지난 부동산 시장의 역사를 통해 우리가 확실하게 알 수 있는 미래는 무조건 상승하거나 하락하는 일방적인 시장이 되지 않는다는 것이다. 2008년 이후에는 하락론이 대세였다. 2013년 초만 하더라도 전문가 대부분이 시세 추가 하락을 예상했다. 하지만 2013년 하반기부터 수도권 부동산 시장은 조금씩 상승해서 2012년 이전보다 시세가 오르고 거래량이 증가했다.

다시 대세 상승으로 전환한 것일까? 그렇지 않다. 지역별로 상승과 조정, 침체기를 걸어왔다. 수도권은 짧은 보합기가 있었지만 2019년 말까지 지속적인 상승세다. 반면 2010년 이후 시세 상승률이 가장 높았던 울산, 창원, 거제 부동산 시장은 2017년부터 조정기에 들어갔다. 부산 역시 마찬가지다. 그 외 지방은 대부분 침체 국면으로 들어섰다.

지금 시점에서 어떤 지역도 대세 상승, 대세 하락이라고 단정할 수 없다. 지역별로 차이가 있으며, 수요가 충족되지 못한 지역의 가격이 상승하고 거래량이 늘었고, 반대로 침체된 곳들이 동시에 존재하기 때문이다. 이른바 양극화 시장이다. 이렇게 하락 국면과 상승 국면이 동시에 존재할 수 있기 때문에 부동산 시장을 단순하게 '상승' 또는 '하락'으로 전망해서는 안 된다.

이런 복합적인 양상에도 정부와 전문가들은 부동산 시장이 안정세에 접어들었다고 한다. 다른 한쪽에서는 여전히 비관론을 내세우고 있다. 양측 의견이 엇갈리면서 일반인들 머릿속만 복잡해졌다.

전문가들의 의견은 참고만 하자. 전문가마다 상승 근거로 드는 추세와 지역이 있을 것이다. 그 지역은 그렇게 이해하면 된다. 반대로 하락론을 주장하는 전문가의 의견도 참고만 하자. 특정 지역을 이야기하면 그 지역에 대해 분석할 때만 집중해서 판단하면 된다.

전문가의 의견은 참고만 하되, 이 전망 하나만은 확실하게 가슴에 품고 시장을 보자. 이제 묻지 마 폭등 시장이 눈앞에 펼쳐질 확률은 높지 않다는 것이다. 아무리 인기가 많은 지역도 단기간에 급등하지는 않을 것이다. 급등하려면 실수요에 투자 수요까지 집중되어야 하는데, 지금은 투자자가 아니라 실거주층만이 집을 구매할 수 있는 시장이기 때문이다.

한국의 경제 상황이 1980년대의 일본처럼 극호황기를 맞지 않는 이상, 앞으로도 실거주 위주의 수요가 집중된 부동산 시장이 전체 시장을 주도할 것이다. 따라서 주택의 매매 가격은 크게 하락하지도 않겠지만, 크게 상승하지도 않을 것이다.

문제는 전세 시세다. 실거주층 위주의 부동산 시장은 투자자가 주택을 추가 구매하지 않는다는 의미가 포함되어 있다. 다주택자가 증가하지 않는 상황에서 새로운 전세 물량이 공급될 수는 없다. 결국 전세 물건은 시장에서 계속 줄어들 수밖에 없다. 전세 물량이 줄면 임차인은 두 가지 중 하나를 선택해야 한다. 집을 사든지, 아니면 월세로 전환해야 한다. 이러한 시장이라면 어떤 전문가도 전세 물량이 급격히 줄 것이라는 데에는 이견이 없을 것이다.

집 구매 의향을 가진 사람이나 임차 의향을 가진 사람이나 이제 선택해야 한다. 부동산 시세는 지역에 따라 다르겠지만, 폭등하지도 않고 폭락하지도 않을 것이라는 전제 아래서 말이다.

물론 단기간 내 오르락내리락하겠지만, 향후 부동산 시장은 물가상승률(인플레이션) 수준에서 오르내리기를 반복할 확률이 높다. 물가상승률 이상 오르는 곳도 있을 것이고, 그 이하로 떨어지는 지역도 있을 것이다. 하지만 일정한 범위를 크게 벗어나지는 않을 것이다. 소위 박스권 내에서 움직이게 될 것이라는 의미다.

이러한 상황에는 자금에 여유가 있고 집을 구매하려고 하는 세대는 소신을 갖고 구매하는 것이 좋다. 자금 여유가 없어 종잣돈을 더 모아야 하는 세대는 조금 더 기다려도 나쁘지 않다. 다만 목표 금액과 목표 시점을 설정해 두어야 한다. 목표를 실행하는 시점에선 대출을 적절히 활용하는 것이 좋다.

가격이 오른다 해도 계속 임차인으로 살고 싶은 세대도 많을 것이다. 이들은 집에 큰 비용을 들이는 것보다 생활의 질을 높이는 것을 선호한다. 즉 전세나 월세로 살면서 자신이 좋아하는 자가용을 구입하고, 다양한 문화생활을 즐기며 가끔 해외여행도 하고 싶은 것이다. 에코 세대인 20~30대 상당수가 그럴 것이다. 삶의 행복을 실시간으로 추구한다는 면에서 부모 세대인 베이비붐 세대보다 행복에 대한 태도가 적극적이라고 할 수 있다.

다만 임차로 사는 선택에서도 계획과 준비가 필요하다. 임대 시세 역시 꾸준히 오를 가능성이 높기 때문이다. 전세는 서서히 줄어들 것이라는 이야기는 여러 번 반복했다. 따라서 임차를 장기적으로 할 세대는 월세 임차를 위한 준비를 해야 한다.

다행히 정부는 임차인들을 위한 여러 정책을 추진하고 있다. 행복주택, 신혼부부용 주택, 공공임대주택 등이 꾸준히 공급될 것이다. 민간 임대 사업자들이 공급하는 물량들도 시장에 나올 것이다. 정부 계획대로 임대 물건이 많아지면 평균 임대 가격도 안정화될 것이다.

하지만 임차 세대들이 명심할 것이 있다. 임대 시세 역시 입지의 경쟁력이 가장 중요한 요인이라는 것이다. 임차로 살더라도 인기 지역은 임차료가 비쌀 수밖에 없다. 임대 시장에서도 양극화, 부익부 빈익빈 구도가 존재한다는 것을 잊어서는 안 된다. 또한 임차 세대는 2년에 한 번씩은 이사할 수도 있기 때문에, 이사 예정 지역을 늘 준비해야 한다. 후보지 정보와 시세 추이 파악은 기본적으로 해야 한다.

매매와 임대는 동전의 양면과 같다. 한쪽 손을 들어줄 수 없다. 한쪽이 위로 가면 다른 쪽은 밑을 향한다. 정부의 고민이 깊어갈 것이다. 하지만 그건 정부에서 고민하게 하자. 정치인들은 유권자들의 선택이 가장 중요하다. 유권자들을 위한 정책을 만드는 것이 그들의 의무다.

유주택자는 유주택자에게 유리한 정책을 활용하고, 무주택자는 무주택자에게 제공되는 혜택을 놓치면 안 된다. 상승 시장에선 상승 시장대로, 하락 시장에선 하락 시장대로 양 계층이 활용할 수 있는 정책이 계속 나올 테니 말이다.

앞으로도 부동산 시장은 상승과 하락을 지속적으로 반복하겠지만, 지역마다 상승 폭이 다를 수밖에 없다. 통계청 예측대로 2031년 이후 인구가 감소한다 해도, 각 지역 주택 보급률이 100%를 넘어도 크게

전국 아파트 시세(2000~2019년)

(단위: 만 원/3.3㎡)

	전국	서울특별시	세종특별시	광주광역시	대구광역시	대전광역시	부산광역시	울산광역시	인천광역시
2000년	435	715	213	240	306	282	313	222	320
2001년	481	831	197	241	339	309	346	241	387
2002년	583	1,074	204	253	381	365	404	283	479
2003년	670	1,218	228	276	436	513	440	316	525
2004년	676	1,229	331	292	450	515	448	356	513
2005년	750	1,390	337	310	506	556	465	398	529
2006년	947	1,850	378	328	531	563	493	519	643
2007년	959	1,895	385	351	529	555	516	557	751
2008년	952	1,877	405	368	531	553	555	566	838
2009년	982	1,969	453	380	550	585	594	590	846
2010년	981	1,921	457	408	566	644	673	620	837
2011년	1,002	1,880	546	474	614	735	786	693	828
2012년	965	1,763	653	498	638	717	783	722	806
2013년	960	1,715	710	522	716	725	790	755	800
2014년	991	1,752	774	575	815	739	818	797	825
2015년	1,052	1,853	846	633	942	744	896	868	880
2016년	1,107	2,015	912	650	919	757	1,011	889	916
2017년	1,176	2,270	1,081	678	965	785	1,042	880	949
2018년	1,303	2,782	1,164	752	1,020	837	1,039	857	965
2019년	1,320	2,861	1,172	754	1,033	888	1,034	858	971

	강원도	경기도	경상남도	경상북도	전라남도	전라북도	충청남도	충청북도	제주도
2000년	221	434	283	227	220	215	238	233	304
2001년	222	483	290	230	218	220	253	233	287
2002년	228	600	318	245	224	227	281	250	312
2003년	254	696	360	255	226	246	345	278	328
2004년	281	689	382	264	228	259	378	303	342
2005년	298	783	430	286	234	285	420	339	346
2006년	343	1,062	454	317	254	310	433	384	400
2007년	351	1,075	470	354	298	334	448	398	440
2008년	370	1,030	485	365	329	364	457	406	438
2009년	389	1,040	505	381	362	401	470	419	457
2010년	404	1,009	596	397	392	451	485	482	501
2011년	467	1,008	677	433	434	523	545	547	547
2012년	476	964	679	459	444	519	569	565	587
2013년	479	953	688	507	444	518	591	577	632
2014년	488	975	722	545	448	527	627	618	780
2015년	518	1,034	751	585	464	537	633	631	970
2016년	554	1,072	752	575	482	546	636	627	1,084
2017년	572	1,118	744	572	506	554	645	618	1,120
2018년	581	1,208	722	573	516	555	642	617	1,132
2019년	577	1,211	718	571	530	550	646	616	1,138

전국 아파트 시세 추이(2000~2019년)

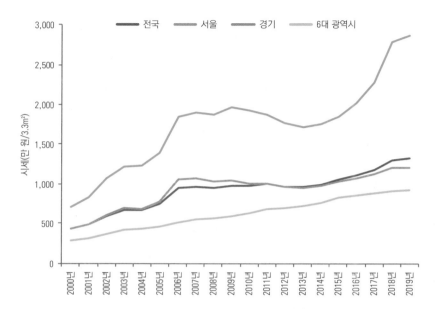

영향받지 않는 지역들이 있다는 것이다.

매매든 임대든 마찬가지다. 전체 지역의 평균으로 모든 지역이 똑같이 움직일 것이라는, 현실을 무시한 의견들은 무시해 버리자. 내가 거주할 지역의 부동산에 대해서는 내가 전문가가 되어야 한다. 정부도 기업체도 전문가도 매스컴도 내 주거 생활을 책임져 주지 않는다.

관심 있는 지역의 과거와 현재, 그리고 미래를 애정을 가지고 직접 확인하는 습관을 갖자. 나와 내 가족의 거주 편의성을 확보하는 가장 좋은 방법이다.

제2장 수요

하나만 꼽는다면
결국 수요다

최근 투자자들의 애절한 상담 사연이 많다. 대부분 갭 투자 방식으로 아파트를 여러 채 매입한 분들이다. 역전세난 때문에 세입자를 구하지 못하고 있다는 하소연이다. 한두 채면 감당할 수 있겠지만, 투자한 집이 많다 보니 전세 보증금을 돌려줄 길이 없다는 것이다.

　매매 시세와 전세 시세가 동시에 급락하고 있는 지방과, 입주 물량이 너무 많은 수도권 지역에 투자한 분들이 특히 더 속을 끓이고 있다. 깡통 전세가 양산되면서 다수의 주택을 소유한 투자자들이 파산 직전 상태로 몰리고 있다. 경남, 강원 등에서는 현재 집값이 2년 전의 전세 시세보다 낮다. 집을 팔아도 전세금을 돌려줄 수 없는 처지다. 매매가와 전세가의 갭이 작다는 이유로 갭 투자에 나선 이들이 물려 있다.

　갭 투자 성립 전제 조건이 모두 깨지며 다주택자들의 리스크가 커지고 있다. 갭 투자자는 매매와 전세 가격의 차이가 작을수록 소액으로 투자할 수 있다. 매매 가격이 상승하고 전세 가격이 상승하는 시기에는 많이 가지고 있을수록 좋다. 소액일수록 수익률은 더 높다.

　하지만 매매 가격 상승이 멈추고 전세 가격이 하락하는 상황에서는 정반대의 상황이 발생한다. 보유 주택이 많으면 많을수록 리스크가 커진다. 연쇄적으로 만기가 돌아오는 전세금을 돌려줄 방법이 없기 때문이다. 이 경우 투자자뿐 아니라 세입자들이 피해를 보는 것이 더 큰 문제다.

이런 이전의 시장 상황을 모른 채 최근 부동산 시장에 진입한 사람들은 현재 시장을 많이 아쉬워한다. 집에 투자할 때는 가격이 상승할 것으로 기대한다. 당연한 얘기다.

대세 상승기 때는 웬만한 아파트는 다 오른다. 지난 2014년 이후 수도권 아파트들이 그랬다. 문제는 늘 조정기에 발생한다. 매매가가 오르지 않는 것은 기본이고 더 큰 문제는 조정기가 끝날 때까지 버텨야 하는데 역전세나 공실이 발생하게 되면 버티기가 어려운 사람들이 많이 생긴다는 것이다. 지난 몇 년 사이 우려되는 지역이 점점 더 많아지고 있다.

주식 투자자들은 손절매라는 것을 자주 한다. 채권 투자자들도 마찬가지다. 그런데 유독 부동산 투자자들은 손절매하는 경우가 매우 드물다. 부동산이 손실 회피 본능이 상대적으로 더 큰 투자 상품이기도 하지만 그동안 투자 실적을 보면 금융 상품 대비 좀 더 안정적인 모습을 보여 왔기 때문이기도 할 것이다. 버티면 결국은 올랐다는 경험치가 있기 때문이다.

자산 배분을 하는 투자 기관이나 개인 투자자는 리밸런싱이라는 것을 한다. 투자 자산의 비율을 재조정하는 것이다. 자산의 하락기 때가 리밸런싱을 하기 가장 좋은 시기라고들 한다. 더 좋은 자산으로 갈아타는 데 가장 적은 투자금이 들어가기 때문이다.

그런데 금융 자산은 하락기 때도 가격만 낮추면 매도가 잘되지만 부동산 자산은 하락기 때 오히려 매도가 잘 안 된다는 특징이 있다. 하락기에 리밸런싱을 하기에 적합한 상품이 아니라는 것이다. 결국 부동산은 금융 자산 대비 리스크는 낮을지 모르지만 내 의지대로 매수·매도가 어려울 수도 있는 대단히 보수적인 상품이다. 그러므로 매수 시점부터 여러 가지 리스크를 미리 고려해야 한다.

한 지인이 자녀의 수능이 끝나자마자 타 지역으로 이사하기 위해 대치동 소재의 완전 구축 아파트를 전세로 내놓았다. 그런데 중개업소에 이야기한 후 10분 만에 계약을 체결했다고 한다. 전세 수요층이 상시 대기하고 있었다는 것이다. 다른 지인은 파주에 투자한 아파트 전세를 2년 전 시세 대비 무려 3,000만 원 내려서 중개업소에 내놓았는데도 세입자를 구하기가 어렵다고 한다. 놀랍게도 현재 파주에서 가장 전세 가격이 비싼 지역인데도 말이다.

또 다른 지인은 부천에 투자한 아파트가 2채 있는데 하나는 10년 차 미만의 신규 아파트이고 다른 하나는 25년 된 구축 아파트였다. 신축은 2년 전보다 전세가를 올렸는데도 바로 계약이 되었고, 구축은 2년 전보다 전세가를 낮추었는데도 여전히 계약이 되지 않고 있다고 한다. 이것이 바로 입지와 상품을 동시에 고려해야 하는 이유다. 수요와 공급을 동시에 봐야하는 이유다.

부동산과 관련된 3가지 키워드가 있다. '입지, 상품, 가격'이다. 그중에 입지가 제일이고 그다음이 상품이다. 가격은 전혀 중요하지 않다. 그저 시장의 결과일 뿐이기 때문이다.

결국 부동산 시장을 결정하는 가장 중요한 키워드 하나만 선택하라고 하면 단연 '수요'다. 수요를 파악하지 않고 선택하는 것처럼 무모한 도전은 없다. 부동산 의사 결정에서는 수요가 가장 중요하다. 절대 수요를 잊으면 안 된다.

1 집이 남는데
집값은 왜 오를까?

결론부터 말하자면

전국 평균은 의미 없다.
특정 지역과 유형에 대한 공급이 부족하기 때문이다.

대한민국의 전국 주택 보급률은 2008년 100%를 넘겼고 2017년에는 103.3%를 기록했다. 가구당 거주할 집이 한 채 이상이기 때문에 주택 공급은 충분하다는 주장이 있다. 언뜻 들으면 논리적이다. 미분양 현장이 많은 것을 보면 주택 수요가 충족되었다는 논지는 설득력 있어 보인다.

반대의 현상도 발견할 수 있다. 주택 보급률이 높았던 대구광역시는 2010~2015년 전국의 주요 분양 현장들 중 가장 높은 청약 경쟁률을 보이기도 했다. 분양만 했다 하면 인근의 모든 중개업자들이 문을 닫고 모델하우스로 달려와 '떴다방'을 운영할 정도로 광풍의 분양권 프리미엄 거래 시장이 형성됐다. 그러나 2016년 11·3 부동산 대책 이후로 떴다방 업자들을 찾아볼 수 없다.

하지만 서울은 여전히 분양이 잘되고 있다. 수요가 오히려 더 늘어난 것 같기도 하다. 이 두 현상을 어떻게 이해해야 할까? 주택 보급률과 주택 수요는 반비례하지 않는다는 것이다. 주택 보급률 100%의 의미는 모든 주택 수요가 충족되었다는 것이 아니라 과거보다 주택 공급이 많다는 정도로 이해하면 된다.

과거 대비 수요가 줄어든 것은 맞다. 마이너스가 아니라 여전히 플러스 상태이긴 하지만, 수요 증가율이 큰 폭으로 줄었다고 이해하면 된다. 과거에는 한 해 50만 호 정도의 신규 주택이 필요했다면, 지금은 30만 호 정도 필요하다는 뜻이다. 주택 보급률이 100%가 넘은 현재도 신규 수요가 꾸준히 존재한다. 이러한 주택 보급률의 속뜻을 꼭 염두에 두고 관심 지역의 수요와 공급을 따져야 한다.

현재 부동산 수요는 양적 수요가 아니다. 수요층이 복합적이다. 양적 공급은 기본이고, 질적인 요구까지 생겼다. 공급량이 절대적으로 부족했던 선배 세대에는 웬만한 입지의 주택이면 수요 충족이 됐다. 아파트, 단독주택, 빌라, 다세대, 심지어는 하꼬방이라고 하는 블록 판잣집이어도 거주만 하면 되는 시대였다.

그러나 현재의 수요는 다르다. 질 낮은 주택에서 살려고 하지 않는다. 아파트 수요층은 아파트 이외의 주택은 고려하지 않는다. 지하는 커녕 반지하 주택에도 거주하려 하지 않는다.

주택 공급의 총량은 100%가 넘지만 살고 싶은 주택은 아직 부족하다. 현 부동산 시장에서 아파트가 가장 많이 공급되는 것은 한꺼번에 많이 공급할 수 있기 때문이기도 하지만, 아파트를 원하는 수요가 압도적으로 많기 때문이기도 하다.

또한 주택의 유형보다 중요한 문제가 있다. 살고 싶은 지역이 유사하다는 것이다. 인기 지역의 주택은 항상 부족할 수밖에 없다. 인기 지역은 비인기 지역보다 시세가 엄청나게 높지만 늘 공급량이 부족하다.

인기 지역, 희망 주택 유형이라는 조건을 충족시키는 수요는 물리적으로 충족되기 어렵다. 따라서 총수요 대비 총공급이 충족되었다거나, 수요가 줄었다는 식으로 분석하면 안 된다. 그건 특정 목적을 가진 집단이 의도적으로 분석한 결과일 뿐이다.

교과서에 나온 대로 자원 낭비를 지양하고 부동산을 효율적으로 활용하려면, 과잉 수요자들을 과잉 공급지로 유도하면 되지 않겠느냐고 반문할 수 있다. 역지사지로 생각해 보자. 서울 강남에 직장이 있는 사람에게, 집값이 싸고 공급이 남아도는 연천군이나 철원군에서 출퇴근하라고 하면 순순히 선택할까?

실제 시장의 예를 들어도 마찬가지다. 강남구·서초구 주민들은 인접한 송파구·동작구에조차 가지 않으려 한다. 송파·동작의 집값이 더 싸고 새 주택인 데도 불구하고, 더 비싸고 낡은 강남·서초의 주택을 다시 선택한다. 분당 주민들은 같은 생활권인 성남시 중원구·수정구, 용인시 수지구로 이사하길 꺼린다.

수요 추정을 정확히 하려면 실제 시장의 다양한 요구를 고려해야 한다. 구체적인 대상 지역을 정한 뒤 그 지역을 선호하는 사람과 주택의 수치로 수요를 추정해야지, 경기도 평균, 서울 평균을 뭉뚱그려 분석하면 시작부터 문제가 발생한다.

게다가 서울은 최근 일산·분당·중동·김포·남양주 등에서 이동해 오는 사람들이 상당하다. 특정 지역 보급률로는 지자체를 넘어오는 수요를 설명하지 못한다.

선진국의 주택 보급률과 비교해 보면 이런 해석상의 문제점을 알수 있다. 선진국 대부분의 주택 보급률은 우리나라보다 높다. 몇몇 나라들은 주택 보급률이 130%가 넘는데도 여전히 신규 주택을 공급한다. 그 선진국도 수요를 충족시킨 게 아니라는 의미다. 그러니 선진국에 비해 주택 보급률이 상대적으로 낮은 대한민국은 말할 것도 없지 않겠는가?

신규 주택의 수요는 늘 존재한다. 서울처럼 아직 양적 수요도 충족시키지 못한 지역도 있다. 입지에 대한 수요보다는 적겠지만 특정 유형의 주택에 대한 요구, 즉 질적인 수요도 꾸준히 증가하고 있다. 서울 강남과 같은 위상의 입지가 추가로 공급되지 않는 이상 이 수요는 줄어들지 않을 것이다.

누구나 살고 싶은 입지가 있을 것이다. 혹시 그 입지의 수요가 줄어들길 기다리는가? 혹은 과잉 공급으로 가격이 낮아져 직접 구입하거나 혹은 지금보다 낮은 가격에 임차로 들어가길 기다리는가? 안타깝게도 이 글을 읽고 있는 여러분이 그 입지를 포기하지 않는 이상, 그런 일은 여간해선 일어나지 않을 것이다. 그게 우리가 살고 있는 진짜 부동산 시장이다.

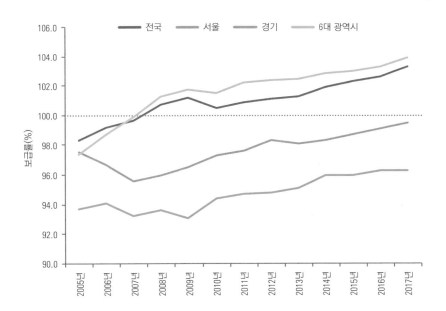

전국 주택 보급률 추이(2005~2017년)

전국 주택 보급률(2005~2017년)

(단위: %)

	전국	수도권	지방	서울특별시	세종특별시	광주광역시	대구광역시	대전광역시	부산광역시	울산광역시	인천광역시
2005년	98.3	96.0	–	93.7	–	95.2	95.7	97.0	97.9	99.5	99.1
2006년	99.2	95.7	–	94.1	–	97.6	97.1	98.3	99.8	100.9	98.3
2007년	99.6	95.0	–	93.2	–	99.2	99.2	98.8	99.9	102.9	99.3
2008년	100.7	95.4	–	93.6	–	101.5	103.0	98.5	100.0	104.9	99.7
2009년	101.2	95.4	–	93.1	–	103.7	104.4	97.6	99.7	104.7	100.2
2010년	100.5	96.4	104.3	94.4	–	101.8	101.5	101.0	99.7	105.1	99.8
2011년	100.9	96.8	104.6	94.7	–	102.4	101.3	102.6	100.1	105.3	101.8
2012년	101.1	97.3	104.7	94.8	–	101.9	101.0	102.6	100.8	105.0	102.7
2013년	101.3	97.3	105.1	95.1	–	102.6	101.2	102.0	101.7	105.4	101.7
2014년	101.9	97.7	105.8	96.0	–	103.9	100.5	102.6	102.6	106.3	101.3
2015년	102.3	97.9	106.5	96.0	123.1	103.5	101.6	102.2	102.6	106.9	101.0
2016년	102.6	98.2	106.8	96.3	108.4	104.5	103.3	101.7	102.3	107.3	100.9
2017년	103.3	98.3	107.9	96.3	111.5	105.3	104.3	101.2	103.1	109.3	100.4

	강원도	경기도	경상남도	경상북도	전라남도	전라북도	충청남도	충청북도	제주도
2005년	104.0	97.5	100.6	102.8	103.9	103.0	103.8	102.9	96.0
2006년	107.3	96.7	101.5	104.4	106.0	105.8	107.1	105.2	97.7
2007년	108.9	95.6	102.5	106.9	107.8	108.0	108.7	107.5	96.9
2008년	110.5	96.0	104.4	109.9	109.9	110.7	110.5	109.3	96.7
2009년	111.0	96.5	105.6	112.0	111.1	113.4	113.0	110.3	96.0
2010년	108.1	97.3	104.4	108.9	107.6	106.7	104.6	107.5	96.2
2011년	107.4	97.6	104.4	109.5	107.7	107.2	105.1	108.0	95.6
2012년	106.8	98.3	104.3	109.6	107.8	107.1	105.6	107.9	96.4
2013년	106.3	98.1	105.0	110.2	108.5	106.9	105.8	108.8	98.4
2014년	106.0	98.3	105.8	111.2	109.6	107.5	107.9	109.5	98.7
2015년	106.7	98.7	106.4	112.5	110.4	107.5	108.3	111.2	100.7
2016년	106.4	99.1	106.7	113.0	110.7	107.3	109.2	110.7	103.1
2017년	107.7	99.5	108.6	114.7	111.3	107.7	110.5	111.4	105.2

자료: 국토교통부, KOSIS

수요

계속되는 재개발·재건축에도
아파트가 늘 부족한 이유

결론부터 말하자면

'신규 아파트'의 수요는 계속 늘지만
재개발 · 재건축으로는 세대수 증가에 한계가 있다.

서울에선 거의 매주 재건축·재개발로 공급되는 신규 아파트 분양을 한다. 그런데 왜 거주할 만한 주택 수는 늘 부족하다는 인식이 생길까? 5층짜리 아파트를 허물고 35층으로 짓는데 주택 수가 늘 부족하다는 게 이해되지 않는다는 질문을 많이 받는다.

많은 분들이 의아해하는 내용이다. 주택 수 부족을 수치적으로 증명할 정확한 통계 자료는 없다. 통계란 '1+1=2', '2-1=1'처럼 모든 개별 세대 사정을 고려한 수치여야 하는데, '신규 분양으로 몇 세대 증가했다', '재개발로 몇 세대 멸실됐다'는 식의 단편적 통계여서 실질적인 수요·공급이 어떻게 충족되는지 증명할 수 없다. 실수요자 입장에서 거주할 만한 주택이 충분한지 아닌지로 주택 수급 상황을 이해하는 것이 현실적인 방법이다.

결론적으로, 재건축을 하면 일반적으로 공급 세대수는 약간 늘어나는 정도다. 하지만 모든 단지들이 늘어나는 것은 아니다. 1 대 1로 똑같은 세대수가 공급되는 경우도 있고, 심지어 줄어드는 경우도 있다. 증가·유지·감소의 3가지 경우가 모두 있다는 의미다.

세대수가 증가하더라도 기대보다 많이 증가하지는 않는다. 예를 들어보자. 2019년 8월 입주한 강남구 개포동 디에이치 아너힐즈는 1,320세대의 대단지다. 그런데 일반 분양분은 63가구. 어떤가? 증가하는 세대수가 많은가? 2019년 1월 입주한 송파구 가락동 헬리오시티는 9,510세대의 대형 단지다. 이 중 일반 분양분은 1,558세대. 생각보다 많은가, 적은가? 헬리오시티의 경우 일반 분양분만 보면 꽤 되는 것 같기도 하다. 하지만 헬리오시티급 대형 단지는 이제 거의 없다. 대부분은 1,000세대도 안 되는 중소형 단지들이다. 중소형 단지를 재건축할 경우 일반적으로 증가하는 세대는 몇 세대 되지 않는다.

또 하나 생각해야 할 것은 일반 분양분이 모두 추가로 증가하는 세대수가 아니라는 점이다. 일반 분양분에는 기존 조합원 세대 중 신규 아파트를 분양받지 않은 청산 세대도 포함되어 있다. 조합원 세대 중 분양을 포기한 세대도 일반 분양분에 들어 있는 것이다. 그러므로 증

송파구 가락동 헬리오시티 조감도

송파구 가락동 헬리오시티

가분에서 일부는 감안해서 세대수를 계산해야 한다.

또 다른 측면도 있다. 일반 분양분이 있는 모든 단지에는 임대 세대가 의무적으로 들어간다. 이것을 주택 수의 증가로 봐야 할까? 임대 세대는 일반 세대가 분양받을 여지가 없으므로 거주할 만한 주택 수에 포함할 수 없다.

고려할 사항이 더 있다. 분양 전 개포주공아파트는 $66m^2$(20평)형 미만 세대가 대부분이었다. 신규 분양 세대는 대체적으로 $99m^2$(30평)형 이상이다. 기존 규모와 비교되지 않을 정도로 한 세대의 사용 면적이 증가했다. 과거에는 $3,300m^2$(1,000평) 부지를 50세대가 나누어 썼다면 이제 30세대만이 쓸 수 있다.

재건축으로 신규 아파트를 건설해도 세대수가 생각보다 많이 증가하지 않고 오히려 줄어들 수도 있다. 용산구 동부이촌동의 첼리투스는 단 한 세대도 증가하지 않은 사례다. 여기는 1 대 1 조건으로 재건축을 했다. 임대 세대를 만들지 않는 조건으로 추가 분담금을 100% 자비로 세대당 5억 원 이상씩 지불하고 기존 조합원들만의 단지를 만든 것이다.

세대수가 증가하지 않는 또 다른 조건이 있다. 과거 아파트와 신규 아파트를 비교해 보자. 부지 활용 방법이 다르다. 2005년 이전 아파트와 그 이후 아파트의 가장 큰 차이점은 지상 주차장이 있는지 여부다. 또 조경 시설의 규모도 비교해야 한다. 과거의 5층 아파트 건축물 부지에 아무런 변화 없이 35층을 올린다고 생각해 보자. 오피스 건물

같은 신규 아파트에 거주할 수 있을까? 아파트가 고층이 될수록 동 간격도 벌어져야 하고 도로, 산책로, 조경 공간, 수공간 등을 추가로 만들어야 한다. 그래서 재건축으로 증가하는 세대수가 생각보다 많지 않은 것이다.

재개발의 경우 세대수가 늘지 않는 이유는 더 간단하다. 재건축은 주변에 도로, 상가 등 기반 시설이라도 있다. 하지만 재개발 지역은 입지 기반이 매우 취약하다. 재개발은 매우 촘촘한 다세대, 빌라, 단독주택 부지에 차가 원활하게 다닐 만한 도로를 새로 만들고, 공공시설 등 여러 가지 기반 시설도 만들어야 한다. 이전의 부지 활용도와는 완전히 다른 마을을 하나 새로 만드는 셈이다.

아울러 입지 특징상 통계에 잡히지 않는 숨은 세대가 대단히 많다. 독립된 세대 형태가 아니라 동거 형태의 임차로 거주하는 세대가 자가 세대보다 훨씬 많다. 이러한 임차 거주민들의 이주 계획까지 포함해 재개발 계획을 만들어야 하기 때문에 재건축 대비 해결해야 할 문제가 많이 발생해 재개발을 추진하지 못하는 경우가 적지 않다. 특히 상가가 많은 지역은 재개발 추진이 더욱 어렵다.

재개발 지역의 전체 공급량이 1,000세대라고 하면 그 전에는 1,500가구 정도가 거주했을 것이다. 통계로 확인할 수 없는 가구가 생각보다 많기 때문이다. 다가구도 단독주택이다. 19세대가 살고 있는 다가구는 통계로 따지면 1개 주택이다. 그러므로 재개발은 신규 공급 세대수가 기존 거주 가구 수보다 줄어들 수밖에 없다. 또한 임대 물량분, 거주 규모 증가분 등의 나머지 이유는 재건축과 같다.

나대지에 신규로 개발하는 신도시나 택지개발사업의 경우 고스란히 세대수가 증가할 수 있다. 하지만 서울과 부산, 대구처럼 기존 도심을 재건축·재개발해야 하는 입지는 생각보다 세대수가 증가하지 않는다.

게다가 세대당 가족 수가 점점 줄고 있다. 기존 5인 이상 2~3세대 가족이 3인 이하 1~2세대가 되는 속도가 더 빨라지고 있다. 또한 도심 안쪽에 거주하기를 희망하는 수요는 계속 증가한다. 하지만 도심 내 신규 공급 주택 수는 거의 증가하지 않고 있다. 이것이 도심 내 재개발·재건축이 계속 추진되어도 거주할 만한 주택 수는 감소하는 이유다.

마지막으로 한 가지 더 추가해야 할 요인이 있다. 신규 아파트에 거주하고 싶어 하는 세대가 지속적으로 증가하고 있다. 신규 아파트에 거주한 경험이 있는 세대는 단독, 다세대, 빌라는 물론이고 구축 아파트로도 이사하려 하지 않는다. 이 수요는 어떤 통계에도 잡히지 않는다.

신규 공급 아파트의 숫자는 한정되어 있다. 반면 자가든, 임차든 신규 아파트를 희망하는 수요는 계속 증가하고 있다. 서울 부동산의 미래에는 이러한 수요와 공급의 불일치가 지속될 것이다.

전국 신규 아파트 공급(예정)량(1990년 이전~2021년)

(단위: 호)

지역	전국	서울특별시	세종특별시	광주광역시	대구광역시	대전광역시	부산광역시	울산광역시	인천광역시
전체	11,620,024	1,759,719	119,372	436,141	626,650	360,672	850,150	274,161	675,809
1990년 이전	974,724	318,487	786	31,252	61,309	32,324	105,991	15,759	90,123
1990년	212,965	20,322		10,534	7,900	12,285	9,781	7,115	23,407
1991년	258,852	30,184	1,046	16,685	21,089	13,187	21,382	11,182	20,045
1992년	413,722	60,739	308	24,705	24,066	20,523	31,755	15,908	28,295
1993년	382,198	43,490		12,195	20,887	18,683	26,915	15,293	20,893
1994년	418,931	40,059	422	12,644	19,461	27,755	29,815	8,946	20,522
1995년	424,637	48,775	211	18,200	25,702	16,302	30,120	9,493	20,735
1996년	379,957	39,153	1,935	18,368	26,412	8,782	48,095	11,065	13,909
1997년	436,259	61,184	197	29,686	26,714	6,161	30,020	11,831	28,443
1998년	398,818	57,173	391	18,249	19,429	8,004	30,346	11,510	27,315
1999년	374,877	81,839	974	15,483	17,679	17,216	22,407	7,329	9,931
2000년	321,613	76,255	1,163	10,661	17,984	11,534	16,184	4,175	12,719
2001년	296,511	60,516	734	10,802	5,674	5,799	18,380	5,464	4,832
2002년	332,725	55,024	883	7,730	18,301	8,595	17,860	3,758	9,946
2003년	331,365	82,910	392	10,122	21,680	6,014	23,345	7,851	11,806
2004년	364,746	66,232		5,871	10,796	11,623	32,018	8,832	17,869
2005년	341,992	55,380		12,725	13,011	14,460	26,864	6,947	21,358
2006년	338,919	49,452	802	18,180	19,935	15,918	31,481	3,728	13,840
2007년	318,167	38,636	514	11,944	19,676	10,190	16,780	12,920	30,520
2008년	324,569	56,549	2,914	13,586	32,790	6,908	14,331	9,316	15,591
2009년	289,529	31,808		13,388	15,744	2,297	8,183	3,881	16,289
2010년	300,563	36,041		8,552	13,563	10,624	14,445	11,004	18,604
2011년	220,229	36,805	2,242	10,275	7,276	11,853	13,645	2,871	22,397
2012년	183,723	20,137	4,278	3,652	4,587	5,464	15,692	3,875	26,306
2013년	200,828	23,690	3,438	7,418	9,937	3,924	21,286	6,573	10,727
2014년	270,888	37,459	14,987	9,519	9,589	10,705	23,450	9,111	10,739
2015년	274,298	22,461	17,382	5,752	15,428	4,072	21,980	9,524	12,388
2016년	301,024	26,950	7,653	10,846	27,390	6,721	15,302	3,386	9,618
2017년	395,291	28,386	15,479	11,821	22,805	6,599	21,714	9,184	19,434
2018년	460,170	37,392	14,002	7,027	14,700	6,547	24,492	10,159	22,732
2019년	398,354	42,785	11,411	13,253	10,580	3,883	25,659	11,718	16,914
2020년	335,755	41,923	5,600	12,505	15,404	6,263	24,928	2,941	18,384
2021년	221,955	21,466	7,668	4,895	15,141	6,233	17,082	1,512	16,029

지역	강원도	경기도	경상남도	경상북도	전라남도	전라북도	충청남도	충청북도	제주도
전체	349,576	3,219,438	774,285	520,380	342,092	407,126	467,114	373,488	63,851
1990년 이전	24,548	131,302	52,736	29,164	19,668	28,288	8,899	21,192	2,896
1990년	8,171	50,921	11,053	15,707	8,712	7,763	6,242	11,305	1,747
1991년	10,583	33,189	20,729	13,863	10,880	12,914	8,443	11,772	1,679
1992년	9,798	81,983	38,725	18,841	21,401	17,335	6,810	10,033	2,497
1993년	8,616	109,842	24,812	21,989	15,363	17,149	10,491	12,647	2,933
1994년	11,098	134,020	32,922	21,574	12,037	16,403	13,118	16,133	2,002
1995년	14,702	118,579	16,926	22,792	13,904	28,874	18,063	19,457	1,802
1996년	11,866	87,167	25,183	25,709	13,492	13,559	20,189	14,208	865
1997년	16,553	110,044	16,841	21,203	11,837	17,552	28,248	18,746	999
1998년	17,823	84,084	30,730	23,383	11,779	23,128	23,435	9,443	2,596
1999년	13,508	94,293	17,857	23,282	6,329	17,881	14,093	13,914	862
2000년	12,796	89,104	16,524	12,822	7,151	9,247	13,487	7,469	2,338
2001년	8,496	107,895	15,563	14,452	8,559	13,084	7,149	4,955	4,157
2002년	9,117	124,587	26,270	9,779	12,862	11,792	5,881	8,802	1,538
2003년	6,066	93,523	20,618	9,635	6,958	7,267	10,637	10,970	1,571
2004년	7,477	125,377	25,466	13,293	8,048	8,885	16,415	5,592	952
2005년	9,663	95,112	33,683	11,229	6,555	6,946	18,491	6,969	2,599
2006년	15,313	91,256	17,032	6,044	6,823	10,101	22,364	14,116	2,534
2007년	9,908	76,116	21,279	15,073	8,422	12,078	17,815	15,975	321
2008년	10,018	87,634	23,407	12,809	8,773	9,271	9,807	9,841	1,024
2009년	9,134	111,144	19,614	14,387	5,364	10,026	21,169	6,934	167
2010년	4,940	115,312	13,614	15,957	5,407	5,684	13,733	11,838	1,245
2011년	2,477	64,276	7,967	10,234	5,080	6,391	9,921	4,039	2,480
2012년	4,351	63,068	6,998	3,878	4,841	7,846	6,011	1,289	1,450
2013년	3,660	49,773	20,332	6,898	11,445	5,695	5,659	6,200	4,173
2014년	9,565	53,920	25,386	8,438	15,165	10,664	9,991	9,765	2,435
2015년	6,355	70,927	22,102	16,288	12,271	11,092	12,446	10,904	2,926
2016년	8,742	89,322	22,004	16,466	12,120	8,083	22,559	10,389	3,473
2017년	5,350	130,649	41,207	24,619	9,229	7,095	25,962	12,418	3,340
2018년	18,087	168,219	35,594	24,332	12,083	12,910	26,195	24,025	1,674
2019년	18,075	139,637	44,171	18,476	7,707	12,408	8,281	11,817	1,579
2020년	10,191	118,561	17,975	9,191	10,022	14,224	13,331	13,595	717
2021년	9,634	79,617	7,449	8,573	8,961	5,491	6,425	5,499	280

신규 아파트 공급(예정)량 추이(1990~2021년)

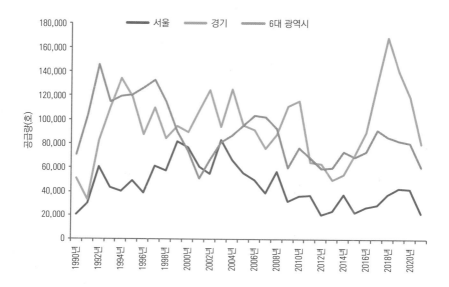

대한민국 부동산 사용설명서

수요와 공급을 측정하는 '빠숑의 노하우'

결론부터 말하자면

공급량 파악은 비교적 수월하게 할 수 있다.
수요는 정량적 방법 외의 변수가 많지만
'현장 동향'을 고려해야 한다.

부동산 시장에서 수요와 공급을 측정하는 일은 그 무엇보다 중요하다. 수요가 많으면 가격이 오르고, 공급이 많으면 가격이 떨어지기 때문이다. 수요와 공급 중 어느 쪽이 더 많은지 알고 싶다면 각 수치를 객관적으로 측정해야 한다.

먼저 공급량을 파악해야 수요의 많고 적음을 따질 수 있다. 지역 내 공급량은 인허가 실적 등을 통해 파악할 수 있다. 현재 주택의 재고 수량과 앞으로 입주할 신규 분양 세대수를 합산하는 것이다. 좀 더 자세히 계산하려면 멸실되는 주택 수를 제외한 다음 전체 주택을 아파트와 비아파트로 나누어서 분석해야 한다.

문제는 지역 내 수요량을 어떻게 파악하느냐는 것이다. 많은 사람들이 다양한 방법으로 수요를 추정한다. 지역 내 주민등록된 인구의 0.5%를 계산해 필요 주택 수를 추정하는 것이 가장 보편화된 방법이다. 최근 프롭테크(정보 기술을 결합한 부동산 서비스 산업) 기업이 등장하면서 수요와 공급을 구체적 수치로 제공하기도 한다. 중요한 것은 실제 매물의 개수와 거래량이다. 매물 개수와 거래량이 준다는 것은 시장에서 거래 가능한 주택 수가 적다는 것이다. 매매든 전세든 말이다. 이런 시장에서 현재 필요 주택 수가 조금 부족하다는 프롭테크 수치는 참고해도 좋다.

바람이 있다면 인구를 기준으로 하는 방법과 세대수를 기준으로 하는 방법을 함께 보여 줬으면 하는 것이다. 세대당 인구가 꾸준히 줄어드는 상황이라 과거처럼 세대수와 인구가 비례하지 않는다. 주택 수는 세대수와 밀접하기 때문에 세대수의 증감 추이를 통계에 녹여 낸다면 현실적인 데이터가 될 수 있다.

그럼에도 불구하고 수요 추정은 매우 어렵다. 정답이 있을 수 없다. 리스크를 낮추고 확률을 높이기 위해 아우트라인만 잡을 뿐이다. 부동산 수요 분석의 한계다.

부동산은 부증성과 부동성을 갖고 있다. 일정 면적 내 공급량이 정해져 있어서 일정량 이상 증가하는 데는 한계가 있다. 이것이 부증성이다. 이러한 공급량은 다른 곳으로 옮길 수도 없는데, 이를 부동성이라 한다.

하지만 수요에는 부증성과 부동성이 적용되지 않는다. 아무도 관심 갖지 않는 입지의 상품도 있고 누구나 원하는 부동산도 있다. 수요는 유동성이 크다. 부증성이 의미가 없다. 여기서 공급과 수요의 미스매칭이 발생한다. 과거에는 인기가 높았지만 지금은 인기 없는 지역도 있고, 수요가 전혀 없던 지역이 최고 인기 지역이 되기도 한다. 수요는 시기와 외부 영향에 따라 움직이고 부동성도 적용되지 않는다.

한때 모든 광역시 중 가장 잘나갔던 대전이 흔들리는 모습을 보면 대도시라도 수요 감소의 리스크가 있음을 확인할 수 있다. 동탄과 송도는 수도권 내에서 인기가 매우 높은 곳이지만 두 곳 모두 신규 아파트 청약률이 0%인 단지가 나오기도 했다. 현재 미분양이 한 세대도 없는 세종시도 첫 마을은 미분양이었다. 양주시와 영종도의 점포 겸용 단독주택 부지 분양이 당시 9,000 대 1이라는 놀라운 경쟁률을 기록했던 것도 수요 추정을 어렵게 하는 점이다.

사람이 있다고 공급이 계속 필요한 것도 아니고, 사람이 없다고 수요가 사라질 수도 없다. 수요가 폭발적으로 증가하는 곳도 있고 계속 감소하는 곳도 있다. 입지마다 다른 조건을 하나의 기준으로 해석할 수는 없다. 할 필요도 없고 해서도 안 된다. 그러므로 입지 공부를 해야 하는 것이다.

해당 지역 내 수요를 추정하는 빠숑의 방법 중 하나는 현장에서 수요를 파악하는 것이다. 먼저 기존 아파트의 매물 수, 즉 잔여 임대 물량을 본다. 지역마다 단지마다 다른 기준이 적용되겠지만 일반적으로 매물이 전체 세대수의 1%가 안 되면 공급보다 수요가 더 많다고 판단한다. 10%를 초과하면 공급이 더 많은 걸로 본다. 그 사이는 적정한 수치다. 물론 보합 상태는 시기와 조건에 따라 다르게 판단해야 한다.

이 수치는 지역과 단지에 따라 달라져야 한다. 관심 지역이나 단지를 꾸준히 관찰하면서 그 지역만의 수치를 재정의해야 한다. 이 방법은 20년 동안 수요 분석 프로젝트를 하며 체득한 수치일 뿐이다. 해당 지역과 단지의 수요는 현지 거주민이 가장 잘 안다. 거주민에게 정보를 얻기 어렵다면 중개업자를 통해 파악해야 한다. 매물(매매, 임대)의 잔여량과 현재 중개업자의 거래 동향을 함께 고려해 수요를 추정한다. 가장 현실적인 수요 추정 방법이다.

협의의 부동산은 공급이지만 광의의 부동산은 수요, 결국 사람이다. 사람들이 선택하는 입지, 선호하는 상품, 수용하는 가격은 계속 변화한다. 하나의 기준으로 수요를 정의하려는 것 자체가 불필요한 시도다. 공급은 그 입지 내에 있지만 수요는 그 입지 내에는 전혀 없을 수도 있기 때문이다.

전국 아파트 매매 거래 건수 추이(2016.08.~2019.08.)

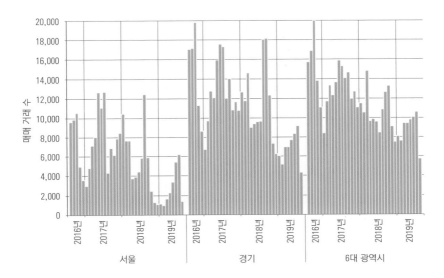

전국 아파트 전세 계약 건수 추이(2016.08.~2019.08.)

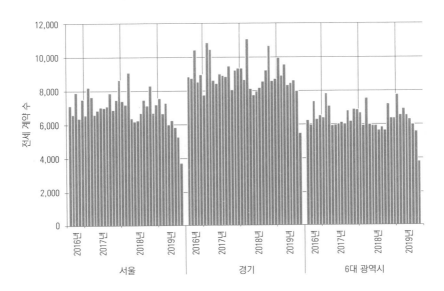

전국 아파트 매매 거래 건수(2016.08.~2019.08.)

	전국	서울특별시	세종특별시	광주광역시	대구광역시	대전광역시	부산광역시	울산광역시	인천광역시
2016.08.	54,886	9,607	330	1,914	1,874	1,940	4,812	954	4,256
2016.09.	56,165	9,849	298	1,921	2,217	2,103	5,186	936	4,544
2016.10.	65,710	10,549	418	2,362	2,924	3,019	6,249	1,224	4,688
2016.11.	42,423	4,944	331	1,927	2,093	2,030	4,113	1,031	2,639
2016.12.	33,526	3,591	265	2,088	1,592	1,650	2,897	843	1,994
2017.01.	26,471	2,988	132	1,390	1,316	1,331	1,991	659	1,744
2017.02.	37,250	4,778	178	1,897	1,930	1,759	2,874	779	2,466
2017.03.	45,361	7,192	198	1,885	2,148	1,859	3,378	926	3,155
2017.04.	43,136	8,049	188	1,669	2,106	1,478	3,175	826	3,127
2017.05.	53,647	12,691	254	1,917	2,597	1,510	3,357	901	3,393
2017.06.	57,047	11,097	394	2,011	3,755	1,620	3,577	1,023	3,931
2017.07.	56,918	12,731	521	1,846	4,632	1,529	2,830	880	3,617
2017.08.	41,227	4,316	219	1,742	4,156	1,632	2,287	902	3,359
2017.09.	47,604	6,896	220	2,185	3,397	2,035	2,319	943	3,787
2017.10.	38,832	6,166	131	1,775	2,836	1,587	2,175	722	2,885
2017.11.	43,193	7,916	123	2,061	2,856	1,741	2,458	802	2,801
2017.12.	40,109	8,487	192	1,827	2,766	1,672	1,938	616	2,280
2018.01.	44,317	10,470	143	1,932	2,848	1,577	2,195	637	2,325
2018.02.	38,485	7,712	166	1,719	2,856	1,399	1,921	556	2,084
2018.03.	48,866	7,698	217	2,597	3,889	1,861	2,655	776	3,076
2018.04.	31,419	3,750	142	1,832	2,438	1,189	1,568	533	2,090
2018.05.	31,829	3,893	164	1,918	2,546	1,273	1,663	509	1,978
2018.06.	31,944	4,403	123	1,878	2,477	1,200	1,506	514	2,032
2018.07.	31,298	5,876	94	1,815	1,942	1,137	1,245	404	1,957
2018.08.	49,273	12,462	120	2,305	2,652	1,453	1,466	482	2,534
2018.09.	44,816	5,880	140	2,439	3,041	1,959	1,674	489	3,086
2018.10.	38,314	2,475	151	2,355	2,867	2,505	1,823	639	3,122
2018.11.	25,757	1,279	126	1,563	2,025	1,766	1,441	538	1,794
2018.12.	22,126	1,074	202	1,344	1,546	1,279	1,169	485	1,724
2019.01.	23,664	1,160	144	1,436	1,577	1,313	1,377	607	1,799
2019.02.	21,850	1,001	133	1,325	1,486	1,202	1,306	681	1,666
2019.03.	27,941	1,695	101	1,404	1,892	1,535	1,633	813	2,170
2019.04.	26,696	2,298	112	1,268	1,999	1,683	1,634	750	2,088
2019.05.	29,606	3,368	149	1,291	2,086	2,086	1,586	703	2,043
2019.06.	32,278	5,404	117	1,439	2,117	2,035	1,552	702	2,217
2019.07.	35,246	6,211	140	1,370	2,153	2,347	1,654	748	2,334
2019.08.	17,527	1,394	90	895	873	1,351	982	425	1,242

	강원도	경기도	경상남도	경상북도	전라남도	전라북도	충청남도	충청북도	제주도
2016.08.	1,510	17,070	2,832	1,630	1,405	1,749	1,629	1,245	129
2016.09.	1,407	17,151	2,903	1,413	1,481	1,804	1,541	1,276	135
2016.10.	1,640	19,833	3,527	1,697	1,706	2,162	2,066	1,472	174
2016.11.	1,495	11,306	3,027	1,542	1,383	1,616	1,573	1,175	198
2016.12.	1,105	8,670	2,266	1,484	1,160	1,437	1,316	1,007	161
2017.01.	1,008	6,733	1,785	1,035	1,077	1,238	1,058	855	131
2017.02.	1,398	9,721	2,341	1,450	1,328	1,643	1,495	1,104	109
2017.03.	1,420	12,763	2,756	1,568	1,413	1,821	1,550	1,230	99
2017.04.	1,314	12,099	2,209	1,308	1,320	1,618	1,401	1,143	106
2017.05.	1,259	15,932	2,309	1,529	1,360	1,695	1,539	1,303	101
2017.06.	1,451	17,603	2,394	1,730	1,434	1,659	1,864	1,378	126
2017.07.	1,227	17,333	2,272	1,591	1,404	1,538	1,597	1,260	110
2017.08.	1,134	12,045	2,143	1,700	1,285	1,476	1,572	1,174	85
2017.09.	1,229	14,050	2,245	1,795	1,752	1,605	1,759	1,247	140
2017.10.	1,023	10,823	1,906	1,460	1,186	1,505	1,425	1,097	130
2017.11.	1,193	11,656	2,100	1,486	1,513	1,522	1,642	1,165	158
2017.12.	962	10,790	1,811	1,349	1,328	1,375	1,445	1,091	180
2018.01.	953	12,667	1,898	1,410	1,249	1,461	1,383	1,046	123
2018.02.	829	11,784	1,537	1,222	1,134	1,263	1,297	906	100
2018.03.	1,234	14,643	2,196	1,620	1,478	1,578	1,857	1,357	134
2018.04.	937	9,005	1,694	1,244	1,271	1,210	1,420	986	110
2018.05.	855	9,377	1,604	1,244	1,264	1,171	1,345	916	109
2018.06.	891	9,615	1,454	1,251	1,170	1,160	1,248	943	79
2018.07.	774	9,647	1,304	1,070	1,015	1,069	1,093	781	75
2018.08.	853	18,066	1,410	1,215	1,058	1,091	1,218	785	103
2018.09.	787	18,167	1,562	1,164	1,071	1,131	1,291	837	98
2018.10.	951	12,346	2,147	1,404	1,346	1,405	1,664	1,008	106
2018.11.	629	7,393	1,750	1,106	1,217	1,085	1,158	759	128
2018.12.	631	6,249	1,438	958	1,037	1,066	1,118	684	122
2019.01.	712	6,057	1,687	1,041	1,335	1,163	1,318	838	100
2019.02.	713	5,158	1,742	1,018	1,186	1,086	1,259	830	58
2019.03.	885	7,040	2,097	1,220	1,600	1,246	1,603	932	75
2019.04.	622	7,032	1,763	1,258	1,105	1,092	989	898	105
2019.05.	891	7,764	1,793	1,216	1,080	1,135	1,426	912	77
2019.06.	809	8,389	1,799	1,324	980	1,048	1,407	852	87
2019.07.	955	9,174	1,758	1,376	1,033	1,385	1,512	1,004	92
2019.08.	617	4,319	1,124	810	778	776	1,083	715	53

전국 아파트 전세 계약 건수(2016.08.~2019.08.)

	전국	서울특별시	세종특별시	광주광역시	대구광역시	대전광역시	부산광역시	울산광역시	인천광역시
2016.08.	27,329	7,122	305	562	1,230	827	1,316	385	1,945
2016.09.	26,218	6,583	301	463	1,065	788	1,395	355	1,890
2016.10.	31,912	7,898	375	601	1,340	999	1,822	483	2,127
2016.11.	26,788	6,375	297	531	1,108	954	1,642	419	1,673
2016.12.	28,905	7,511	469	555	1,191	1,084	1,660	421	1,635
2017.01.	27,150	6,577	403	588	1,143	966	1,640	459	1,603
2017.02.	34,889	8,201	272	789	1,320	1,249	1,829	513	2,131
2017.03.	31,725	7,648	239	723	1,181	965	1,639	533	2,054
2017.04.	27,002	6,609	188	575	942	809	1,476	431	1,698
2017.05.	27,170	6,841	206	546	993	810	1,535	418	1,678
2017.06.	27,977	7,034	192	634	961	829	1,454	399	1,763
2017.07.	27,959	6,998	329	567	1,173	735	1,511	435	1,711
2017.08.	28,035	7,092	307	568	1,226	814	1,344	358	1,721
2017.09.	30,622	7,873	399	611	1,402	867	1,490	433	1,996
2017.10.	26,968	6,860	197	493	1,300	858	1,428	397	1,701
2017.11.	30,359	7,467	426	564	1,441	1,010	1,667	425	1,785
2017.12.	31,729	8,636	240	618	1,342	1,123	1,642	460	1,703
2018.01.	30,387	7,412	206	594	1,244	1,025	1,573	446	1,793
2018.02.	28,553	7,172	180	559	1,175	926	1,326	374	1,594
2018.03.	34,683	9,081	203	693	1,397	1,062	1,800	495	2,100
2018.04.	26,122	6,362	132	575	1,110	817	1,473	334	1,688
2018.05.	25,171	6,196	158	630	1,066	798	1,395	373	1,679
2018.06.	25,346	6,236	138	663	1,102	824	1,352	337	1,657
2018.07.	25,692	6,675	138	671	1,042	700	1,332	355	1,575
2018.08.	26,955	7,455	172	582	1,202	790	1,320	379	1,587
2018.09.	26,794	7,122	212	604	1,091	755	1,265	367	1,576
2018.10.	32,612	8,315	232	745	1,343	1,103	1,640	488	1,910
2018.11.	27,244	6,684	195	660	1,163	1,071	1,516	449	1,510
2018.12.	28,117	7,183	226	668	1,267	1,080	1,497	388	1,485
2019.01.	32,834	7,546	322	862	1,350	1,236	1,790	549	1,995
2019.02.	29,554	6,659	287	722	1,204	1,082	1,506	549	1,492
2019.03.	30,479	7,272	263	690	1,140	999	1,626	542	1,932
2019.04.	26,989	6,016	224	852	1,015	924	1,466	492	1,821
2019.05.	27,142	6,236	219	810	1,021	919	1,291	458	1,820
2019.06.	26,051	5,839	228	706	973	907	1,305	461	1,652
2019.07.	24,173	5,274	199	680	796	878	1,338	409	1,501
2019.08.	16,923	3,732	134	478	486	591	1,044	244	979

	강원도	경기도	경상남도	경상북도	전라남도	전라북도	충청남도	충청북도	제주도
2016.08.	630	8,822	1,007	653	692	417	823	534	59
2016.09.	653	8,751	979	542	639	448	769	524	73
2016.10.	773	10,434	1,245	712	642	605	982	794	80
2016.11.	718	8,518	1,101	647	628	599	871	614	93
2016.12.	658	8,953	1,097	805	649	518	895	662	142
2017.01.	762	7,733	1,284	961	675	505	921	748	182
2017.02.	923	10,852	1,598	1,195	1,105	549	1,367	888	108
2017.03.	683	10,442	1,431	817	810	534	1,181	774	71
2017.04.	642	8,610	1,325	722	685	495	922	775	98
2017.05.	595	8,444	1,441	692	803	475	909	707	77
2017.06.	534	8,978	1,386	829	807	442	970	704	61
2017.07.	617	8,883	1,302	745	731	447	979	710	86
2017.08.	695	8,836	1,354	751	810	435	950	665	109
2017.09.	756	9,460	1,490	827	699	484	982	750	103
2017.10.	712	8,070	1,334	793	700	514	816	720	75
2017.11.	712	9,206	1,557	927	749	592	992	727	112
2017.12.	880	9,327	1,546	1,212	551	604	904	760	181
2018.01.	797	9,342	1,629	1,079	689	609	1,041	721	187
2018.02.	787	8,660	1,351	1,069	983	538	992	747	120
2018.03.	751	11,082	1,616	956	788	631	1,078	853	97
2018.04.	604	8,118	1,261	739	714	522	868	723	82
2018.05.	545	7,760	1,182	705	714	494	795	602	79
2018.06.	548	7,971	1,178	673	698	495	748	655	71
2018.07.	568	8,179	1,096	730	653	428	771	681	98
2018.08.	643	8,569	1,042	680	594	452	735	650	103
2018.09.	529	9,202	1,025	600	515	485	753	599	94
2018.10.	787	10,669	1,415	878	631	587	914	853	102
2018.11.	589	8,600	1,185	710	767	511	813	725	96
2018.12.	615	8,720	1,274	870	579	512	869	740	144
2019.01.	776	9,966	1,644	1,136	794	641	1,153	850	224
2019.02.	802	8,902	1,496	1,104	1,164	558	1,103	801	123
2019.03.	604	9,566	1,547	833	775	616	1,052	905	117
2019.04.	520	8,337	1,420	751	746	568	946	777	114
2019.05.	609	8,465	1,359	736	964	463	922	769	81
2019.06.	515	8,622	1,388	712	755	466	862	587	73
2019.07.	583	8,010	1,280	618	601	481	854	563	108
2019.08.	434	5,491	796	439	574	364	601	444	92

갭 투자 가수요에 '호갱' 되지 않는 법

가격 결정은 결국 공급과 수요다.
실수요층이 없으면 가격은 떨어진다.
총 옵션 비용을 잘 보라.

　자본주의 사회에서 가장 중요한 요소는 가격이다. 가격은 수요와 공급의 균형점에 의해 결정된다. 공급 대비 수요가 많으면 가격은 올라가고, 수요 대비 공급이 많다고 판단되면 가격은 내려간다. 이것이 시장 논리다. 부동산 시장도 마찬가지다. 판매하는 매물보다 사려고 하는 매수자가 더 많으면 가격이 올라간다. 이것이 수요다.

　물론 외부 영향이 있을 수 있다. 대표적인 것이 정부 정책이다. 금리를 인하·인상한다든가, 다주택자의 세금을 인하·인상한다든가, 보유세나 양도소득세를 인하·인상한다든가, 신규 택지 개발을 촉진·억제한다든가, 건축 규제를 완화·강화한다든가, 대출 규제를 완화·강화한다든가 하는 일들은 부동산 시장에 영향을 줄 수 있다.

하지만 이러한 외부 영향이 직접 가격을 올리거나 내리거나 하는 것은 아니다. 다만 소비자의 심리를 자극해 실수요든 가수요든 매매를 발생시키는 데 일조할 뿐이다. 결국 부동산의 시세 변동은 수요와 공급으로 결정된다.

실수요는 단기간에 늘거나 줄거나 할 수 없다. 이미 예정되어 있는 물량이 거의 공급된다. 따라서 부동산 시장의 단기간 시세를 올리고 내리는 데 결정적인 역할을 하는 것은 가수요다. 우리가 흔히 쓰는 용어로 투자 수요다.

부동산 상품 중에 실수요만으로도 거래가 이루어지는 것은 거의 없다. 임대 주택 정도를 제외하면. 사적 재산이라고 판단되는 물건은 모두 가수요가 있다. 그래서 시세 전망을 하려면 가수요의 규모를 항상 눈여겨봐야 한다.

가수요가 실수요보다 많으면 가격이 더 많이 오른다. 가격을 올리는 거래 빈도가 많아지기 때문이다.

예를 들어 보자. 특정 지역, 특정 단지의 소형 아파트가 있다. 집주인이 살다가 매도한다. 투자자가 매수한다. 집주인의 이사 시점에 맞추어 전세 세입자를 구한다. 전세금이 매매가에 가까울수록 투자자는 투자금이 적게 들어간다. 이것이 바로 많은 사람들이 좋아하는 소액 갭 투자다.

같은 단지에 유사한 형태의 매매와 임대가 발생한다. 같은 단지에서 매매를 많이 했거나 꾸준히 관찰한 사람들은 알겠지만, 이 경우 매매 거래 5건 정도로 매매 시세를 20%까지 올릴 수 있다. 전세는 40%까지도 올릴 수 있다. 가격이 서서히 오르는 구조가 아니라 계단식으로 오르기 때문이다. 점차 매물이 줄어들거나 아예 없어진다. 전세 물량은 더 없다. 이렇게 되면 전세가가 상승하기 때문에 매매와 전세의 갭이 줄어든다.

가격이 오르게 되면 실제 소유자들은 시세 차익을 얻고 싶어 한다. 예전부터 소유해 온 사람들은 그런 심정이 더욱더 강해진다. 매물이 등장하기 시작한다. 매물을 기다리던 이들이 빠르게 매수한다. 또 매물이 나온다. 또 기다리던 사람이 매수한다. 이 짧은 과정에서 가격이 급등한다. 이 급등 타이밍에 통상적으로 갭 투자를 희망하는 사람들이 몰리게 된다.

예전부터 소유하던 세대 중에 매도를 희망하는 세대든, 소액 갭 투자 초기에 매수했던 투자자든 대부분 이 시점에 매도한다. 수익이 상당하다.

이제는 매물이 줄어든다. 팔고 싶은 사람들은 대부분 팔았기 때문이다. 매매가 이루어지지 않으면 시세가 더 이상 오르지 않는다. 뒤늦게 매수한 사람이 불안해하기 시작한다. 가격이 오르지 않아도 전세가가 오르거나 유지만 되어도 버틸 수는 있다.

하지만 가끔 문제가 발생하기도 한다. 역전세 등이 그것이다. 여기에 주변 물량 공급이 증가하게 되면 매매 시세, 전세 시세가 모두 빠진다. 해당 단지의 수요가 급격히 줄어든다. 가수요층이 빠지는 것은 기본이고, 심지어는 실수요층도 줄어든다. 가수요층은 투자 수익이 예상되지 않으므로 당연히 빠지게 되고, 실수요층은 선택할 대안이 늘기 때문에 수요가 줄어들게 된다.

그렇다면 수요가 빠지는지 아닌지를 어떻게 알 수 있을까? 그 가격에 받아 줄 실수요층이 없으면 수요는 빠진다. 단기적인 가격은 가수요층이 주도적으로 이끈다. 실수요층은 그 입지와 상품의 가치를 체득해 온 사람들이다. 가격을 보수적으로 생각할 수밖에 없다.

하지만 가수요층은 대부분 현재 본인이 매수할 수 있는 가격인지만 본다. 실수요층이 판단하기에 조금 비싼 가격에도 매수한다. 어느 정도 가격이 오를 때까지는 실수요층도 따라 매수한다. 하지만 실수요층이 매수하기가 도저히 어렵다고 판단되는 가격대가 틀림없이 있다. 그 시세가 된 타이밍에 매수자의 절대 숫자가 빠지기 시작한다. 거래량이 급격히 줄어든다.

실수요자들이 관심이 없는데도 거래가 되는 경우가 종종 있다. 과열 양상을 보이는 신규 아파트 분양권 현장이나, 투자층이 집단으로 와서 임장(현장) 투어를 하면서 매수하는 경우다.

수요층이 있는지 없는지 판단하기 어렵다면 이것만 기억하자.

첫째, 신규 아파트 분양권의 경우, 분양가(프리미엄 포함) + 중도금

전국 아파트 미분양 현황(2017.10.~2019.08.)

(단위: 호)

	전국	서울특별시	세종특별시	광주광역시	대구광역시	대전광역시	부산광역시	울산광역시	인천광역시
2017.10.	55,707	56	–	781	125	854	1,473	866	1,908
2017.11.	56,647	68	–	796	125	1,062	1,593	849	1,751
2017.12.	57,330	45	–	707	126	759	1,920	855	1,549
2018.01.	59,104	45	–	562	143	1,084	2,291	1,089	1,192
2018.02.	60,903	48	–	431	135	1,210	2,937	837	1,246
2018.03.	58,004	48	–	383	153	740	2,703	830	1,237
2018.04.	59,583	47	–	366	230	843	2,427	1,008	1,311
2018.05.	59,836	47	–	338	194	888	2,238	1,004	1,186
2018.06.	62,050	47	–	317	506	1,035	2,169	1,004	1,327
2018.07.	63,132	42	–	266	1,345	973	3,266	1,006	1,260
2018.08.	62,370	39	–	240	945	978	3,129	1,005	1,208
2018.09.	60,596	29	–	194	745	948	3,111	1,007	1,135
2018.10.	60,502	28	–	191	575	990	3,205	1,010	1,122
2018.11.	60,122	28	–	75	429	1,426	3,920	1,009	1,394
2018.12.	58,838	27	–	58	362	1,183	4,153	997	1,324
2019.01.	59,162	27	–	52	291	1,407	5,224	1,006	1,357
2019.02.	59,614	50	–	49	738	1,475	5,228	1,009	1,799
2019.03.	62,147	770	–	45	706	1,475	5,296	1,008	2,454
2019.04.	62,041	292	–	40	1,585	1,225	5,401	1,076	2,105
2019.05.	62,741	178	–	40	1,814	1,137	5,220	1,085	3,478
2019.06.	63,705	123	–	39	1,739	1,158	4,982	1,201	3,632
2019.07.	62,529	190	–	39	1,818	1,048	4,855	1,359	2,778
2019.08.	62,385	205	–	181	1,736	1,018	4,644	1,339	1,557

대한민국 부동산 사용설명서

	강원도	경기도	경상남도	경상북도	전라남도	전라북도	충청남도	충청북도	제주도
2017.10.	2,701	7,912	11,257	8,065	728	1,964	11,309	4,652	1,056
2017.11.	2,474	8,375	12,122	7,794	651	1,895	10,624	5,285	1,183
2017.12.	2,816	8,793	12,088	7,630	627	1,881	11,283	4,980	1,271
2018.01.	2,693	8,611	13,227	7,806	1,249	1,846	11,352	4,634	1,280
2018.02.	4,636	8,676	12,914	8,237	1,211	1,667	11,002	4,526	1,190
2018.03.	5,215	7,422	13,149	7,820	1,409	1,651	9,738	4,167	1,339
2018.04.	5,038	9,003	13,724	7,649	1,325	1,519	9,435	4,398	1,260
2018.05.	4,883	8,600	14,955	7,455	1,241	1,891	9,111	4,537	1,268
2018.06.	4,729	8,134	14,896	8,419	1,212	2,174	9,494	5,288	1,299
2018.07.	4,906	7,530	15,095	8,198	1,103	2,034	9,963	4,870	1,275
2018.08.	5,240	7,287	14,912	8,033	1,494	1,810	9,953	4,880	1,217
2018.09.	5,112	6,487	14,847	8,760	1,350	1,681	9,489	4,426	1,275
2018.10.	5,350	5,529	14,673	8,942	1,742	1,834	9,141	4,944	1,226
2018.11.	5,300	5,078	14,213	9,421	1,689	1,692	8,476	4,707	1,265
2018.12.	5,736	4,968	14,147	8,995	1,663	1,607	7,763	4,560	1,295
2019.01.	5,589	6,769	14,060	8,531	1,421	1,567	7,149	3,525	1,187
2019.02.	5,802	5,878	14,781	8,385	1,389	1,415	6,970	3,375	1,271
2019.03.	5,748	7,305	14,824	8,262	1,374	1,374	6,743	3,536	1,227
2019.04.	7,882	7,048	13,476	8,060	1,474	1,205	6,413	3,514	1,245
2019.05.	7,776	6,562	13,800	7,866	1,379	1,513	6,355	3,412	1,126
2019.06.	7,712	7,853	14,402	7,778	1,349	1,386	6,038	3,095	1,218
2019.07.	7,474	7,821	14,250	7,517	1,331	1,451	6,201	3,236	1,161
2019.08.	8,097	8,569	14,078	7,202	1,476	1,318	6,847	2,895	1,223

수요

주요 지역의 아파트 미분양 현황(2019.08. 기준)

지역		호	지역		호	지역		호
부산광역시	전체	4,644	강원도	전체	8,097	경기도	시흥시	215
	부산진구	1,226		원주시	3,228		용인시	147
	기장군	716		춘천시	1,157		여주시	136
	영도구	540		동해시	901		의정부시	131
	사하구	412		고성군	568		양평군	130
	동구	300		강릉시	538		오산시	106
	북구	287		속초시	340		광주시	100
	서구	211		영월군	318		동두천시	95
	금정구	208		횡성군	315		안산시	76
	사상구	206		양양군	274		과천시	58
	연제구	150		인제군	242		포천시	43
	강서구	141		정선군	123		구리시	43
	동래구	72		태백시	46		안양시	43
	수영구	64		삼척시	24		김포시	36
	남구	60		홍천군	14		부천시	33
	해운대구	51		평창군	9		하남시	20
	중구	–		화천군	–		연천군	16
인천광역시	전체	1,557		양구군	–		양주시	7
	중구	671		철원군	–		수원시	2
	서구	497	경기도	전체	8,569		성남시	–
	미추홀구	239		평택시	2,663		광명시	–
	남동구	92		화성시	1,560		의왕시	–
	부평구	29		안성시	1,079		군포시	–
	계양구	29		파주시	432	경상남도	전체	14,078
	연수구	–		이천시	408		창원시	5,875
	옹진군	–		고양시	399		김해시	1,981
	강화군	–		남양주시	370		거제시	1,640
	동구	–		가평군	221		통영시	1,500

지역		호	지역		호
경상남도	양산시	1,470	경상북도	청송군	–
	사천시	653		영양군	–
	진주시	450		영덕군	–
	밀양시	440		의성군	–
	창녕군	32		영주시	–
	산청군	20		고령군	–
	하동군	7		울진군	–
	함양군	5		울릉군	–
	거창군	4		봉화군	–
	의령군	1		군위군	–
	남해군	–		문경시	–
	함안군	–	충청남도	전체	6,847
	합천군	–		서산시	1,631
	고성군	–		천안시	1,538
경상북도	전체	7,202		당진시	1,234
	경주시	1,787		부여군	381
	김천시	1,153		보령시	358
	포항시	1,089		서천군	337
	영천시	807		공주시	277
	구미시	758		아산시	268
	안동시	477		논산시	243
	경산시	408		예산군	212
	예천군	330		태안군	191
	상주시	219		계룡시	145
	칠곡군	71		홍성군	32
	청도군	67		금산군	–
	성주군	36		청양군	–

대출 이자 + 발코니 확장 비용 등 총 옵션 비용이 주변 새 아파트보다 10% 이상 높다면 매수를 고민해야 한다.

둘째, 기존 아파트에 갭 투자를 할 경우 매도 물건과 임대 물건이 많다면 매수할 이유가 없다. 특히 임대 물건이 많다면 희망하는 가격에 전세를 놓기 어렵다.

남들이 추천한다고, 누가 샀다고, 입지·상품·가격도 충분히 고려하지 않고 매수하면 안 된다. 묻지 마 갭 투자를 해서는 안 되는 이유가 여기에 있다. 전문가가 추천한다고 무조건 좋은 물건이 아니다. 입지·상품·가격을 모두 객관적으로 따져 봐야 한다. 매매가와 전세가의 갭이 작은 물건을 찾는 것이 중요하지 않다. 돈이 아니라 리스크가 적은 물건을 선택하는 것이 훨씬 더 중요하다.

'호갱'이 되어서는 안 된다. 나는 아닐 거라고 생각하지 마라.

시세 하락, 거래량 감소 시기 '급매물 선별법'

결론부터 말하자면

시세 하락 반영 매물이
'급매물'로 포장됐을 가능성이 크다.
중개업소의 말만 믿으면 안 된다.

A 씨는 잘 알고 지내던 공인중개업소 소장에게 한 통의 전화를 받았다. 좋은 급매물이 나왔다는 것이다. 3억 4,000만 원의 아파트 급매물이다. 적극적으로 협상하면 500만 원 정도 인하가 가능할 것이고, 그렇게 되면 3억 3,500만 원 수준에서 매수 가능하다고 제안했다. 해당 아파트는 매도 호가가 3억 6,000만 원에서 3억 8,000만 원인 데 반해 매수 호가는 3억 2,000만 원에서 3억 3,000만 원 정도다. 부동산 거래량이 급감한 요즘 같은 시기에는 매도 호가와 매수 호가의 차

이가 크다.

공인중개업소 소장은 "2019년 말 부동산 시장 경기가 전 같지 않아서, 사고 싶어 하는 사람보다 팔고 싶어 하는 사람이 더 많아 충분히 조정 가능할 것 같다"는 설명도 덧붙였다. A 씨의 고민이 시작됐다. 이 정도 급매물이라면 바로 구입하는 것이 좋을까?

급매물이라고 해서 무조건 매수하고 보자는 생각은 금물이다. 급매물일수록 입지와 상품 가치를 더 많이 고려해야 한다. '급매물'이라는 것은 가격만으로는 판단할 수 없고, 판단해서도 안 된다. 중개업자의 추천뿐 아니라 여러 가지 부동산의 기본 조건을 추가 조합해 의사 결정을 해야 한다.

A 씨가 급매물이라며 추천받은 아파트가 3억 3,500만 원에 거래되면, 다음에는 3억 2,500만 원 전후에서 거래될 것이다. 예상되는 해당 단지 매물의 거래 박스권 범위는 3억 3,000만 원에서 3억 원 선이다. 거래 빈도는 많지 않아도 한동안 그 금액 내에서 거래될 것이다. 투자 수요는 거의 없고, 실거주 위주의 거래만이 예상된다. 중개업소 소장이 말한 3억 4,000만 원이라는 가격은 급매물 가격이라고 볼 수 없다.

해당 단지는 입지 조건만 보면 매우 좋은 곳이다. 초등학교, 중학교, 고등학교부터 대형 마트까지 도보권에 위치해 있다. 지하철이 멀지 않고, 서울 가는 광역버스도 많다. 도로망도 잘 갖춰져 있다. 입주 20년이 넘어 상품으로서의 경쟁력은 거의 없지만 입지만으로도 실거주 수요는 공실이 나지 않을 정도로 충분하다.

하지만 가격 평가는 조심스러워야 한다. 확신을 갖고 전망하는 것은 지양해야 한다. 특별한 부동산 의사 결정 기준이 없다면 말이다. '지금 얼마에 사면 나중에 얼마가 된다'라는 막연한 기대감을 섞은 중개업자들의 전망은 조심해야 한다.

중개업소 소장에게 추천받은 단지의 시세가 하향될 것이라는 이유는 분명하다. 해당 단지 인근 지역에 2년 내 5,000세대가 입주를 앞두고 있다. 이후 5,000세대가 추가로 신규 분양될 것이다. 새 아파트 단지는 입주할 때마다 먼저 들어선 단지의 시세에 영향을 준다. 다소 부정적으로. 상품 경쟁력에서 밀릴 수밖에 없다.

인플레이션 정도로 시세가 상승할 수는 있지만, 새 아파트가 오르는 비율을 따라가긴 어렵다. 경쟁 상품이 계속해서 생기는 지역의 구축 아파트 한계다. 매매 시세뿐 아니라 전세 시세도 신규 아파트가 입주할 때마다 하락할 수 있다. 거래가 잘 안 되는 이유가 여기에 있다.

거래가 잘 안 되는 단지의 시세 예측은 오히려 쉽다. 시세 예측이 어려운 것은 투자 수요 때문인데, 투자 수요층이 없으니 단순하게 전망할 수 있다. 실수요층이 아파트를 선택하는 기준은 단순하기 때문이다. 가장 먼저 주변 단지 시세와 비교해 보면 된다. 유사한 수준의 단지 시세와 비교하면 현재 시세가 적정 가격인지는 바로 판단할 수 있다. 해당 단지의 전세 시세만 알아도 매매 가격을 평가할 수 있다.

일반적으로 매도자의 사정 등으로 현재 시세보다 낮은 시세로 시장에 내놓는 부동산 매물을 '급매물'이라고 한다. 하지만 시세가 하락하

전국 아파트 매매 가격 변동률(2019년)

(단위: 전주 대비 %)

	전국	서울특별시	세종특별시	광주광역시	대구광역시	대전광역시	부산광역시	울산광역시	인천광역시
19.01.07.	−0.02	−0.01	−0.01	0.02	0.04	0.03	−0.05	−0.09	0.00
19.01.14.	−0.03	−0.01	0.03	0.08	0.03	0.06	−0.02	−0.30	0.02
19.01.21.	−0.03	−0.02	−0.02	0.06	0.00	0.11	−0.05	−0.41	0.00
19.01.28.	−0.03	−0.03	−0.10	0.08	0.01	0.07	−0.03	−0.18	0.01
19.02.11.	−0.05	−0.04	0.02	0.06	0.04	0.10	−0.03	−0.32	0.01
19.02.18.	−0.04	−0.04	0.00	0.04	0.04	0.12	−0.03	−0.23	−0.02
19.02.25.	−0.05	−0.05	0.00	0.05	0.00	0.07	−0.02	−0.18	0.01
19.03.04.	−0.04	−0.04	0.00	0.03	0.04	0.03	−0.03	−0.20	0.00
19.03.11.	−0.07	−0.04	0.00	0.01	0.00	0.03	−0.07	−0.24	−0.02
19.03.18.	−0.07	−0.03	−0.03	−0.01	−0.05	0.02	−0.16	−0.17	0.00
19.03.25.	−0.06	−0.04	0.00	0.00	−0.04	0.12	−0.08	−0.23	−0.02
19.04.01.	−0.05	−0.03	−0.07	0.00	0.00	0.06	−0.05	−0.24	−0.05
19.04.08.	−0.03	−0.03	0.00	0.00	0.04	0.04	−0.05	−0.16	0.00
19.04.15.	−0.03	−0.01	−0.05	0.00	0.01	0.00	−0.03	−0.16	0.00
19.04.22.	−0.03	−0.03	−0.01	−0.01	0.01	0.04	−0.04	−0.09	−0.01
19.04.29.	−0.04	−0.01	−0.01	−0.01	0.00	0.07	−0.05	−0.15	−0.07
19.05.06.	−0.03	−0.01	−0.01	−0.01	0.00	0.04	−0.04	−0.13	−0.03
19.05.13.	−0.04	−0.01	−0.02	−0.01	0.03	0.06	−0.07	−0.15	−0.03
19.05.20.	−0.04	−0.03	0.00	−0.01	0.01	0.05	−0.06	−0.15	−0.07
19.05.27.	−0.08	−0.03	−0.08	−0.02	0.01	0.06	−0.14	−0.08	−0.02
19.06.03.	−0.05	−0.01	0.00	−0.02	0.01	0.01	−0.12	−0.13	−0.04
19.06.10.	−0.03	−0.01	0.00	0.00	0.05	0.02	−0.05	−0.15	−0.01
19.06.17.	−0.03	0.01	−0.02	0.00	0.02	0.05	−0.04	−0.09	0.00
19.06.24.	−0.01	0.06	−0.15	0.00	0.01	0.10	−0.02	−0.08	−0.02
19.07.01.	−0.01	0.09	−0.08	0.00	0.00	0.06	−0.04	−0.16	−0.02
19.07.08.	−0.03	0.11	−0.01	−0.01	0.01	0.04	−0.09	−0.10	0.01
19.07.15.	−0.01	0.11	−0.06	−0.01	0.01	0.09	−0.07	−0.06	0.00
19.07.22.	−0.02	0.11	−0.03	−0.02	0.01	0.06	−0.16	−0.10	−0.01
19.07.29.	−0.01	0.10	0.00	0.00	0.01	0.05	−0.13	−0.03	−0.01
19.08.05.	0.00	0.11	0.00	−0.03	0.00	0.08	−0.04	−0.07	−0.03
19.08.12.	0.02	0.09	0.00	−0.02	0.01	0.11	−0.03	−0.03	0.01
19.08.19.	0.01	0.10	−0.06	0.00	0.00	0.09	−0.05	−0.07	0.00
19.08.26.	0.00	0.11	−0.02	−0.02	0.02	0.12	−0.05	−0.07	0.00
19.09.02.	0.01	0.13	−0.05	−0.01	0.01	0.26	−0.04	−0.07	0.01
19.09.16.	0.00	0.10	−0.01	0.01	0.01	0.23	−0.02	−0.06	0.02
19.09.23.	0.02	0.15	−0.02	0.00	0.02	0.38	−0.05	−0.13	0.04
19.09.30.	0.03	0.15	−0.01	−0.01	0.02	0.34	−0.01	−0.02	0.01
19.10.07.	0.04	0.13	0.00	−0.02	0.02	0.26	−0.03	0.01	0.03
19.10.14.	0.03	0.15	0.00	−0.01	0.03	0.31	−0.03	0.06	0.02
19.10.21.	0.03	0.15	0.00	0.00	0.04	0.21	−0.04	0.08	0.07
19.10.28.	0.03	0.15	0.00	0.00	0.05	0.19	−0.01	0.07	0.01
19.11.04.	0.04	0.14	0.00	0.00	0.05	0.20	−0.01	0.02	0.02

	강원도	경기도	경상남도	경상북도	전라남도	전라북도	충청남도	충청북도	제주도
19.01.07.	−0.08	0.00	−0.08	−0.14	0.09	−0.02	−0.01	−0.17	0.00
19.01.14.	0.00	−0.02	−0.15	−0.04	0.00	−0.06	−0.06	−0.16	−0.04
19.01.21.	−0.14	−0.02	−0.09	−0.08	−0.04	−0.06	−0.01	−0.16	0.00
19.01.28.	−0.03	−0.01	−0.09	−0.23	−0.01	−0.02	−0.06	−0.16	−0.02
19.02.11.	−0.19	−0.02	−0.13	−0.21	−0.03	−0.06	−0.01	−0.41	0.00
19.02.18.	−0.04	−0.03	−0.13	−0.23	0.00	−0.05	−0.07	−0.19	0.00
19.02.25.	−0.07	−0.05	−0.15	−0.13	0.01	−0.07	0.00	−0.25	−0.02
19.03.04.	−0.11	−0.02	−0.11	−0.13	0.01	−0.09	−0.09	−0.05	−0.05
19.03.11.	−0.29	−0.05	−0.21	−0.17	0.10	−0.11	−0.21	−0.13	0.00
19.03.18.	−0.16	−0.06	−0.14	−0.14	0.02	−0.19	−0.31	−0.04	0.00
19.03.25.	−0.18	−0.05	−0.12	−0.18	0.05	−0.16	−0.21	−0.04	0.00
19.04.01.	−0.13	−0.03	−0.15	−0.17	0.00	−0.08	−0.09	−0.04	−0.02
19.04.08.	−0.10	−0.02	−0.04	−0.14	0.02	−0.05	−0.02	−0.07	0.00
19.04.15.	−0.04	−0.02	−0.07	−0.09	0.00	−0.03	−0.07	−0.03	−0.02
19.04.22.	−0.05	−0.03	−0.05	−0.07	0.01	−0.09	−0.04	−0.09	−0.03
19.04.29.	−0.15	−0.02	−0.13	−0.10	0.00	−0.15	−0.15	−0.06	−0.06
19.05.06.	−0.02	−0.03	−0.06	−0.07	−0.02	−0.03	−0.05	−0.05	−0.02
19.05.13.	−0.08	−0.03	−0.10	−0.13	0.01	−0.16	−0.02	−0.02	−0.14
19.05.20.	−0.06	−0.02	−0.13	−0.06	0.00	−0.23	−0.01	−0.03	−0.02
19.05.27.	−0.15	−0.05	−0.16	−0.31	−0.05	−0.28	−0.18	−0.20	0.00
19.06.03.	−0.04	−0.03	−0.09	−0.14	−0.02	−0.16	−0.08	−0.08	−0.01
19.06.10.	−0.17	−0.02	−0.06	−0.14	−0.01	−0.11	−0.11	−0.09	−0.01
19.06.17.	−0.09	−0.03	−0.08	−0.08	−0.02	−0.08	−0.11	−0.08	−0.01
19.06.24.	−0.08	−0.01	−0.11	−0.06	0.00	−0.02	−0.04	−0.05	0.00
19.07.01.	−0.10	0.00	−0.08	−0.05	−0.01	−0.06	−0.11	−0.04	−0.01
19.07.08.	−0.26	−0.03	−0.21	−0.04	−0.01	−0.08	−0.12	−0.15	−0.25
19.07.15.	−0.22	−0.02	−0.15	−0.07	−0.01	−0.02	−0.11	−0.07	−0.03
19.07.22.	−0.18	−0.01	−0.09	−0.13	−0.01	−0.08	−0.07	−0.04	−0.02
19.07.29.	−0.12	0.01	−0.08	−0.09	−0.02	−0.18	−0.17	−0.02	−0.02
19.08.05.	−0.21	0.00	−0.09	−0.05	0.00	−0.04	−0.06	−0.02	0.00
19.08.12.	−0.06	0.02	−0.03	−0.04	−0.01	−0.01	−0.01	−0.01	−0.01
19.08.19.	−0.08	0.01	−0.09	−0.04	−0.04	−0.02	−0.05	−0.03	0.00
19.08.26.	−0.14	0.01	−0.10	−0.07	−0.01	−0.04	−0.04	−0.05	−0.06
19.09.02.	−0.08	0.01	−0.16	−0.09	0.00	−0.06	−0.05	−0.04	−0.15
19.09.16.	−0.05	−0.01	−0.13	−0.10	0.00	−0.10	−0.01	−0.04	−0.04
19.09.23.	−0.08	−0.02	−0.10	−0.04	−0.01	−0.06	−0.02	−0.06	−0.14
19.09.30.	−0.12	0.02	−0.11	−0.04	−0.02	−0.02	−0.03	−0.04	−0.19
19.10.07.	−0.05	0.04	−0.04	−0.06	0.02	−0.03	0.00	−0.05	−0.05
19.10.14.	−0.05	0.03	−0.12	−0.06	−0.05	−0.06	−0.01	−0.05	−0.11
19.10.21.	−0.12	0.02	−0.06	−0.05	−0.01	−0.05	−0.03	−0.08	−0.03
19.10.28.	−0.13	0.01	−0.06	−0.10	0.00	−0.04	−0.03	−0.03	−0.12
19.11.04.	−0.12	0.05	−0.02	−0.01	0.00	−0.05	−0.04	−0.06	−0.13

는 시기라면 급매물의 가격을 판단하기 어렵다. 거래가 많지 않은 시기도 그렇다. 급매물이 진짜 급매물이 아닐 가능성이 높아진다. 그렇기 때문에 가격만 보고 급매물 거래를 결정하면 안 된다. 가격만 보고 결정하면 묻지 마 투자, 즉 투기가 된다.

많은 부동산 전문가들이 급매물을 잡기 위해 중개업자와 친하게 지내야 한다고 조언한다. 인간적인 관계가 있다면 거래 조건을 잘 조정해 주고, 좋은 물건이 나오면 먼저 소개해 줄 수도 있다. 하지만 단지 급매물을 받기 위한 목적이라면 좀 더 고민이 필요하다. 급매물에 대한 판단은 중개업소가 아닌 본인이 직접 해야 한다. 급매물을 찾기보다는 좋은 매물인지 평가하는 것이 우선이다. 저렴한 급매물보다는 시세보다 다소 비싸더라도 향후 가치가 높아질 아파트를 선택하는 것이 더 바람직하다.

공급 과잉, 현명하게 활용하면 된다

결론부터 말하자면

입주 대란에 대응하겠다는 의지가
가장 중요하다. 가격 조정이 안 되면
상품성을 높여서 해결해야 한다.

'○○주 연속 마이너스 행진하는 서울 아파트 가격', '늘어난 입주 물량 세입자 찾기 바쁜 집주인', '미니 신도시급 헬리오시티, 1,000가구가 빈집', '폭발적으로 증가하는 강동구 입주 물량'.

대규모 입주가 있을 때마다 부동산 과잉 공급에 대한 우려를 담은 기사가 많아진다. 2019년에는 40만 세대가 입주했으니 전세 하락, 매매 하락으로 이어지는 입주 대란이 발생할 수 있다는 내용이다. 이전보다 많은 공급량을 시장이 온전히 소화할 수 있겠느냐는 걱정이 크다. 공급이 수요를 초과해 주택 가격 하락이 발생할 수 있다는 지적도 있다. 입주 대란은 발생할까? 그런 일이 일어난다면 어떻게 대응해야 할까?

중요한 건 입주 물량이 아니다. 입주 물량이 많아 발생하는 문제를 해결할 수 있는지가 포인트다. 입주 물량이 많다는 문제를 제대로 파악할 수 있다면 입주 대란의 대응 방법도 찾을 수 있다.

먼저 대량 입주로 일어날 만한 문제를 정리해 보자. 특정 지역에 신규 아파트 공급이 많아지면 지역 수요만으로 입주 물량을 소화하기 어렵다. 그럼 준공 후 미분양, 장기간 미입주 물량이 쌓이게 되고 신규 아파트 가격이 내려간다. 이어 주변 구축 아파트 가격도 내려간다. 결국 시장 전체의 주택 가격이 폭락한다. 이것이 최악의 시나리오다.

그렇다면 대응 전략은 무엇인가? 매우 간단하다. 가격이 폭락한 준공 후 미분양, 미입주 물량 중 입지가 좋은 곳을 선별한다. 폭락 혹은 하락한 가격으로 매매한다. 입주 대란에 대한 전략으로 이보다 효과적인 방법은 없다.

하지만 시장이 그렇게 호락호락하지 않다. 시장 참여자 모두 똑똑한 소비자다. 좋은 물건을 시장에 방치한 채 내버려 둘 리가 만무하다. 헛된 기대를 하기보다는 좀 더 구체적인 전략을 짜야 한다.

입지를 구체적으로 구분해 보자. 주택 보급률이 200%라 해도 공급이 늘 부족한 지역이 있는가 하면, 주택 보급률이 50%밖에 되지 않아도 신규 입주 물량을 소화하지 못하는 지역이 있다. 기존 아파트에서

경기도 아파트 공급(예정)량 추이(1990~2021년)

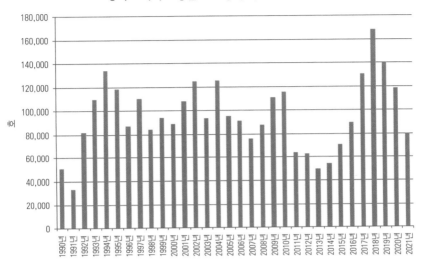

인천광역시 아파트 공급(예정)량 추이(1990~2021년)

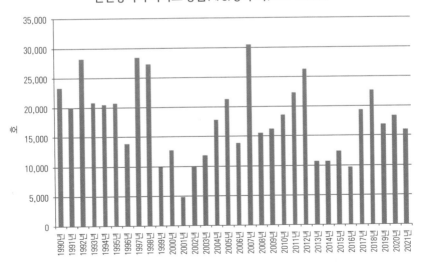

수요

경기도 아파트 공급(예정)량(1990년 이전~2021년)

(단위:)

	경기도	수원시	용인시	고양시	화성시	남양주시	성남시	부천시	시흥시	평택시	안양시	김포시	의정부시	안산시	파주시	하남시
전체	3,219,438	275,429	274,161	265,470	249,654	197,003	193,082	154,745	145,284	143,990	142,165	138,687	122,096	117,695	114,141	84,6
1990년 이전	131,302	25,064	695	4,816	254	3,403	3,900	23,385	5,126	4,098	17,074	425	2,359	12,641	637	14
1990년	50,921	2,587	382	360	19	4,480	1,441	2,745	1,253	1,277	1,176	150	1,565	8,904	1,066	
1991년	33,189	3,362	216	251	314	1,984	9,269	1,594	2,264	1,336	1,106	415	580	4,264	761	8
1992년	81,983	3,589	568	6,981	418	1,147	13,657	512	1,690	5,133	20,830	202	2,090	4,614	938	
1993년	109,842	3,926	2,082	12,013	30	618	22,624	13,482	1,346	3,293	17,062	496	6,403	6,064	956	
1994년	134,020	3,921	6,116	35,662	139	1,062	22,039	15,958	1,029	6,644	3,140	292	4,736	4,785	296	6,64
1995년	118,579	3,110	5,674	35,936	464	2,892	23,853	10,451	3,936	2,781	2,954	3,607	4,673	3,407	824	
1996년	87,167	9,676	2,713	16,587	790	3,464	5,030	5,682	9,018	7,567	2,011	593	3,058	519	825	1,27
1997년	110,044	25,166	6,052	13,444	2,628	9,584	394	1,102	15,133	2,299	2,829	2,252	6,559	190	2,180	1,49
1998년	84,084	13,270	14,697	5,022	1,272	8,696	904	1,561	8,823	470	1,632	3,915	8,891	1,794	1,287	
1999년	94,293	21,684	5,332	3,751	2,360	9,556	38	1,196	10,551	4,926	2,861	5,670	6,834	1,580	1,398	43
2000년	89,104	7,383	8,853	5,453	1,976	6,431	197	512	1,955	1,963	3,655	5,170	4,168	5,540	4,056	38
2001년	107,895	14,347	23,160	934	6,830	3,414	191	690	983	259	5,909	4,337	1,992	10,027	12,137	16
2002년	124,587	13,899	21,548	8,972	4,191	7,080	311	13,243	4,263	1,564	6,365	3,449	8,561	4,614	1,441	1,09
2003년	93,523	1,139	12,135	7,227	3,935	2,968	6,972	7,234	1,026	2,179	13,296	3,058	5,316	5,051	570	38
2004년	125,377	4,190	34,433	5,127	15,108	9,246	3,694	5,221	2,561	3,801	2,745	567	2,869	3,698	8,319	2,04
2005년	95,112	10,453	3,349	6,472	4,834	14,286	2,308	2,877	2,672	8,426	2,071		3,079	5,694	6,737	88
2006년	91,256	2,962	23,641	6,338	4,135	5,477	2,616	6,285	731	5,340	2,527	1,117	5,326	3,904	5,757	1,94
2007년	76,116	1,723	6,058	7,987	21,235	4,351	1,976	4,246	59	1,783	1,534	902	2,929	1,205	1,388	2,07
2008년	87,634	8,914	5,496	4,532	26,136	5,369	3,221	4,677	2,327	1,010	1,277	5,828	3,080	60	917	4,02
2009년	111,144	5,273	13,016	5,809	8,153	10,740	16,337	1,012	3,417	2,336	3,317	1,543	1,328	2,292	7,795	77
2010년	115,312	3,635	13,438	10,071	2,639	11,595	3,895	1,474	516	2,999	1,910	9,688	97	1,987	12,027	45
2011년	64,276	14,380	4,493	3,382	649	278	4,400	4,433	708	3,667	1,488	7,934		51	8,003	
2012년	63,068	11,507	3,513	4,416	1,271	7,058	3,641	1,667	419	4,251	2,723	12,137	1,786	471	4,247	
2013년	49,773	9,792	6,724	9,725	231	4,047	1,895	28	769	2,201	48	7,224	1,755	482	823	
2014년	53,920	5,930	2,114	4,165	4,083	6,910	1,722	1,655	1,221	1,653	231	7,403	203		5,091	3,22
2015년	70,927	7,368	1,445	5,580	20,819	9,145	4,513	786	3,481	4,449	762	919	1,001	714	1,108	7,53
2016년	89,322	3,704	2,835	4,538	13,297		4,467	4,608	4,175	6,537	5,747	3,924	2,999	1,569	176	15,50
2017년	130,649	11,182	6,809	1,935	23,262	3,938	4,904	5,743	12,289	8,924	781	11,535	6,335		4,418	6,24
2018년	168,219	8,113	17,142	6,033	32,909	8,248	503	1,748	12,338	9,145	390	14,789	5,405	6,810	6,613	9,20
2019년	139,637	6,939	13,344	13,624	22,071	14,498	2,868	708	14,028	16,708	1,817	540	2,897	4,589	300	3,62
2020년	118,561	598	1,663	5,820	10,835	4,497	5,132	2,219	13,274	7,054	388	16,888	7,756	10,175	5,826	5,19
2021년	79,617	6,441	2,980		6,948	8,167	6,273	1,069	1,903	5,918	10,509	1,718	2,993		3,252	8,92

대한민국 부동산 사용설명서

	광명시	군포시	양주시	오산시	광주시	구리시	안성시	의왕시	이천시	동두천시	포천시	과천시	여주시	양평군	가평군	연천군
전체	79,224	72,086	65,664	65,427	52,624	47,524	46,880	45,865	39,806	22,069	18,081	16,514	14,385	7,034	4,561	3,456
1990년 이전	12,614	2,090	216	1,767		616	930	1,664	1,437	383	586	4,912	65			
1990년	19,802	634	156	717		710	125	252	644	294	82		50		50	
1991년	150	35	188	38		703	251	1,260	1,113	659	70		563	19	135	205
1992년	2,040	10,385	379	715		781	1,677	447	845	879	232		100	469	333	332
1993년	1,384	12,011	282	1,243			1,380	211	565	764	929		426		173	79
1994년	413	11,323	491			4,650	496	3,107	264	253	385		132		47	
1995년	1,198	2,303		668	655	1,780	712	2,456	1,713	823	459		385	610		255
1996년	1,633	3,199	944	2,141	815	5,485		35	1,226	504	1,237		673	120	138	213
1997년	128	2,784	1,115	296	222	1,519	2,146	1,220	5,992	498	1,925	42	780			73
1998년	1,305	2,867		1,229	921	1,593	504	566	1,405		113		873	120	354	
1999년	127		3,795	2,932	1,453	1,379	1,805	280	1,358	1,255	354		678	299	355	48
2000년	216	33	3,871	9,245	6,257	2,102	3,028	2,064	2,042	514	19		1,995		19	
2001년	401	83	5,186	374	2,119	5,330	4,080	1,560	1,680		398		1,307			
2002년	2,391	1,096	1,123		6,777	2,274	3,456	4,178	1,280		1,151				19	247
2003년	840	2,848	4,279		3,203	509	1,388	1,577	949	2,822	757		1,309	490		80
2004년	197	1,706	941	3,392	3,493	1,187	622	1,822	953	5,496	1,776			108	60	
2005년	1,629	1,697	4,045	1,198	1,477	563	1,545	486	849	2,400	4,675		384		19	
2006년	671	602	3,242	1,067	712	1,309	1,899		1,156		212		1,214	186	208	676
2007년	2,504	1,652	2,418	3,992	562	749	1,658	1,605	69			659		213	580	
2008년	49	1,339	492	648	339	465	1,900	176	1,016		291	3,143	410	101	397	
2009년	7,129	336	3,752	4,021	80	361	1,190	5,029	2,368	1,825			1,107	300	20	481
2010년	10,156	5,302	4,663	8,351	1,920	299	2,967		2,186	544	360			1,788	352	
2011년	2,471		521	3,336	1,601	53		1,535	347	500				37	9	
2012년		489			198			2,422	116	18			52	235	431	
2013년				2,455				1,170	314					90		
2014년	45	2,315	3,246	83		370			233	770			899		237	112
2015년	23	53		108		407	116		473		28					91
2016년			1,862		2,681	5,997	2,860		1,116				69	656		
2017년	1,539		4,428	4,534	5,143	2,321	1,722	28	1,171		959			504		
2018년	2,454	1,647	3,700	4,528	5,538	2,229	5,590	578	1,186	492		543		101	243	
2019년		2,414	1,566	5,299	2,373	8	1,419	5,742	1,611				388	102	161	
2020년	3,604		5,157	646	587	1,365	1,414	3,454	305	376	254	2,988	526			564
2021년	798		2,091		1,478	410		941	1,525		829	4,227			221	

인천광역시 아파트 공급(예정)량(1990년 이전~2021년)

(단위: 호)

	인천광역시	서구	남동구	연수구	부평구	계양구	미추홀구	중구	동구	강화군	옹진군
전체	675,809	133,954	124,968	118,799	104,661	72,394	69,656	34,546	14,509	2,170	152
1990년 이전	90,123	10,106	17,714	1,217	24,018	16,616	15,505	2,772	2,175		
1990년	23,407	3,273	4,080		4,986	3,588	4,070	1,560	1,700	150	
1991년	20,045	1,961	3,880	1,032	4,815	4,825	3,236		70	226	
1992년	28,295	1,984	3,968	9,017	8,183	3,613	1,436		94		
1993년	20,893	628	560	14,680	2,613	732	1,105		575		
1994년	20,522	356	4,588	10,396	1,500	1,552	1,537	260	114	219	
1995년	20,735	1,807	529	8,750	4,789	3,229	1,631				
1996년	13,909	2,456	599	2,793	3,513	2,929	1,517	102			
1997년	28,443	3,023	1,611	3,735	2,240	16,566	803	465			
1998년	27,315	9,905	3,350	960	9,127	2,365	1,455	55	98		
1999년	9,931	534	1,261	2,304	3,014	298	2,285		235		
2000년	12,719	1,042	4,040	420	5,516	502	778	323			98
2001년	4,832	477	98		990		789	1,178	724	576	
2002년	9,946	217	735	255	2,286	350	1,145	3,685	1,273		
2003년	11,806	2,628	2,240		1,055	944	527	946	3,466		
2004년	17,869	10,754	1,401		3,372	394	1,093	143	36	676	
2005년	21,358	4,667	2,562	4,460	7,089	1,768	334	448		30	
2006년	13,840	2,692	5,577	1,437	889	2,326	777	142			
2007년	30,520	8,587	14,692	798	2,624	1,239	2,560	20			
2008년	15,591	490	8,574	998	881	66	3,208		1,355	19	
2009년	16,289	3,744	3,820	3,059	18	998	2,129	1,510	1,011		
2010년	18,604	5,714	6,077	2,117	2,043	182	1,298		1,173		
2011년	22,397	10,137	4,928	4,051	1,391	534	1,180			176	
2012년	26,306	9,718	2,712	3,023	1,045		405	9,403			
2013년	10,727	3,801	1,122	3,142	56	1,586	18	1,002			
2014년	10,739	70	5,204	2,917	1,891	75	404		178		
2015년	12,388	1,243	6,484	4,549	56		56				
2016년	9,618	269	1,816	2,636	181	147	4,569				
2017년	19,434	7,904	3,923	6,723	20	724	140				
2018년	22,732	6,909	1,976	6,148	75		5,023	2,601			
2019년	16,914	2,150	2,609	6,137	266		237	5,515			
2020년	18,384	898	2,141	8,048	2,060	931	2,376	1,546	232		152
2021년	16,029	6,664	97	164	2,059	3,315	3,310	420			

도 충분히 경쟁력 있는 입지가 있고, 구축 아파트 수요는 없고 신규 아파트 수요만 있는 입지도 있다.

사람들은 계속해서 이사를 하는데, 어떤 조건을 우선적으로 선택하는지 파악해야 한다. 입지 조건만으로 거주지를 선택할 수 있는지, 상품 조건까지 고려해야 하는지 반드시 판단해야 한다.

이렇게 지역별, 입지별로 입주 대응 전략을 짜는 게 부동산 입지를 공부하는 이유다. 입지 공부를 하다 보면 그 입지에서 필요로 하는 상품까지 알 수 있다. 상품에 대한 적정 가격도 이해된다. 입지, 상품, 가격 모두 중요하다는 의미다.

미래를 모두 예측하고 대응하는 건 불가능하다. 하지만 어느 정도 예상되는 미래에는 대응할 수 있다. 우려되는 리스크는 낮추고 희망하는 확률은 높일 수 있다. 공급 과잉은 우리가 활용해야 할 부동산 현상이지, 걱정해야 할 문제가 아니다.

'자가 점유율'에 숨어 있는 뜻

결론부터 말하자면

자가 점유율 낮은 강남과 1기 신도시,
'미래 가치'에 따라 달리 해석해야 한다.

독자로부터 자가 점유율과 투자 적격 여부에 관련된 질문을 받았다. 요지는 이렇다.

Q. 서울을 '자가 점유율이 40%대로 타 지자체 대비 매우 낮아 투자자의 관심이 많은 도시'라고 언급한 걸 봤다. 서울은 자가 점유율이 낮은 만큼 임차세대(전세·월세) 점유율이 상대적으로 높다. 아파트 시세가 높아 자가가 아닌 전월세로 거주하는 세대가 많다. 결국 실거주 수요자(전월세 거주자)가 많

은 시장이니 투자자 비중이 낮을 거라고 생각하는데 이에 대한 의견이 어떠한가?

예리하면서 명쾌한 질문이다. 자가 점유율의 의미를 정리해 보자. 자가 점유율에서도 입지별 차별화 전략이 필요하다. 입지에 따라 자가 점유율의 의미가 다르기 때문이다. 크게 보면 서울과 비서울이 다르고, 작게 보면 강남과 비강남이 차이가 난다.

통계 수치를 제시하진 않겠다. 통계 수치로는 입지별 자가 점유율 분석을 정확하게 할 수 없다. 같은 통계 수치라도 실제 거주 세대를 만나 개별 이야기를 모두 들어 봐야 한다.

준공 25년 차 이상의 아파트 단지가 많은 두 개 지역이 있다고 가정해 보자. 한 곳은 강남구 대치동, 다른 한 곳은 1기 신도시 중 하나다. 두 단지 모두 자가 점유율은 35%로 낮다. 65%는 임차 세대다. 두 단지의 자가 점유율이 낮은 이유가 동일할까?

수치만 봐서는 차이점을 구분하기 어렵다. 여기에 전세가율을 추가해 보자. 대치동 단지는 전세가율이 45%다. 1기 신도시 단지는 80%다. 전세가율은 큰 차이가 있다.

자가 점유율이 50%가 안 되는 단지는 투자자가 많은 단지이자, 실수요가 많다고 할 수 있다. 질문을 보낸 독자는 서울 실거주를 원하는 사람이 많지만 아파트 시세가 너무 높아 자가 점유율이 낮다고 이야기했다. 표면적 의미만 따져 보면 맞다. 하지만 그 표면적 의미만으로는 완벽한 해석이 어렵다.

앞서 가정한 1기 신도시 아파트 단지는 매매가와 전세가의 차이가 크지 않을 정도로 아파트 시세가 낮지만 자가 점유율이 낮다. 이유는 투자자의 심리에서 찾을 수 있다. 각각의 단지에 왜 투자했을까를 생각해 보자.

월세든 전세든 세입자를 둔 주택을 소유한다는 건 투자 목적이다. 투자란 수익 창출을 목표로 한다. 전세라면 시세 차익이, 월세라면 월세 수익이 주목적이다. 부동산 시장에서 대부분의 아파트 투자는 시세차익을 목적으로 한다. 매도 시점의 가격이 매수 가격보다 상승하길 기대한다. 준공 25년이 넘은 대치동 단지의 10년 후 가치와 1기 신도시 단지의 10년 후 가치를 비교했을 때 어떤 아파트에 투자해야 할까?

자가 점유율이 낮다는 건 두 가지 상반된 의미가 있다. 첫째, 단기적 거주 목적일 뿐, 중장기 거주는 하고 싶지 않다는 것. 즉 미래 가치가 불분명해 자기가 거주하고 싶진 않다는 의미다. 둘째는 반대다. 내가 당장 거주하기에는 적당치 않지만 미래 가치는 거의 확실하다고 바라볼 수도 있다.

서울은 두 번째 의미에 해당하는 지역이 상대적으로 많고, 비서울은 첫 번째 의미에 해당하는 지역이 많다. 강남은 두 번째 의미에 해당하는 지역이, 비강남은 첫 번째 의미에 해당하는 지역이 많다.

자가 점유율은 미래 가치에 따라 달리 해석해야 한다. 자가 점유율이 낮고(전월세 비중이 높고) 매매가 대비 전세가율이 높으면 실수요는 많지만 매입할 만큼 미래 가치가 높지 않다는 뜻이다. 자가 점유율이 낮고 전세가율이 낮으면 실수요도 많고 미래 가치도 높다는 뜻이다.

특히 신축이 아니라 기존 아파트의 자가 점유율이 낮은 곳은 확정된 미래 가치가 있다고 판단했을 가능성이 매우 높다. 낡아서 거주 편의성이 낮지만 매매가는 높이 형성된 경우다. 자가 점유율에는 이런 비밀이 숨겨져 있다.

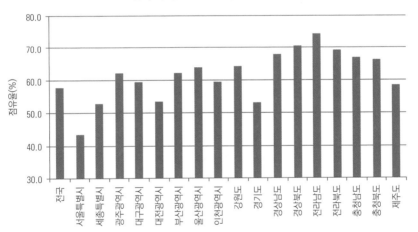

전국 아파트 자가 점유율(2018년)

전국 아파트 자가 점유율(2006~2018년)

(단위: %)

	2006년	2008년	2010년	2012년	2014년	2016년	2017년	2018년
전국	55.6	56.4	54.3	53.8	53.6	56.8	57.7	57.7
서울특별시	44.6	44.9	41.2	40.4	40.2	42.0	42.9	43.3
세종특별시	–	–	–	–	–	–	52.1	52.7
광주광역시	53.6	57.4	59.0	58.7	59.5	61.8	62.5	62.4
대구광역시	53.9	55.9	55.5	55.4	55.1	59.3	59.4	59.4
대전광역시	52.0	54.3	50.9	50.7	51.2	53.7	53.9	53.4
부산광역시	56.7	59.2	57.9	57.6	57.7	61.3	61.7	62.3
울산광역시	58.8	58.8	59.8	59.1	59.0	62.8	63.5	64.0
인천광역시	60.6	61.2	55.7	55.3	55.0	58.4	59.6	59.6
강원도	57.9	61.1	59.1	58.9	59.8	61.4	64.1	64.2
경기도	53.2	53.7	49.3	48.3	48.7	52.7	53.0	53.0
경상남도	62.6	61.7	63.2	62.5	63.3	66.8	67.8	68.0
경상북도	66.6	68.5	66.4	65.9	66.3	69.3	70.9	70.8
전라남도	69.5	66.6	70.7	69.4	69.5	73.4	74.8	74.2
전라북도	65.7	64.2	67.6	69.7	67.1	68.2	69.1	69.3
충청남도	62.9	64.0	61.2	63.1	60.3	63.9	67.1	66.8
충청북도	60.2	62.4	61.9	62.2	61.3	64.9	66.1	66.3
제주도	54.8	56.8	56.6	56.9	56.2	57.5	58.9	58.4

제3장 가격

싸니까 사는 게 아니다

연일 사상 최고가를 경신하며 오르고 있는 강남 아파트 시세를 보면서 '과연 강남 아파트의 상한선은 없을까?' 하는 의문이 든다. 어떻게 될까? 강남은 정말 한도 끝도 없이 올라갈 수 있을까? 아니라고 생각한다. 어느 정도까지만 오르고 다시 조정을 받을 것이다. 정상적인 시장이라면 말이다.

며칠 전 금융권 관계자 몇 분과 거품 시장에 대한 이야기를 나누었다. 2017년 엄청나게 상승했던 한 주식과, 며칠 동안 조정받고 있는 가상화폐와, 강남 아파트에 대한 이야기였다. 한 금융권 전문가는 3개 상품의 공통점은 거품 가격이라는 데 있다고 했다. 모두 적정 가격을 넘었다는 것이다.

폭등한 주식의 경우 현재 가치는 몇십억밖에 안 되는데 시가 총액이 몇 조 단위까지 올라갔다고 했다. 아무리 미래 가치가 있다고 해도 시장에서는 인정할 수 없을 정도로 많이 올랐으니 거품이라는 것이다.

가상화폐의 경우 한국 거래소 시장에는 우리가 알 수 없는 블랙박스가 너무 많다고 한다. 실제 거래가 되었는지도 모르겠고, 거래되는 코인의 개수가 실재인지도 모르겠다. 게다가 계속 코인 기술이 발달하여 새로운 대체 상품이 나오고 있는데 기존의 가상화폐만 희소성이 있을지 여전히 의문이라는 것이다.

강남 아파트의 경우 강남의 미래 가치에 대해 과연 그 정도 비용을 지불할 수 있느냐는 의구심을 표시했다. 실수요자가 감당할 수 없는 가격대라면 결국 투기 세력이 몰린 주식 시장이나 가상화폐 시장과 같다면서, 무조건 거품일 수밖에 없다는 것이다.

주식과 가상화폐는 내가 아는 분야가 아니므로 그러려니 했다. 하지만 강남 아파트에 대한 평가를 듣고는 가만있을 수가 없었다. '아, 결국 자기가 보고 싶고 믿고 싶은 대로 생각하는구나'라는 생각이 들었다.

결론부터 말하자면 아무리 강남 아파트라고 해도 가격이 무한대로 오르지는 않는다. 시장에서 너무 높다고 판단하면 멈출 것이다. 그 시점이 오늘이 될 수도 있고, 내일이 될 수도 있고, 내년이 될 수도 있다. 인플레이션이 진행되는 것보다 조금 더 오를 것이다. 늘 그래 왔기 때문이다.

그분은 강남 아파트의 현재 가격이 왜 실수요자들이 감당할 수 없는 가격대라고 평가했을까? 이것이 바로 주식이나 가상화폐와는 다른 부동산이라는 상품의 특징이다.

나는 이렇게 답했다. "그것이 누구의 기준입니까? 감당할 수 없는 가격이라는 것이 과연 누구를 기준으로 평가한 것입니까? 대한민국 일반 국민들이 감당할 수 없으면 감당할 수 없는 가격대인가요?"

모든 국민이 벤츠를 탈 수는 없다. 마티즈를 탈 수밖에 없는 사람이 있고, 람보르기니를 탈 수 있는 사람도 있다. 제네시스 이상을 타는 사람은 국민이라고 할 수 없다는 것인가? 그 말은 곧 내가 감당할 수 없으니 그 시장은 거품이라고 평가하는 것과 무엇이 다른가?

그러니까 주식과 가상화폐는 가격이 폭등해도 웬만한 일반인들도 투자에 참여할 수 있지만, 강남 아파트는 아무리 생각해도 웬만한 사람들이 접근할 수 없는 가격대이기 때문에 거품이라고 평가하는 것은 이상한 논리다. 집값이 단 한 번이라도 싼 적이 있었나 생각해 볼 일이다. 특히 서울의 메인 지역 집값 말이다. 조선왕조실록에도 벼슬을 받아 지방에서 상경하게 된 한 명문가 집안이 한양 집값이 비싸서 한양이 아닌 주변 지역에서 집을 구했다는 대목이 나온다. 조선 시대에도 한양의 집값은 높은 벼슬이 있는 관리들도 감당하기에 벅찼다는 얘기다.

강남 아파트는 비싸다는 것을 알고 사는 것이다. 싸기 때문에 사는 것이 아니라는 뜻이다. '지금 가격이 거품인가?'라는 질문에 대해서는 토론의 여지가 있을 것이다. 하지만 그 거품을 감수하고서라도 실거주하겠다는 수요층이 있다면 그것은 거품 가격이 아니다.

그렇다면 실거주하겠다는 수요층이 있는지 어떻게 확인할 수 있을까? 강남 아파트에 살고 있는 지인들에게 직접 물어보면 가장 쉽게 알 수 있다. 그 사람들도 강남 아파트 비싼 것 다 안다. 그럼에도 불구하고 그만한 환경이 대한민국 어디에도 없기 때문에 그 가격을 지불하고 사는 것이다.

예전부터 거기 살던 사람들이라고? 지금처럼 가격이 오르기 전에 입주한 사람들 아니냐고? 그럼 이렇게 생각해 보면 된다. 최근 분양한 아파트들, 3.3m²당 4,000만 원 이상인 강남권 아파트를 분양받은 사람들은 거품 가격대에 투자 혹은 투기한 사람들일까? 특히 2016년 11월 3일 이후로 분양받은 사람들은 모두 무주택자 혹은 1주택자들이다. 투기 세력으로 보기에는 좀 무리가 있다. 실거주를 위해 분양받았을 가능성이 높을 텐데 이들을 강남 아파트 값 상승을 조장한 세력으로 볼 수 있을까?

백배 양보해서 그렇다고 해 보자. 이 어마어마한 가격대를 감당할 수 있는 세대가 과연 몇 세대나 될까? 그리고 이 정도 비용을 운용할 정도라면 대단히 보수적인 투자를 할 가능성이 높다. 우리가 거품이 빠질까 봐 걱정할 대상들이 아니라는 것이다.

마지막으로 결정적인 것은 아무리 강남권 아파트라 하더라도 어느 순간 상승이 멈출 것이라는 점이다. 과연 어디까지 올라갈까? 현재 이미 많이 온 것 같다. 나는 현재 연차별 아파트 가격의 상한선 기준을 서초구 아크로리버파크와 래미안 퍼스티지로 본다. 1~2년 차 아파트의 대장과 10년 차 아파트의 대장 격이니 이들 가격과 비교해 보면 좋을 듯하다.

이미 두 단지는 실거주층이 가격대를 충분히 검증한 단지라고 생각한다. 아무리 잘나가는 아파트라 하더라도 현재 시세 기준으로 이 가격대를 넘어간다면 진짜 거품이 아닌가 의심할 수 있다. 무조건 거품일 것이라고 의심하기보다는 실수요층들이 수용할 수 있는 가격대인지 객관적으로 따져 보는 계기가 되었으면 한다. 자, 그럼 가격에 대해 구체적으로 살펴보자.

1 거품 가격? 랜드마크 아파트로 파악하라

결론부터 말하자면

대기 수요가 늘 존재하는 랜드마크 아파트의
시세는 외부 영향에도 크게 조정되지 않는다.
또한 아파트 시세가 늘 노출되어 있기 때문에
거품 가격이 발생하기 어렵다.
랜드마크 아파트와의 가격 격차를 보고
거품 가격 여부를 판단하면 된다.

부동산 시장에서 '거품 가격'이라는 말은 시세가 본래 가치보다 크게 초과해서 형성되어 있을 때 쓰는 표현이다. 부동산 시세에는 원가와 프리미엄이 포함되어 있고 프리미엄은 거품 가격까지 내포한다. 정상적으로 거래되는 부동산 시장에도 거품은 발생한다. 다만 과도하게 많이 발생하는 시기가 있고, 어느 정도 제거되는 시기가 있을 뿐이다. 이것을 알고 거래해야 한다.

부동산 매물이 거품인지 아닌지 판단하는 간단한 방법이 있다. 실수요층이 매수하는 매물인지 확인하는 것이다. 투자자끼리 거래하는 물건이면 거품일 가능성이 높다. 매수하려는 사람들이 집단적으로 몰려 있는 것은 미래 가치에 대한 기대 때문이다. 미래 가치가 어느 정도 되는지에 대한 한계선이 없는 곳이라면 거품이 과도하게 생길 수 있다. 실수요층이 아닌 투자자가 다수 시장에 들어와 있다고 판단되면 보수적으로 접근해야 한다.

미래 가치에 대한 한계선은 대략적 추정이 가능하다. 핵심 지역과 랜드마크 아파트로 판단하면 된다. 2019년 11월 현재 대한민국에서 가장 비싼 아파트는 서초구 반포동 아크로리버파크다. 3.3㎡당 9,000만 원 전후로 거래된다. 이 아파트는 실수요와 투자 수요가 비슷한 비율로 구성된다. 강남의 새 아파트 대부분이 그렇다. 실수요만으로 구성된 아파트는 어떤 경제적 영향에도 가격이 크게 흔들리지 않는다. 하지만 투자 수요만 있다면 가격이 하락할 수 있다. 그것을 가격 조정이라고 한다.

결국 서초구 반포동의 아크로리버파크 가격을 주목해야 한다. 향후 2~3년 동안 국내 아파트 가격의 기준이 될 단지이기 때문이다. 아크로리버파크의 시세가 조정되면 다른 아파트도 딱 그만큼까지 조정될 것이다. 이것이 랜드마크 아파트의 위상이다. 이것은 새 아파트이기 때문에 가능한 추정 방법이다. 구 아파트, 특히 20년 넘은 아파트는 이 같은 방법으로 평가할 수 없다. 입지 가치만 남았기 때문이다. 입지 가치만 남은 경우는 시장의 흐름에 민감해진다. 투자자가 가장 좋아

서초구 반포동 아크로리버파크 조감도

서초구 반포동 아크로리버파크

하는 '싸고 좋은' 물건이다. 당장 쓰기에 좋아 보일지 몰라도 오랫동안 쓰면 싼값을 한다는 평가를 내릴 수밖에 없다.

미래 가치를 파악하기가 가장 어려운 것은 재개발, 재건축 아파트다. 개발이 확정돼 분양을 앞두고 있는 곳은 상관없다. 가격이 정해져 있기 때문이다. 하지만 가격 책정이 어려운 단계에 있는 것은 미래 가치 파악이 어렵다. 조심해서 접근해야 한다.

거품은 통상적으로 투자 수요가 실수요보다 월등히 많을 때 발생한다. 하지만 계속해서 거품 상태로 유지되지는 않는다. 오랫동안 거품이 존재하면 우리가 보지 못하는 사이 단단한 가치가 차오르는 경우도 존재했다. 시간이 지난 뒤에는 거품이 아닌 경우가 꽤 많았다. 버블 세븐 지역 대부분이 그렇다.

거품 논란으로 우려되는 지역은 입지가 좋지 않은 곳이다. 침체된 시장 분위기로 입지 가치, 상품 가치와 무관하게 풍선 효과가 발생하는 지역이다. 실수요가 아닌 투자 수요가 몰렸다는 의미이기 때문에 조심해야 한다. 풍선 효과로 단기간에 돈을 벌었다는 소문이 발생하는 순간 묻지 마 투자자가 동시에 몰린다. 이런 지역은 제대로 된 입지 평가, 상품 평가, 가격 평가 없이 묻지 마 매수를 할 가능성이 농후하다.

풍선 효과가 발생하는 지역은 조심해야 한다. 단기 투자 수요가 몰리거나 상품 경쟁력이 떨어지는 아파트를 살필 때는 신중해야 한다. 지금은 입지, 상품, 가격을 모두 따져야 하는 시기다. 2014~2016년 활용했던 소액 갭 투자 방법이 먹히는 때가 아니다. 부동산 요소들(입지·상품·가격)을 모두 확인해야 하는 시기가 되었다. 투자의 정석대로 미래 가치가 확실한 지역과 상품을 봐야 한다. 그래야 거품인지 아닌지 확인할 수 있다.

지역별 랜드마크 아파트

시도	시군구	동	단지명	총 세대수	입주 시기	평단가(만 원)	
						단지 시세	지역 평균 시세
서울특별시	서초구	반포동	아크로리버파크	1,612	2016.08.	8,700	2,710
세종특별시		새롬동	새뜸마을6단지메이저시티	393	2017.04.	1,800	1,104
광주광역시	남구	봉선동	봉선포스코더샵	1,140	2004.12.	2,500	712
대구광역시	수성구	범어동	두산위브더제니스	1,494	2009.12.	2,800	985
대전광역시	유성구	상대동	트리풀시티9단지	1,828	2011.12.	2,400	819
부산광역시	해운대구	우동	두산위브더제니스	1,788	2011.12.	3,100	980
울산광역시	남구	신정동	문수로2차PARK2단지	488	2013.12.	1,600	817
인천광역시	연수구	송도동	송도더샵퍼스트월드	1,596	2009.01.	2,000	930
강원도	속초시	청호동	속초 청호아이파크	687	2018.01.	1,200	544
경기도	성남시 분당구	백현동	백현마을1단지푸르지오그랑블	948	2011.07.	4,600	1,154
경상남도	창원시 의창구	용호동	창원용지IPARK	1,036	2017.06.	1,700	688
경상북도	경산시	중산동	펜타힐즈 더샵2차	791	2018.08.	1,400	544
전라남도	순천시	해룡면	광양만권신대배후중흥S클래스8차(B4BL)	931	2018.07.	1,050	504
전라북도	전주시 완산구	효자동	서부신시가지IPARK	622	2007.12.	1,200	520
충청남도	천안시 서북구	불당동	불당지웰시티푸르지오(4BL)	420	2017.12.	1,800	614
충청북도	청주시 흥덕구	복대동	신영지웰시티1차	2,164	2010.07.	1,200	584
제주도	제주시	연동	대림2차e편한세상	366	2002.01.	1,800	1,082

아파트의 적정 가격 파악하는 법

결론부터 말하자면

아파트의 시세 판단 기준은 지역 내
최고가 아파트 시세다. 최고가 아파트 가격이
주변 다른 아파트보다 낮아졌다면
다시 오를 수 있다. 매수 기회가 된다.

아파트 시세는 특별한 입지 조건의 변화가 없다면 준공 후 약 10년 간은 대체적으로 신고가를 경신할 수밖에 없다. 하지만 늘 불안하다. 지금 시세가 꼭지는 아닌지 우려된다. 절대 가격으로만 보면 비싼데 분양이 잘되는 단지가 있다. 절대 가격으로 보면 상대적으로 저렴한 수준인데 지역에서는 시세가 높다고 거래가 잘 안 되는 단지도 있다. 아파트 시세가 적정한지, 너무 높은 것은 아닌지 어떻게 판단할 수 있을까? 간단하게 아파트의 시세 수준을 평가하는 방법이 있다. 지역 내 최고가 아파트 가격과 비교하는 것이다.

2016년 1월 분양된 신반포자이라는 단지가 있다. 반포한양아파트를 재건축한 아파트다. 신반포자이는 서초구 잠원동 소재 아파트로 평균 분양가가 $3.3m^2$당 4,290만 원이라는, 잠원동 아파트 사상 최고가를 기록했다. 전문가들의 예상과 달리 1순위 분양 완판은 물론 일주일 만에 계약까지 완료됐다.

분양가가 사전 공개되었을 때 대부분의 매스컴과 부동산 전문가들은 분양이 완판되지 못할 정도로 비싸다고 평가했다. 아무리 강남권이지만 계약 완료까지는 시간이 많이 소요될 것이라는 전망도 나왔다. 하지만 인근 지역 최고가 아파트와 시세 비교를 해 보면, 신반포자이의 분양가는 적정 가격이었음을 알 수 있다.

신반포자이 인근 입지의 최고가 아파트는 반포자이였다. 반포주공3단지를 재건축해 2008년 12월 입주한 반포자이의 당시 시세는 $3.3m^2$당 4,300만 원이었다. 신반포자이가 준공 완료되어 입주한 시점은 2018년이다. 상품 경쟁력만 놓고 보면 반포자이와 약 10년 차이가 난다.

거의 같은 입지 조건, 즉 같은 생활권 내의 10년 차이 새 아파트가 같은 시세로 분양된 것이다. 이렇게 보면 신반포자이의 분양가는 반포자이에 비해 높은 금액이 아니라는 판단이 선다. 오히려 저렴하다고 판단할 수도 있었다. 비강남권에서는 $3.3m^2$당 4,000만 원대면 비싸다고 평가할 테지만 실질적으로 서초구 신규 아파트를 분양받고자 하는 잠재 수요층에게는 그렇게 비싸다고 인식되지 않은 것이다. 그

서초구 잠원동 신반포자이 조감도

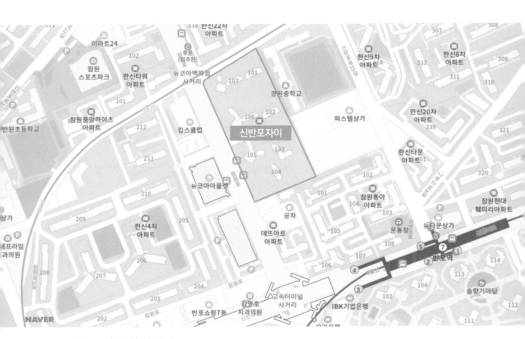

서초구 잠원동 신반포자이

렇기 때문에 1순위 청약 완료에 계약까지 빠르게 완료될 수 있었다.

이렇게 지역 내 유사한 인근 입지의 최고가 아파트와의 시세 비교는 현 시세가 높은지 낮은지 판단하는 데 유용하게 활용될 수 있다. 강남구 개포주공2단지를 재건축한 래미안 블레스티지의 평균 분양 가격은 3.3m^2당 3,760만 원이었다. 개포동에는 새 아파트가 없기 때문에 가장 가까운 생활권인 강남구 대치동과 시세를 비교해 볼 수 있다.

대치동 새 아파트 중 가장 비싼 아파트인 래미안 대치팰리스의 시세는 당시 3.3m^2당 4,100만 원 전후였다. 물론 지역 프리미엄이 대치동보다 낮게 평가되는 개포동인 것을 감안하더라도 강남구 개포동의 신규 아파트 가격으로 3.3m^2당 3,760만 원은 저렴하게 생각되기 때문에 래미안 블레스티지 역시 청약부터 계약까지 빠르게 완료되었다.

이렇게 지역 내 최고가 아파트는 신규 아파트의 분양가뿐 아니라 기존 아파트 시세의 적정성을 판단하는 기준이 될 수도 있다. 2016년까지 금천구에서 가장 비싼 아파트는 시흥동 남서울 힐스테이트였다. 당시 시세는 3.3m^2당 1,400만 원에서 1,600만 원 정도였다. 2017년에 금천구 최고가 아파트가 바뀌었다. 바로 롯데캐슬 골드파크로 3.3m^2당 1,400만 원에 분양됐고, 분양권 프리미엄이 3,000만~8,000만 원까지 형성됐다. 롯데캐슬 골드파크의 현재 시세는 3.3m^2당 2,600만 원이다. 금천구에서 가장 비싼 아파트다.

2017년 이후 금천구에서는 롯데캐슬 골드파크가 금천구 아파트의 판단 기준이 된다. 롯데캐슬 골드파크의 3.3m^2당 2,600만 원 시세

금천구 독산동 롯데캐슬 골드파크 조감도

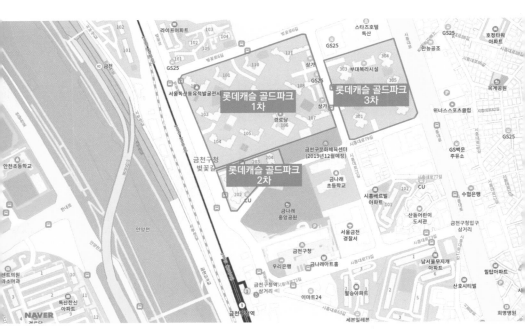

금천구 독산동 롯데캐슬 골드파크

가 금천구의 기준 가격이 되는 것이다. 이 가격과 격차가 많이 나는 지역 내 아파트의 경우 시세는 올라갈 확률이 높아진다. 대표적인 사례가 골드파크 인근에 있는 베르빌 아파트다. 2004년 입주한 베르빌은 3.3m^2당 시세가 1,000만 원 미만에서 1,400만 원대까지 상승했다. 지역 내 최고가 아파트와 입지 여건이 유사한 상황에서 가격 차이가 크다고 판단한 실수요층이 가격적인 메리트가 있다고 판단한 후 매수한 것이다.

이런 식으로 금천구의 아파트들은 롯데캐슬 골드파크와의 입지적인 차이, 상품적인 차이를 비교해 가며 시세가 변동할 것이다. 이런 방법으로 기존 아파트의 현 시세가 높은지 낮은지 판단할 수 있다.

요약하면 다음과 같다. 첫째, 지역 내 최고가 아파트를 찾는다. 둘째, 최고가 아파트와 비교할 아파트의 가격 차이를 확인한다. 셋째, 가격 차가 클 경우 상승 가능성이 높다. 가격 차가 없으면 최고가 아파트 시세가 더 상승하거나 비교 아파트 시세가 하락한다.

비교할 아파트가 최고가 아파트일 경우는 다른 방법으로 가격 적정성을 판단해야 한다. 해당 아파트의 실수요층이 충분히 있으며 추가수요가 더 확대될 조건인지 따져 보는 것이다.

실수요층의 존재 여부는 단지 내 자가 거주, 임대 거주 비율을 확인하면 된다. 추가 수요가 확대될 조건인지는 지역 내 호재가 있는지를 확인해 보면 된다. 가장 중요한 호재는 교통망 확대다. 금천구는 2016년 강남순환고속도로 개통 후 수요가 급증했다. 15분이면 강남권 출퇴근이 가능하기 때문이다. 강남으로 출퇴근하려는 세대에게 금천구는 출근 가능 지역이 되는 것이다. 그렇다면 금천구 시세가 터무니없이 높지 않다면 지속적으로 시세가 오를 수 있다. 신안산선이 착공된 것 또한 호재로 추가될 것이다.

가격이 터무니없이 높은지에 대한 판단은 유사 입지와 비교하면 된다. 강남권 출퇴근이 가능한 지역, 즉 금천구, 관악구, 동작구, 광명시, 안양시에 있는 비슷한 수준의 아파트 시세와 비교하는 것이다. 그렇다면 현재 관심을 가진 지역의 아파트 시세가 적정한지를 판단할 수 있다.

지역 내 최고가 아파트를 활용한 시세 적정성 파악은 실거주 목적이든 투자 목적이든 아파트를 매수할 때 반드시 실시해야 한다.

서초구 상위 아파트 시세

순위	동	아파트명	총세대수	평단가(만 원)	입주 시기
1	반포동	주공1단지	3,590	10,626	1973.12.
2	잠원동	신반포8차	864	9,813	1980.12.
3	반포동	아크로리버파크반포	1,612	8,718	2016.08.
4	잠원동	신반포10차	876	8,610	1980.12.
5	반포동	신반포(한신23차)	200	8,424	1983.11.
6	잠원동	아크로리버뷰	595	7,645	2018.06.
7	잠원동	신반포자이	607	7,636	2018.07.
8	잠원동	신반포11차	398	7,606	1981.01.
9	반포동	래미안반포퍼스티지	2,444	7,309	2009.07.
10	반포동	반포자이	3,410	7,261	2008.12.
11	잠원동	신반포27차	156	7,260	1984.12.
12	잠원동	신반포17차	216	7,253	1983.06.
13	반포동	경남	1,056	7,195	1978.01.
14	반포동	반포센트럴푸르지오써밋	764	7,123	2018.09.
15	잠원동	신반포16차	396	7,039	1983.06.
16	잠원동	신반포2차	1,572	7,003	1978.06.
17	반포동	반포리체	1,119	6,985	2010.01.
18	반포동	반포힐스테이트	397	6,718	2011.09.
19	잠원동	신반포12차	324	6,684	1982.04.
20	잠원동	래미안신반포팰리스	843	6,654	2016.06.

금천구 상위 아파트 시세

순위	동	아파트명	총세대수	평단가(만 원)	입주 시기
1	독산동	롯데캐슬골드파크1차	1,743	2,773	2016.11.
2	독산동	롯데캐슬골드파크2차	292	2,591	2017.09.
3	시흥동	남서울힐스테이트	1,764	2,451	2011.01.
4	시흥동	남서울럭키	986	1,843	1982.03.
5	시흥동	남서울건영1차	260	1,824	1982.12.
6	가산동	두산위브	1,495	1,771	1997.12.
7	독산동	이랜드해가든	187	1,699	2008.02.
8	시흥동	시흥베르빌	229	1,643	2004.02.
9	독산동	청광플러스원	136	1,584	2003.06.
10	독산동	독산현대	214	1,542	1997.05.
11	시흥동	신도브래뉴	206	1,537	2006.12.
12	독산동	중앙하이츠빌	554	1,523	2004.01.
13	시흥동	성지	233	1,478	1986.09.
14	시흥동	백운한비치II	112	1,475	2008.01.
15	독산동	주공14단지	840	1,457	1990.11.
16	시흥동	관악우방	671	1,432	2002.05.
17	독산동	금천현대	996	1,408	1997.02.
18	독산동	진도3차	245	1,396	1999.12.
19	시흥동	구현대(220-2)	140	1,350	1985.05.
20	시흥동	백운한비치	114	1,322	2003.08.
21	시흥동	벽산타운5단지	2,810	1,297	2002.09.
22	독산동	예전이룸	49	1,294	2003.07.
23	독산동	한신	1,000	1,279	1990.12.
24	시흥동	월드메르디앙	202	1,263	2006.01.
25	시흥동	삼익	786	1,261	1999.08.
26	시흥동	광성탑스빌	148	1,255	2002.11.
27	독산동	계룡	154	1,250	1999.09.
28	가산동	덕산	98	1,240	1995.08.
29	시흥동	산호시티빌	112	1,236	2003.05.
30	시흥동	남서울건영2차	619	1,227	1989.07.

찔러도 안 터지면
거품 가격 아니다!

결론부터 말하자면

단순히 절대 가격이 높고 낮음으로만 판단하면
안 된다. 투기 수요 속 실수요 시장을 확인해야 한다.
절대 가격이 낮아도 거품 가격은 존재한다.

대한민국 부동산 투자의 역사를 보통 50년으로 본다. 1970년대부터 아파트 개발이 본격화됐기 때문이다. 현재 서울 부동산 시장을 주도하는 반포동, 동부이촌동, 압구정동, 여의도동, 잠실동 등의 아파트들이 모두 1970년대에 건설됐다. 지난 50년간 아파트 개발과 가격 상승은 1997년 IMF 외환위기와 2008년 금융위기 직후를 제외하고는 쉬지 않고 지속됐다.

혹자들은 이렇게 평가한다. 거품이 쌓이고 쌓여 폭발한 게 IMF 외환위기와 금융위기의 부동산 상황이라고. 사후적으로 보면 그런 분석도 가능하다. 하지만 당시 가격 하락장을 단지 거품이라고 단정해서 해석하기에는 설명되지 않는 부분이 너무 많다.

1997년 폭락 가격이 불과 2년 만에 모두 회복됐다는 게 대표적이다. 2008년 금융위기 하락 가격의 회복에는 IMF 때보다 더 오랜 시간이 걸렸다. 2015년 대부분이 회복됐지만, 대형 상품은 아직 회복되지 않은 지역도 존재한다. 이러한 상황으로 볼 때, 거품 이론으로 부동산 시장의 변화를 설명하는 데는 한계가 있다.

거품이라고 판단했던 가격도 시간이 지나면 대부분 일반적인 가격으로 인정된다. '대한민국 부동산 불패'라는 말에 어느 정도 신뢰가 가

1971년 완공된 영등포구 여의도동 시범아파트

는 이유다. 버티면 무조건 이긴다는 부동산 투자계 선배들의 조언이 옳은 말처럼 느껴지기도 한다. 대한민국 부동산 시장에서는 거품이라는 말이 적용되지 않을까?

먼저 거품의 의미를 정의할 필요가 있다. 사전적 의미를 보면 현상 따위가 일시적으로 생겨 껍데기만 있고 실질적인 내용이 없는 상태를 비유적으로 이르는 말이다. 거품을 판단하는 방법은 무엇일까?

거품을 예측하기 위해서는 속이 보여야 한다. 속이 보이려면 껍데기가 투명해야 한다. 거품인지 확인하기 어려운 것은 껍데기가 진해서 속을 알 수 없을 정도이기 때문이다. 이때 눈으로만 봐서는 정확하게 판단할 수 없다. 사후적으로는 누구나 알 수 있다. 따라서 미리 파악해야 한다. 거품이 꺼지기 전에 확인하는 방법은 두 가지다. 하나는 바늘로 직접 찔러 보는 방법, 다른 하나는 거품이 만들어진 원재료를 파악하는 방법이다.

먼저 직접 바늘로 찔러 보는 방법을 부동산 시장에 적용해 보자. 바늘로 큰 거품을 찌르면 쑥 들어가기만 할 뿐, 터지지는 않는다. 바늘을 빼도 그렇다. '거품이 안 터지네?' 사람들은 혼란에 빠진다. 분명 속이 비었고 껍데기만 있는데 터지지 않으니 말이다. 하지만 터질 때도 있다. 주변이 건조하면 거품이 마르거나 터진다. 거품 표면이 약해지기 때문이다.

이렇게 찔러 보는 방법만으로 거품을 판단하려는 사람이 대부분이다. 그중 상당수는 거품이 아닐 것이라는 기대를 밑바탕에 깔고 있다.

비어 있음을 알고도 계속 거품을 가지려 한다. 부동산 투자에서 인사이트를 가지고 기본을 지킨다는 건 그래서 중요하다. 알면서도 당하는 경우가 바로 이런 상황이다. 욕심은 거품을 보는 눈을 멀게 한다.

거품이 만들어진 원재료를 확인해야 거품인지 아닌지를 확신할 수 있다. 거품은 100% 가수요로 이루어진다. '투기 수요'다. 원재료에 실수요가 전혀 보이지 않는다면 일단 한발 물러서야 한다. 굳이 아무도 가지 않는 길의 개척자가 될 필요는 없다. 개척되는 길을 확인하고 뒤따라 들어가도 절대 늦지 않는다. 실수요가 어느 정도 들어가는 것을 확인하고 시작해도 충분히 투자 가치는 있다.

가수요가 많을 때 매수하면 거품을 매수하는 것이다. 말도 안 되는 입지의 대규모 미분양 물량이 대표적이다. 실수요가 들어올 리 만무하니까. 욕심과 가수요로 이루어진 그 시장은 그렇게 존재할 것이다. 사람들의 욕심이 소멸되지 않는 이상 지속적으로 존재하는 시장이다.

거품을 판단하기 위해서는 바늘로 찔러 보고, 실수요가 있는지도 확인해야 한다. 실수요가 존재하는 시장이라면 들어가도 된다. 당장은 문제 될지 몰라도 시간이 해결해 주는 경우가 대부분이다. 2006년 전후 서울시 강남구, 경기도 과천시의 시세는 누가 봐도 거품이었다.

하지만 원재료를 확인했을 때 그 안에는 실수요가 존재하고 있었다. 거품인 줄 알았던 반포동, 동부이촌동, 압구정동, 여의도동, 잠실동 모두 실수요 시장이었다. 가격만으로 거품을 판단할 수 없다. 거품의 재료, 가수요, 실수요를 종합적으로 판단해야 한다.

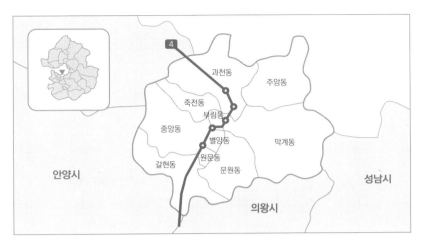

경기도 과천시

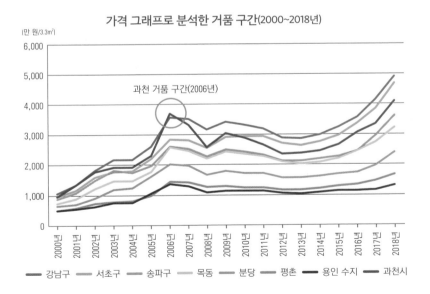

가격 그래프로 분석한 거품 구간(2000~2018년)

(만 원/3.3m²)

과천 거품 구간(2006년)

강남구 ━━ 서초구 ━━ 송파구 ━━ 목동 ━━ 분당 ━━ 평촌 ━━ 용인 수지 ━━ 과천시

4 '평당 3,000'의 조건

결론부터 말하자면

3.3㎡(평)당 1천만·2천만·3천만 원대마다
상품을 대하는 시장의 태도가 달라진다.
그 가격까지 지불할 만한 그 지역 입주민들의
공감대가 형성되어야 한다.

서울 아파트의 역사는 약 50년이다. 그중 아파트 시세가 3.3㎡당 1,000만 원을 넘기까지 소요된 시간은 30년. 초기부터 시세가 높았을 것 같은 강남도 2000년대 들어서야 3.3㎡당 1,000만 원이 됐다.

3.3㎡당 1,000만 원이 넘기까지 상당한 시간이 걸렸지만, 1,000만 원에서 2,000만 원이 되기까지는 오래 걸리지 않았다. 2,000만 원 넘는 상품이 등장한 건 2005년 전후이고, 2007년 전후에는 강남구 평균 시세가 3,000만 원을 넘어섰다. 2009년부터는 4,000만 원 이상 아

파트도 꽤 많이 등장했다. 시세 상승이 급격히 빨라진 이유는 무엇일까?

서울을 제외한 타 지역을 통해 이유를 파악해 보자. 서울 및 수도권을 제외하고 시군구 단위 중 가장 평균 시세가 높은 지역은 대구광역시 수성구다. 대구 수성구와 경북권 지역을 비교하면 유의미한 메시지를 얻을 수 있다.

대구는 2015년까지 3년 연속 대한민국 1위 시세 상승 지역으로 손꼽혔다. 대구의 거의 모든 지역, 모든 아파트 가격이 상승했다. 하지만 2016년 전후로 상황이 바뀌었다. 오르는 곳과 오르지 않는 곳이 나뉘며 상승과 하락이 뒤섞인 현상이 나타나기 시작했다. 대구도 양적인 시장에서 질적인 수요 시장으로 돌입했음을 보여 주는 모습이었다.

경상북도는 그렇지 못했다. 경상북도는 2015년 대세 상승기 이후 전국 지자체에서 가장 크게 조정받는 지역이다. 그에 비해 대구 수성구는 투기과열지구로 지정된 후 시세가 상승했다.

대구와 대부분의 경북권 지역 시장은 조정 중이다. 이곳은 2010년부터 2015년까지 가장 큰 폭으로 상승했다. 대구는 수도권과 유사한 흐름을 보이던 대전의 시세를 역전하고, 광역시의 대장인 부산의 시세까지 역전한 광역시 최고 시세의 도시였다. 특히 수성구는 말이다.

그렇게 5년을 쉬지 않고 상승하니 현재 조정받는 단계가 됐다. 서울의 부동산 역사를 따져 보면 조정을 받는 타이밍은 3.3m^2당 1,000만 원/2,000만 원/3,000만 원대다.

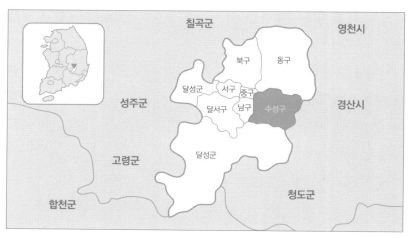

대구광역시 수성구

대구광역시 수성구 두산위브더제니스 조감도

수성구의 랜드마크 아파트는 3.3㎡당 3,000만 원대이고 다른 준신축 아파트 대부분도 2,000만 원 전후다. 수성구 이외 지역이 평균 1,000만 원대에서 보합세를 보이는 것과는 차이가 크다. 최근까지의 가격 상승 때문에 추가 시세 상승은 어려울 수 있다. 시세가 더 상승하려면 랜드마크 아파트 가격이 더 오르든지, 일반 아파트 시세가 하락했다가 상승해야 한다.

대구광역시 구별 아파트 시세(2000~2019년)

(단위: 만 원/3.3㎡)

	수성구	중구	대구광역시	달서구	동구	북구	달성군	남구	서구
2000년	328	315	296	293	294	285	229	302	272
2001년	365	340	325	332	303	304	249	325	294
2002년	420	367	365	378	327	326	289	346	328
2003년	513	385	413	428	353	344	307	360	396
2004년	526	393	426	440	374	359	317	361	402
2005년	577	467	477	493	421	414	364	392	458
2006년	609	523	501	505	430	446	375	418	437
2007년	618	599	499	481	435	446	392	419	437
2008년	634	584	501	476	443	436	404	445	455
2009년	673	564	518	486	458	441	407	439	484
2010년	679	565	533	514	456	458	414	469	484
2011년	711	591	579	562	511	518	470	497	515
2012년	720	622	604	588	547	553	524	527	542
2013년	777	664	681	679	612	643	617	579	602
2014년	949	788	778	749	722	703	671	661	667
2015년	1,124	946	900	860	832	804	723	752	760
2016년	1,112	949	877	825	817	789	708	753	745
2017년	1,215	1,071	922	846	839	817	766	770	769
2018년	1,324	1,194	973	878	870	841	820	797	786
2019년	1,347	1,201	985	881	875	854	829	806	802

대구광역시 수성구 동별 아파트 시세(2000~2019년)

(단위: 만 원/3.3m²)

	수성동3가	범어동	두산동	황금동	상동	수성동2가	만촌동	수성구	수성동1가	수성동4가
2000년		374		363	317		377	329	368	433
2001년		408	285	395	342		377	365	415	465
2002년		456	327	507	349	313	449	420	451	502
2003년		591	493	555	516	339	594	514	541	554
2004년		609	489	706	639	402	621	526	550	591
2005년		738	563	769	683	393	691	577	603	725
2006년	851	804	563	814	677	393	667	610	637	735
2007년	787	808	923	824	596	393	648	618	621	720
2008년	1,158	820	981	812	558	393	655	634	611	752
2009년	1,114	918	967	826	934	393	657	673	567	715
2010년	1,030	925	980	822	848		655	679	569	693
2011년	1,022	936	1,007	834	776	907	694	711	603	718
2012년	1,025	944	962	847	774	909	707	720	630	731
2013년	1,058	975	989	909	837	959	773	777	686	769
2014년	1,302	1,177	1,198	1,129	1,022	1,186	963	950	815	883
2015년	1,509	1,397	1,387	1,321	1,202	1,395	1,137	1,124	1,062	1,041
2016년	1,514	1,439	1,391	1,313	1,182	1,395	1,147	1,112	1,073	1,035
2017년	1,901	1,721	1,498	1,399	1,260	1,452	1,206	1,216	1,211	1,111
2018년	2,296	1,976	1,704	1,555	1,427	1,452	1,326	1,328	1,339	1,191
2019년	2,298	2,023	1,740	1,582	1,468	1,452	1,368	1,350	1,324	1,196

	욱수동	노변동	시지동	신매동	파동	매호동	사월동	지산동	범물동	중동
2000년		298	294	316	269	308	333	284	311	225
2001년		350	332	350	276	335	334	335	366	236
2002년		383	388	404	321	388	359	384	415	246
2003년	657	405	456	524	324	447	438	449	492	321
2004년	638	453	459	500	394	438	433	411	474	319
2005년	677	487	495	518	430	463	492	413	473	371
2006년	677	478	480	541	445	504	504	417	461	428
2007년	677	668	488	531	437	513	535	419	463	438
2008년	750	655	496	558	421	515	508	413	457	424
2009년	728	639	524	556	408	502	499	403	446	405
2010년	719	636	532	555	411	509	500	417	452	390
2011년	768	665	576	627	417	579	558	476	501	419
2012년	769	684	608	627	445	586	558	486	521	419
2013년	824	749	695	708	596	655	655	561	559	452
2014년	1,015	914	858	859	715	837	767	701	702	599
2015년	1,152	1,143	1,035	1,052	851	991	945	768	787	646
2016년	1,091	1,084	983	991	880	930	886	745	759	647
2017년	1,158	1,140	1,034	1,004	926	934	907	770	761	717
2018년	1,189	1,181	1,064	1,014	953	931	909	777	759	737
2019년	1,189	1,180	1,059	1,008	957	919	900	777	757	741

가격

대구광역시 수성구 주요 아파트 시세

순위	동	아파트명	총세대수	평단가(만 원)	입주 시기
1	범어동	두산위브더제니스	1,494	2,910	2009.12.
2	황금동	태왕아너스	480	2,890	2004.05.
3	수성동3가	코오롱하늘채	439	2,737	2009.01.
4	범어동	범어효성해링턴플레이스	179	2,727	2018.02.
5	범어동	동일하이빌	228	2,708	2007.09.
6	범어동	유림노르웨이숲	576	2,694	2006.01.
7	만촌동	만촌3차화성파크드림	410	2,650	2016.04.
8	범어동	대구범어삼성쉐르빌	213	2,635	2010.01.
9	두산동	SK리더스뷰	788	2,547	2010.01.
10	범어동	궁전맨션	538	2,394	1988.06.
11	범어동	범어SK뷰	444	2,392	2009.02.
12	수성동3가	롯데캐슬	802	2,378	2008.12.
13	범어동	목련	250	2,375	1987.11.
14	범어동	범어롯데캐슬	219	2,337	2009.11.
15	수성동3가	수성3가화성파크드림2차	314	2,308	2009.11.
16	만촌동	한도	120	2,292	1985.11.
17	수성동3가	수성3가화성파크드림1차	301	2,240	2009.11.
18	수성동1가	수성롯데캐슬더퍼스트	979	2,236	2015.08.
19	만촌동	대림수성아크로타워	224	2,214	2008.05.
20	범어동	쌍용스윗닷홈범어예가	400	2,189	2009.02.
21	범어동	범어풀비체	138	2,180	2013.02.
22	범어동	범어유림노르웨이숲2차	72	2,173	2007.09.
23	황금동	우방2차	535	2,146	1986.08.
24	범어동	우방범어타운2차	350	2,133	1984.06.
25	만촌동	수성2차e편한세상	447	2,087	2007.04.
26	범어동	장원	455	2,076	1988.12.
27	범어동	우방범어타운1차	276	2,072	1984.01.

3.3㎡당 평균 1,000만 원을 돌파한 수성구 이외 지역도 마찬가지다. 지역 내 시세 선두 아파트가 더 오르거나 다른 일반 아파트 시세가 조정되고 나서야 부동산 시장이 다시 움직일 것이다. 투자 수요가 많을 때는 적정 가격을 알 수 없다. 투자 수요가 빠져야만 알 수 있다. 현재 대구는 투자 수요가 많이 빠져 적정 시세를 제대로 평가할 수 있는 타이밍이 됐다.

적정 시세를 따질 때는 대구 시장 자체에서는 벤치마킹할 수 없다. 3.3㎡당 평균 1,000만 원, 2,000만 원대 시장을 경험하지 않았기 때문이다. 그래서 서울 부동산을 보고 벤치마킹해야 한다. 1,000만 원에서 2,000만 원까지 갈 때 어떤 일이 있었는지, 2,000만 원에서 3,000만 원으로 갈 때는 또 어떤 일이 있었는지 말이다.

3.3㎡당 평균 1,000만 원 이하 시장에서는 '키 바잉 팩터(Key Buying Factor: 교통, 교육, 상권, 환경)'를 크게 따지지 않는다. 수요 대비 공급이 부족한 시장, 즉 양적인 시장이기 때문이다. 1,000만 원이 넘어간 지역부터는 교통, 교육, 상권의 질을 따져야 한다. 이런 기반 시설이 갖춰져야 1,000만 원대 아파트가 된다. 입지에 대한 기대가 1,000만 원이하 시장과는 다르다.

2,000만 원대 아파트부터는 양질의 조건을 추가해야 한다. 환경적 요소가 반드시 고려돼야 한다. 주변 환경, 단지 내 환경도 좋아야 한다. 입지와 상품에 대한 기대 수준이 1,000만 원대와는 또 다르다. 강남이 1,000만 원대에서 2,000만 원대로 넘어가게 된 건 상품의 수준

이 높아졌기 때문이다. 이전 아파트와 마감재도, 조경도 다르다. 서울뿐 아니라 부산, 대전, 대구, 인천 등 3.3m^2당 평균 2,000만 원을 경험한 지역 어디에나 적용된다.

수성구가 2,000만 원대 시장이 된 건 다른 지역과 상품 수준이 달라졌기 때문이다. 그렇다면 3,000만 원, 4,000만 원으로 상승하는 시장이 되려면 어떤 조건이 추가로 필요할까? 프리미엄이다. 다른 지역과 완전히 차별화된 프리미엄이 있어야 한다. 그 프리미엄은 서울 강남에서 벤치마킹하면 된다.

수성구는 중간중간 조정을 받겠지만 틀림없이 3,000만 원대 시장까지 갈 것이다. 다른 지역과 차별화된 프리미엄이 있기 때문이다. 교육 환경은 대한민국 최고 위상을 갖고 있으며 교통이 편리하다. 무엇보다 선호하는 양질의 일자리가 많고 상권도 잘 형성되어 있다.

물론 서울 강남처럼 단기간에 3,000만 원, 4,000만 원을 돌파할 수는 없다. 서울도 10년이 걸린 변화를 대구는 5년 만에 이뤄 냈기 때문에 시간이 더 필요하다. 강남도 1997년과 2008년 두 번의 조정을 겪고 나서야 질적인 수요 시장으로 진입했다.

대구 수성구와 유사한 시세 변화를 보이고 있는 지자체가 부산광역시 해운대구다. 해운대구의 동별 시세 변화와 주요 아파트 시세를 함께 살펴볼 필요가 있다.

2017년 8·2 부동산 대책, 2018년 9·13 부동산 대책 이후 과열됐던 투자 수요가 크게 빠졌다. 이제 시장의 실체가 드러날 것이다. 수요가 몰렸던 지역은 모두 해당된다. 옥석 가리기를 할 수 있는 좋은 시장이 되었다. 과연 1,000만 원에서 2,000만 원으로 갈 수 있는 입지와 아파트 상품은 무엇인지, 2,000만 원에서 3,000만 원, 4,000만 원으로 갈 수 있는 지역과 상품은 무엇인지 따져 보기 좋은 시기다.

시세가 하락할 수도 있다. 그렇게 되면 조정받는 시기가 고마워진다. 입지와 상품 공부하기에 좋기 때문이다. 조정기를 충분히 활용하자.

부산광역시 해운대구 동별 아파트 시세(2000~2019년)

(단위: 만 원/3.3㎡)

	우동	중동	해운대구	재송동	좌동	송정동	반여동	반송동
2000년	333	345	336	205	381		263	223
2001년	373	458	368	216	417		291	225
2002년	451	582	432	248	490		332	256
2003년	475	602	446	280	479		406	275
2004년	493	646	450	262	471		416	276
2005년	565	703	472	260	468		439	265
2006년	638	705	529	625	466		437	259
2007년	758	786	585	677	514		432	262
2008년	912	816	682	760	632		483	280
2009년	949	882	723	779	686		515	300
2010년	999	834	777	818	739		611	350
2011년	1,219	912	912	869	828		723	458
2012년	1,227	915	900	859	799		696	449
2013년	1,220	910	898	844	799		685	442
2014년	1,245	968	927	862	828		708	432
2015년	1,389	1,218	1,056	950	958	852	823	465
2016년	1,575	1,425	1,257	1,140	1,200	1,061	1,002	521
2017년	1,616	1,506	1,261	1,149	1,160	1,131	981	558
2018년	1,595	1,484	1,224	1,118	1,103	1,079	917	547
2019년	1,576	1,472	1,204	1,115	1,088	1,062	886	531

부산광역시 주요 아파트 시세

순위	구	동	아파트명	총세대수	평단가(만 원)	입주 시기
1	해운대구	우동	두산위브더제니스	1,788	4,319	2011.12.
2	해운대구	우동	해운대IPARK	1,631	3,691	2011.01.
3	남구	용호동	W	1,488	2,422	2018.04.
4	해운대구	우동	해운대경동제이드	278	2,346	2012.11.
5	해운대구	우동	대우트럼프월드센텀l	564	2,338	2006.07.
6	수영구	남천동	삼익비치	3,060	2,289	1979.12.
7	해운대구	우동	대우트럼프월드마린	232	2,192	2007.05.
8	해운대구	재송동	더샵센텀스타	629	2,177	2008.11.
9	해운대구	우동	해운대자이2차	813	2,073	2018.01.
10	해운대구	좌동	KCC스위첸	415	2,062	2011.01.
11	해운대구	중동	해운대힐스테이트위브	2,369	2,059	2015.04.
12	금정구	장전동	래미안장전	1,938	2,015	2017.09.
13	해운대구	우동	해운대자이1단지	935	2,007	2013.02.
14	해운대구	우동	대우마리나1차	714	2,000	1991.03.
15	수영구	광안동	쌍용예가디오션	928	1,984	2014.11.

부산광역시 해운대구 우동 마린시티 전경

언제 살까?
언제 팔까?

결론부터 말하자면

조금 쌀 때 매수하고, 시세가 상승했을 때 매도하자.
'바닥'과 '머리'를 확인하면서 매도 · 매수하는 것은
불가능하다.

투자자뿐 아니라 1가구 1주택 실거주 세대에서도 매수와 매도 시점은 늘 고민이다. 아파트는 언제 매수하는 것이 가장 좋을까? 가격이 오를 때? 아니면 내릴 때? 반대로 매도 시점은 언제가 적당할까?

모든 투자가 그렇듯이 아파트 투자에서도 가장 고민되는 부분은 매수·매도 시점이다. 많은 부동산 전문가들이 최적의 매수·매도 타이밍을 제안한다. 하지만 정답이 있을 수 없다. 입지마다 가격 수준이 다르고, 수익에 대한 투자자의 기대 수준이 다르기 때문이다. 따라서 모든

입지, 모든 상품, 모든 사람에게 적용되는 절대적 기준은 없다는 것을 이해해야 한다.

매수·매도 타이밍에 절대 법칙이라는 것은 있을 수 없지만, 투자할 때 욕심을 버려야 한다는 것은 언제나 적용된다. 어떤 경우라도 바닥 가격에 사서 머리 가격에 팔 수는 없다. 그건 투기고 욕심이다. 그런 기준으로 투자하면 백전백패한다.

부동산 차트를 활용하면 부동산 바닥을 알 수 있다고 말하는 사람들이 있다. 물론 그럴 수도 있다. 문제는 그 당시에는 그게 바닥인지 아닌지 절대 알 수 없다는 것이다. 최소 2년 이상은 지나야 바닥이었다고 판단할 수 있다.

머리 시점은 파악하려는 시도 자체가 모순이다. 부동산 시세라는 것이 오르락내리락을 반복하겠지만, 결국 양호한 입지의 경쟁력 있는 상품이라면 우상향 곡선으로 가게 된다. 인플레이션이 진행되는 한 그렇다. 머리 시점을 따지는 것은 의미가 없다는 말이다. 결국 언제 매도할 것인가라는 판단의 문제가 관건이다. 그리고 정답은 없다. 적절한 타이밍이 있을 뿐이다.

그렇다면 적절한 매수·매도 시점을 어떻게 선정해야 할까? 먼저 선호하는 입지와 실거주할 만한 상품 수준을 고려해 매수 대상 아파트 단지를 선정해 보자. 인플레이션만큼은 상승할 수 있는 양호한 입지 조건과 경쟁력 있는 상품이라는 것을 전제로 해야 한다. 그 아파트 단지의 시세를 정기적으로 체크해 보자. 가격이 오를 것이다, 내릴 것이다 등의 판단 자체는 금지다. 그저 주변 아파트 혹은 주변 시세 대비 조금 쌀 때 매수하고, 조금 비싸다는 인식이 생길 즈음에 매도한다고 생각하면 된다.

예를 들어 보자. 2010년 이후 8년 동안 가격 상승률이 가장 높았던 지역은 대구다. 대구 지역 아파트를 매수하기 가장 좋았던 시기는 돌아보면 2010~2011년도였다. 10년 차 전후의 아파트 3.3m^2당 시세가 500만 원 전후였다. 달서구, 수성구의 10년 미만 아파트 중에는 80m^2(24평)형이 1억 원에 못 미치는 단지도 많았다.

당시 아파트 신규 분양가가 3.3m^2당 1,000만 원 이상이었기에 기존 아파트와 가격 차이가 꽤 벌어졌다. 기존 아파트는 양호한 입지의 나쁘지 않은 상품이었기에 다소 저렴하다는 평가를 받았다. 그래서 대구 아파트 시세를 꾸준히 관찰한 수요층이 대구를 매수하기 시작한 시점이 2010년이다.

4~5년이 지난 2014~2015년이 되자 기존 아파트 시세가 3.3m^2당 800~1,000만 원까지 상승했다. 그때도 신규 분양가가 1,000만 원 수준이었기에 기존 아파트 대비 가격 경쟁력이 낮아지기 시작했다고 판단되었다. 또 실거주 수요자들이 매수할 수 있는 가격이었다. 그때가 매도하기 가장 좋은 시점이다. 이미 매수가 대비 시세가 100% 전후 상승했고, 매수해 줄 실거주층이 대기하고 있었으니 말이다.

물론 대구 부동산은 2015년 이후에도 계속 올랐다. 3.3m^2당 1,000만 원이 넘는 지역이 속출했고, 수성구 대형 아파트는 2,000만 원을 넘어섰다. 2015년 이후 매도했다면 더 큰 수익을 낼 수 있었을 것이다. 하지

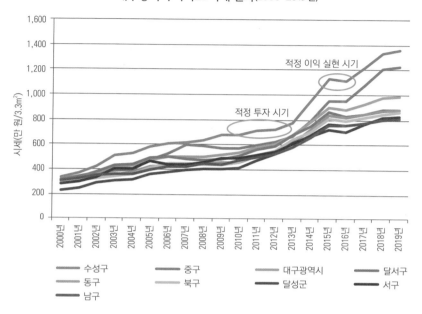

대구광역시 아파트 시세 변화(2000~2019년)

적정 이익 실현 시기

적정 투자 시기

시세(만 원/3.3㎡)

수성구　중구　대구광역시　달서구
동구　북구　달성군　서구
남구

만 그것은 실제 거주하는 사람들의 이익이라고 생각해야 한다. 굳이 머리 시점까지 확인할 필요가 없다. 4~5년 만에 100%라면 엄청난 상승률이다. 150%, 200%까지 기대하는 것은 욕심이고 투기다.

결국 매수·매도 타이밍을 정할 때는 조금 싼 듯, 조금 비싼 듯한 가격에 대한 기준 선정이 필요하다. 그 기준은 두 가지다. 첫째, 랜드마크 아파트가 아니라면 랜드마크와의 시세 차이로 판단한다. 둘째, 랜드마크 아파트라면 추가적인 상승 여력이 갖춰져 있는지 확인한다. 교통, 교육, 상권, 환경 등의 개발 여부와 추가 발전 가능성, 그로 인한 인구 유입 가능성 등을 따져 보면 된다.

이러한 기준을 바로 투자에 적용하기 어렵다면 주식과 같이 모의 투자를 해 보는 것이 좋다. 과거의 특정 지역, 특정 단지를 가지고 매수·매도 시점 선정 연습을 하는 것이다. 관심 지역, 관심 단지를 선정한 뒤 과거 특정 시점으로 돌아가 적정 매수·매도 시점을 판단해 보자. 부동산 투자도 복기 연습이 가능하다.

주의할 점이 있다. 복기를 하면 바닥과 머리를 확인할 수 있다. 그렇다고 바닥에서 산 뒤 머리에서 매도하려는 시도를 해서는 안 된다. 모의 투자 시에도 가장 중요한 것은 조금 싼 듯한 시점과 조금 비싸다고 판단되는 시점을 찾는 것이다. 바닥에서 사서 머리에서 팔 수 있다고 제안하는 사람이 있다면 경계해야 한다. 거래만 성사시키고 수수료만 챙기려는 업자일 가능성이 100%다.

매수·매도 시점에 대한 의사 결정은 무조건 본인이 해야 한다. 모든 투자의 기본은 무릎에서 사서 어깨에서 파는 것이다. 이 원칙만 지킬 수 있다면 안전하고 확률 높은 매수·매도 시점의 선정 기준을 스스로 만들 수 있다.

재건축 가능 연한 연장?
오해하지 마시라

결론부터 말하자면

'신축 아파트'의 지속적인 공급이 없으면
이미 지어진 '신상' 가격은 급등할 것이다.
신축과 신상을 모두 활용하자.

현재 재건축 가능 연한은 준공 후 30년 차부터다. 정부는 재건축 기준 연한을 40년으로 연장하는 방안을 검토 중으로 알려져 있다. 최근 강남발 시세 상승의 주된 원인을 재건축이라 판단했기 때문이다. 과거 시장의 패턴 분석 결과를 지금의 시장에 적용하려는 모습이다.

정부 대응을 보면서 강남 외 다른 지역을 활용하는 게 더 효과적이지 않을까 하는 생각이 든다. 신축 아파트의 영향만 고려할 게 아니라 기축 아파트의 활용도를 높이는 방안도 고려했으면 한다.

과거와는 시장의 전개 상황이 다르다. 2008년 이전까지는 주택 보급률이 100%를 넘지 않았다. 아파트 비율도 현재처럼 높지 않았다. 아파트라는 희망 주택의 절대 공급량이 부족한 시장 내에서는 강남이 오르면 타 지역이 따라 오르는 패턴이 주기적으로 반복됐을 수도 있다.

2010년 이후 부동산 시장은 완전히 달라졌다. 이전에는 신축이든 구축이든 대부분의 아파트 가격이 상승했다. 2010년 이후에는 재건축 가능 아파트를 제외하면 20년 차 미만 아파트만 올랐다. 2020년 이후엔 10년 차 미만 아파트 위주로 상승할 가능성이 높다. 신축 아파트에 대한 로열티는 상승하고, 기축 아파트는 수요가 급감하고 있다.

2000년 이전 부동산 시장처럼 지역별, 상품별 격차가 크지 않은 시장이라면 재건축 연한 연장이 고려해 볼 만한 정책이다. 하지만 지금처럼 신축과 구축의 수요가 급격하게 벌어지는 시장에서는 신축 공급을 줄이면 신축 아파트는 물론 준신축 시세까지 폭등으로 이어진다.

'팩트 폭격'을 하나 더 한다면, 과거 공급 제한으로 2012~2014년 입주 물량이 급감했고 이후 서울 부동산 가격은 상승했다. 2017~2018년 서울 아파트 시세 폭등은 말 그대로 새 아파트 위주였다. 입지 좋은 곳에 새 아파트가 공급됐으니 시세가 오를 수밖에 없었다.

지금처럼 신축과 구축의 가격 차가 두 배 가까이 나는 시장에서 강남 신축 시세를 잡아 타 지역까지 공급을 축소하는 정책은 이후 시장 전개에 악영향을 줄 수밖에 없다.

지역별 상한선은 존재한다. 현재 강남구는 3.3m^2당 5,100만 원 전후,

도봉구는 1,400만 원 전후다. 강남구가 1억 원이 되면 도봉구는 3,000만 원이 되리라는 예측은 현재의 시장을 너무 단순하게 판단하는 것이다. 지금은 질적인 시장이다. 입지, 상품, 지역 위상, 입주민에 따라 넘어갈 수 없는 가격대가 있다. 지역마다 지불할 수 있는 가격대가 다르다.

현재 시장을 이해하는 데 가장 중요한 '실수요층'을 고려하지 않은 것 같다. 서울은 전년 대비 거래량이 4분의 1로 줄었다. 투자 수요가 아니라 실수요가 감소했다. 이건 시장에 문제가 발생했음을 의미한다.

정부는 여전히 서울 부동산 시장을 투자층이 주도한다고 판단한다. 지난 50년간 부동산 시장에서 성공한 정책은 실거주층을 위한 정책이었고, 실패한 정책은 대부분 투자자를 타깃으로 했다. 두 집단의 비율 자체가 비교가 안 될 정도다.

게다가 시장을 입지마다 세부적으로 쪼개 보지 않는다. 강남권을 제외하면 서울에서도 시세가 상승하는 지역보다 조정받는 지역이 더 많다. 지방은 상승하는 지역 자체를 찾아보기 힘들다. 과거 정부의 시행착오를 반복하고 있는 게 안타깝다.

재건축 연한을 연장하면 공급이 줄어든다. 기존 입주 물량이 많으니 괜찮다는 전문가도 있다. 그래 봤자 2022년까지다. 이후에는 분명 공급량이 급감한다. 세대수가 증가하는 만큼 공급이 늘지 않으면 공급 축소와 같은 효과가 발생한다.

정부와 전문가들이 오해하는 게 있다. 단독주택, 다세대, 빌라, 오피스텔도 주택이라 생각하는 것이다. 그 주택까지 포함하면 절대 공급이 부족하지 않다고 말한다. 국토교통부에서 매년 실시하는 주거실태 조사 결과를 보라. 현재 거주 유형에 관계없이 아파트 선호도가 압도적으로 높고, 특히 신규 아파트 선호도는 매년 증가하고 있다. 현재 시장에서 필요한 건 비아파트도, 구축 아파트도 아닌 신축 아파트다.

서울 부동산 시장은 수요 대비 공급이 적을 수밖에 없다. 이를 부정하는 건 억지일 뿐이다. 그래서 서울 공급을 축소함으로써 서울에 몰린 수요를 비서울 지역으로 분산하려는 정책도 나온다. 하지만 서울 수요층 중에는 비서울 지역으로 절대 가지 않을 수요도 있다. 이들이 많으면 많을수록 가격은 상승한다. 이게 서울 시세 상승의 이유다.

수요·공급 문제를 떠나, 강남 집값이 오른다고 그 자체를 없애겠다는 발상은 단기적인 전략이다. 재건축 가능 연한 연장은 궁여지책으로밖에 보이지 않는다. 역효과가 훨씬 클 것이라 예상된다.

재건축 가능 연한이 연장되면 신규 아파트 시세는 더욱 상승하고, 수요가 빠지며 조정장에 진입하던 서울의 기축 아파트까지 오를 수 있다. 아울러 이미 조정장이던 비서울 지역 중 입지 좋은 곳의 부동산도 뜬금없이 상승 전환될 수 있다. 서울의 핵심 지역 대비 시세가 낮은 부동산이 오르면 줄어든 소액 투자 수요가 다시 증가하게 된다. 2006~2007년과 2015년 전후의 투자, 투기, 거품 시장이 오버랩된다.

가격을 규제하기 위한 정책보다는 수요가 필요한 곳에 공급을 늘려 수요를 분산하고, 교통망을 확충하는 것이 정부의 진짜 역할이라고 생각한다.

전국 아파트 입주(예정) 물량(1990~2021년)

(단위: 호)

	전국	서울특별시	세종특별시	광주광역시	대구광역시	대전광역시	부산광역시	울산광역시	인천광역시
1990년	212,965	20,322		10,534	7,900	12,285	9,781	7,115	23,407
1991년	258,852	30,184	1,046	16,685	21,089	13,187	21,382	11,182	20,045
1992년	413,722	60,739	308	24,705	24,066	20,523	31,755	15,908	28,295
1993년	382,168	43,490		12,195	20,887	18,683	26,915	15,293	20,893
1994년	418,931	40,059	422	12,644	19,461	27,755	29,815	8,946	20,522
1995년	424,637	48,775	211	18,200	25,702	16,302	30,120	9,493	20,735
1996년	379,957	39,153	1,935	18,368	26,412	8,782	48,095	11,065	13,909
1997년	436,259	61,184	197	29,686	26,714	6,161	30,020	11,831	28,443
1998년	398,818	57,173	391	18,249	19,429	8,004	30,346	11,510	27,315
1999년	374,877	81,839	974	15,483	17,679	17,216	22,407	7,329	9,931
2000년	321,613	76,255	1,163	10,661	17,984	11,534	16,184	4,175	12,719
2001년	296,511	60,516	734	10,802	5,674	5,799	18,380	5,464	4,832
2002년	332,725	55,024	883	7,730	18,301	8,595	17,860	3,758	9,946
2003년	331,365	82,910	392	10,122	21,680	6,014	23,345	7,851	11,806
2004년	364,746	66,232		5,871	10,796	11,623	32,018	8,832	17,869
2005년	341,992	55,380		12,725	13,011	14,460	26,864	6,947	21,358
2006년	338,919	49,452	802	18,180	19,935	15,918	31,481	3,728	13,840
2007년	318,167	38,636	514	11,944	19,676	10,190	16,780	12,920	30,520
2008년	324,569	56,549	2,914	13,586	32,790	6,908	14,331	9,316	15,591
2009년	289,529	31,808		13,388	15,744	2,297	8,183	3,881	16,289
2010년	300,563	36,041		8,552	13,563	10,624	14,445	11,004	18,604
2011년	220,229	36,805	2,242	10,275	7,276	11,853	13,645	2,871	22,397
2012년	183,723	20,137	4,278	3,652	4,587	5,464	15,692	3,875	26,306
2013년	200,828	23,690	3,438	7,418	9,937	3,924	21,286	6,573	10,727
2014년	270,888	37,459	14,987	9,519	9,589	10,705	23,450	9,111	10,739
2015년	274,298	22,461	17,382	5,752	15,428	4,072	21,980	9,524	12,388
2016년	301,024	26,950	7,653	10,846	27,390	6,721	15,302	3,386	9,618
2017년	395,291	28,386	15,479	11,821	22,805	6,599	21,714	9,184	19,434
2018년	460,170	37,392	14,002	7,027	14,700	6,547	24,492	10,159	22,732
2019년	398,354	42,785	11,411	13,253	10,580	3,883	25,659	11,718	16,914
2020년	335,046	41,923	5,600	12,505	14,695	6,263	24,928	2,941	18,384
2021년	221,955	21,466	7,668	4,895	15,141	6,233	17,082	1,512	16,029

	강원도	경기도	경상남도	경상북도	전라남도	전라북도	충청남도	충청북도	제주도
1990년	8,171	50,921	11,053	15,707	8,712	7,763	6,242	11,305	1,747
1991년	10,583	33,189	20,729	13,863	10,880	12,914	8,443	11,772	1,679
1992년	9,798	81,983	38,725	18,841	21,401	17,335	6,810	10,033	2,497
1993년	8,616	109,842	24,812	21,989	15,363	17,119	10,491	12,647	2,933
1994년	11,098	134,020	32,922	21,574	12,037	16,403	13,118	16,133	2,002
1995년	14,702	118,579	16,926	22,792	13,904	28,874	18,063	19,457	1,802
1996년	11,866	87,167	25,183	25,709	13,492	13,559	20,189	14,208	865
1997년	16,553	110,044	16,841	21,203	11,837	17,552	28,248	18,746	999
1998년	17,823	84,084	30,730	23,383	11,779	23,128	23,435	9,443	2,596
1999년	13,508	94,293	17,857	23,282	6,329	17,881	14,093	13,914	862
2000년	12,796	89,104	16,524	12,822	7,151	9,247	13,487	7,469	2,338
2001년	8,496	107,895	15,563	14,452	8,559	13,084	7,149	4,955	4,157
2002년	9,117	124,587	26,270	9,779	12,862	11,792	5,881	8,802	1,538
2003년	6,066	93,523	20,618	9,635	6,958	7,267	10,637	10,970	1,571
2004년	7,477	125,377	25,466	13,293	8,048	8,885	16,415	5,592	952
2005년	9,663	95,112	33,683	11,229	6,555	6,946	18,491	6,969	2,599
2006년	15,313	91,256	17,032	6,044	6,823	10,101	22,364	14,116	2,534
2007년	9,908	76,116	21,279	15,073	8,422	12,078	17,815	15,975	321
2008년	10,018	87,634	23,407	12,809	8,773	9,271	9,807	9,841	1,024
2009년	9,134	111,144	19,614	14,387	5,364	10,026	21,169	6,934	167
2010년	4,940	115,312	13,614	15,957	5,407	5,684	13,733	11,838	1,245
2011년	2,477	64,276	7,967	10,234	5,080	6,391	9,921	4,039	2,480
2012년	4,351	63,068	6,998	3,878	4,841	7,846	6,011	1,289	1,450
2013년	3,660	49,773	20,332	6,898	11,445	5,695	5,659	6,200	4,173
2014년	9,565	53,920	25,386	8,438	15,165	10,664	9,991	9,765	2,435
2015년	6,355	70,927	22,102	16,288	12,271	11,092	12,446	10,904	2,926
2016년	8,742	89,322	22,004	16,466	12,120	8,083	22,559	10,389	3,473
2017년	5,350	130,649	41,207	24,619	9,229	7,095	25,962	12,418	3,340
2018년	18,087	168,219	35,594	24,332	12,083	12,910	26,195	24,025	1,674
2019년	18,075	139,637	44,171	18,476	7,707	12,408	8,281	11,817	1,579
2020년	10,191	118,561	17,975	9,191	10,022	14,224	13,331	13,595	717
2021년	9,634	79,617	7,449	8,573	8,961	5,491	6,425	5,499	280

주요 지역의 아파트 입주(예정) 물량 추이(1990~2021년)

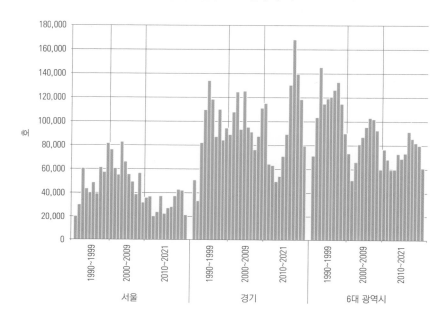

대한민국 부동산 사용설명서

다시 뛰는 서울 아파트,
실수요층을 기억하라

결론부터 말하자면

2018년 11월부터 2019년 5월까지 조정되던 서울의
아파트 시장이 2019년 6~7월에 상승 전환했다.
신규 입주 물량이 많은 곳은 매매가 상승,
임차가 보합되는 '실거주 시장'이기 때문이다.
투자 시장이 아니다.

다음 페이지 첫 번째 그림은 2019년 1월부터 6월까지의 서울 25개 구별 아파트 시세 증감률(KB지수)이다. 서울시 전체 평균은 -0.41%다. 서대문구, 도봉구, 금천구, 중랑구를 제외하면 모두 마이너스, 즉 하락 시장이었다.

두 번째 그림에서 7월까지의 누적 증감률을 보면 서울의 시세가 상승 시장으로 전환된다. 서울 전체 평균은 0.11% 상승이다. 강동구, 강남구, 성북구, 강서구, 중구, 관악구를 제외한 19개 구가 상승 지역으

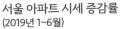

서울 아파트 시세 증감률
(2019년 1~6월)

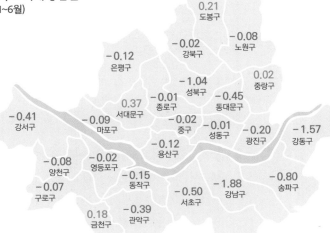

0.21
도봉구

−0.02
강북구

−0.08
노원구

−0.12
은평구

−1.04
성북구

0.02
중랑구

0.37
서대문구

−0.01
종로구

−0.45
동대문구

−0.41
강서구

−0.09
마포구

−0.02
중구

−0.01
성동구

−0.20
광진구

−1.57
강동구

−0.08
양천구

−0.02
영등포구

−0.12
용산구

−0.07
구로구

−0.15
동작구

−1.88
강남구

−0.80
송파구

0.18
금천구

−0.39
관악구

−0.50
서초구

자료: KB부동산

서울 아파트 시세 증감률
(2019년 1~7월)

0.56
도봉구

0.24
강북구

0.42
노원구

0.08
은평구

−0.48
성북구

0.39
중랑구

0.13
종로구

0.04
동대문구

0.78
서대문구

1.00
마포구

−0.20
중구

0.32
성동구

0.43
광진구

−0.47
강서구

0.14
용산구

−1.19
강동구

0.66
양천구

0.63
영등포구

0.28
동작구

0.54
서초구

−1.03
강남구

0.04
송파구

0.23
구로구

0.50
금천구

−0.17
관악구

자료: KB부동산

로 전환되었다.

7월 한 달간의 서울 전체 평균 시세 변동률은 0.52%다. 강서구와 중구를 제외한 23개 구가 상승으로 전환됐다(186쪽 첫 번째 그림 참조).

통상적으로 매매 시세만 상승할 때는 투자 수요층이 주도하는 시장이다. 하지만 2019년 7월의 서울 시장은 매매 시세뿐 아니라 전세 시세도 상승 중이다. 특히 동대문구, 성북구 지역의 전세 시세 상승이 특징적이다(186쪽 두 번째 그림 참조).

동대문구의 경우 전농동, 답십리동을 제외하면 주거 지역으로 선호되는 아파트가 많지 않았다. 하지만 최근 청량리 역세권이 개발되고 여러 단지가 성공적으로 분양되면서 그동안 동대문구를 알지 못하던 타 지역 거주층에게 실거주 지역으로 자연스럽게 홍보되면서 실거주 수요가 증가했다.

특히 뉴타운으로 개발된 휘경동, 이문동은 그동안 가장 시세가 낮았지만 새 아파트 단지가 입주하면서 실거주층에게 동대문구의 새로운 주거 지역으로 인식되고 있다.

성북구 역시 길음뉴타운을 제외하면 부각되는 아파트 단지가 최근 없었으나, 분양과 입주로 타 지역 사람의 방문이 많아지는 장위뉴타운, 길음뉴타운 주변에 새로 분양하는 아파트들 덕분에 실거주 지역으로 선호도가 올라가고 있다.

반면 전세 시세가 눈에 띄게 하락하는 지역이 있다. 바로 강동구다. 강동구는 2019년에만 1만 2,000여 세대의 신규 아파트가 입주했다.

가격

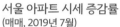

서울 아파트 시세 증감률
(매매, 2019년 7월)

0.34
도봉구

0.26
강북구

0.49
노원구

0.21
은평구

0.56
성북구

0.37
중랑구

0.42
서대문구

0.13
종로구

0.49
동대문구

1.09
마포구

0.00
중구

0.33
성동구

0.63
광진구

0.39
강동구

−0.06
강서구

0.25
용산구

0.74
양천구

0.65
영등포구

0.43
동작구

0.87
강남구

0.85
송파구

0.30
구로구

1.04
서초구

0.32
금천구

0.22
관악구

자료: KB부동산

서울 아파트 시세 증감률
(전세, 2019년 7월)

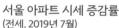

0.08
도봉구

0.00
강북구

0.02
노원구

−0.07
은평구

0.52
성북구

0.08
중랑구

0.07
서대문구

0.03
종로구

0.58
동대문구

0.00
중구

0.26
강서구

−0.04
마포구

0.14
성동구

0.26
광진구

−0.44
강동구

0.31
양천구

0.06
영등포구

0.04
용산구

0.06
구로구

0.06
동작구

0.21
서초구

0.07
강남구

0.23
송파구

0.06
금천구

0.02
관악구

자료: KB부동산

대한민국 부동산 사용설명서

2020년 이후에도 2만 세대 입주가 추가될 예정이다.

전세는 가수요가 없다. 실수요다. 입주 물량이 많아지면 입주 아파트는 물론 주변 기존 아파트 전세 시세에 영향을 주게 된다. 강동구의 전세 시세 조정은 필연적이다. 재미있는 것은, 매매 시세는 6월까지 조정이었다가 7월부터 상승으로 전환되었다는 것이다. 매매 시세는 상승하는데 전세 시세는 하락하는 시장을 어떻게 이해해야 할까?

주목할 것은 거주 선호도가 높은 입지인지 낮은 입지인지에 대한 판단이 선행되어야 한다는 것이다.

강동구는 거주 선호도가 높은 입지인가? 강동구의 모든 지역이 거주 선호도가 높다고는 할 수 없다. 하지만 지역 전체가 재건축되어 입주하고 있는 고덕지구의 거주 선호도는 매우 높다고 할 수 있다. 고덕지구는 신규 입주가 지속될 것이다. 아마도 자가로 거주할 세대를 제외하면 임대하거나 매도할 것이다.

먼저, 매매할 경우 현재 분양권 거래가를 봐야 한다. 34평형 기준 분양가가 7억 5,000만 원 전후였다. 현재 거래되는 분양권 시세는 11억 5,000만 원 전후다. 4억 원 정도 상승했다. 매매가 되면 될수록 고덕동은 물론 강동구 전체 시세가 상승한 것으로 나올 것이다. 분양가 대비 시세가 하락한 경우는 없으니까 말이다. 강동구의 매매가 상승은 신규 아파트 거래 가격 상승의 결과라고 볼 수 있다.

임대할 경우 주변에 있는 기존 아파트에서 신규 아파트로 이사하는 경우가 가장 많을 것이다. 대기 임차 세대가 많으면 모를까, 신규 입주 물량이 많은 지역은 늘 기존 아파트 임차 세대가 새로운 임차 세대를 찾기까지 꽤 시간이 소요된다. 결국 신규 아파트 입주가 마무리될 때까지 전세 시세는 약세장이 지속될 수밖에 없다.

현재 서울은 신규 입주 물량이 꽤 많다. 신규 입주 물량이 많은 지역의 시세는 상승장일 가능성이 높고, 임대 시장은 보합장일 가능성이 높다. 이 두 가지 패턴을 기억하자. 그래야 매매 전략이든 임대 전략이든 효과적으로 세울 수 있다.

서울이라고 해도 모든 지역의 매매 시세, 전세 시세가 동시에 오르고 내리지 않는다. 다시 한번 확인해 보자. 현재 서울은 투자 시장이 아니다. 실거주 시장이다. 매매든 임차든 말이다.

제4장 상품

이제부터는
상품 경쟁력이다

질적인 상품 선호 시장이 본격화되었다. 서울은 청계천이 복원된 2005년도 전후부터다. 서울과 비서울을 나누어서 봐야 하는 가장 큰 이유는 바로 이 질적인 수요에 있다. 질적인 수요 시장의 수용 가격대는 양적인 수요 시장의 수용 가격대와 크게 차이가 난다. 서울 아파트의 평균 시세는 3.3m²당 2,000만 원대 중후반이고 비서울 아파트의 평균 시세는 1,000만 원이다. 이제 더블 스코어 이상 차이가 난다.

비싼 것이 더 비싸지고 상대적으로 싼 것의 시세 움직임은 크지 않을 것이다. 그것이 지역별 가격 분화 과정이다. 질적인 수요 시장에서 가장 중요한 것은 입지 경쟁력과 상품 경쟁력이다. 일자리, 교통, 교육, 상권, 환경 등 좋은 입지 조건을 갖추면 갖출수록, 선호되는 상품 경쟁력을 갖추면 갖출수록 수요는 더 많아지고 가격이 더 올라간다.

수요에는 실수요와 투자 수요가 있다. 우선순위로는 당연히 실수요가 먼저고 그다음이 투자 수요다. 실수요가 있는 지역, 많은 지역이면 투자 수요는 부수적으로 따라온다고 보면 된다. 이것이 현재 서울 시장에 대한 총평이다.

그렇다면 왜 현재 서울 시장에서 실수요층이 급증하거나, 혹은 급증한 것처럼 보이는지 알아보자. 서울은 입지 경쟁력이 압도적으로 좋은 시장

상품

이다. 당연히 실수요가 많고 부수적으로 따라오는 투자 수요도 많은 시장이다. 하지만 입지 경쟁력이 좋은 곳일수록 상품 경쟁력에 대한 필요도가 더 높다. 이것이 포인트다.

아파트의 수명은 30년이다. 10년 단위로 나누어서 아파트의 상품 경쟁력을 평가할 수 있다. 준공 이후 10년 미만을 새 아파트, 10~20년을 기존 아파트, 20년 이상을 구 아파트라고 보면 된다. 이런 아파트의 연차별 투자 방법이 있다.

준공 20년 차 미만 아파트들은 입지만 좋아도 시장 트렌드에 맞추어 간다. 상품 경쟁력이 어느 정도까지는 존재한다는 말이다. 하지만 20년 차가 되면 상품 경쟁력이 급감하므로 주의해야 한다고 수도 없이 설명해 왔다. 만약 이런 상품에 대해 무엇을 봐야 할지 모르겠다면 무조건 입지를 보라.

서울 아파트는 1970년대 초반부터 본격적으로 입주했다. 상품 경쟁력이 떨어지기 시작한 20년 차는 언제 입주했을까? 1990년대다. 대한민국 부동산 역사 50년 중에 가장 평온했던 시기가 언제였을까? 바로 1990년대 초반이다. 이 당시 부동산 시장에 두 가지 핵심 이슈가 있었다. 하나는 서울 아파트가 대규모 입주한 지 20년 차 전후가 되었다는 것이고 또 하나는 1기 신도시가 대규모로 입주하던 시기였다는 것이다.

1기 신도시의 역할이 무엇일까? 서울에만 집중되었던 수요를 분산하는 것이다. 노태우 대통령이 사활을 걸고 추진했던 200만 호가 동시 다발적

으로 입주하던 시기였다. 지금 정부가 꿈꾸는 부동산 시장은 아마 1990년
대 초반 분위기일 것이다. 수요와 공급이 어느 정도 균형을 이루며 가격은
안정되어 있던 시장. 이때는 강남 집값도 특별한 규제 정책 없이 자연스럽
게 조정되었다. 서울 수요가 1기 신도시로 대규모 이동했기 때문이다. 실
수요층이 이동한 것이다. 가격에 맞추어 이동한 세대도 있고, 상품의 질을
찾아 이동한 세대도 있을 것이다. 이때만 하더라도 서울은 양적인 시장과
질적인 시장이 혼재되어 있었다. 양적인 시장과 질적인 시장 수요를 1기
신도시가 충족시켜 준 시기였던 것이다.

그로부터 20년이 지났다. 정말 많은 일이 있었다. IMF 외환위기와 세계
금융위기가 지나갔다. 국내 부동산에서는 2기 신도시 개발로 대규모 공급
이 있었다. 하지만 2005년부터 완전한 질적 수요 시장으로 넘어왔다는 것
이 가장 중요한 이슈라고 생각된다.

서울은 입지 조건이 좋다. 지금 필요한 건 질적으로 만족스러운 상품이
다. 지금 서울 아파트에 살고 있는 세대, 그리고 1기 신도시에 살고 있는
세대들은 아파트 상품을 모두 경험했다. 뭐가 좋고 뭐가 나쁜지에 대한 인
사이트가 있다. 이 정도 입지에 이 정도 상품이면 가격은 어느 정도가 적
정한지도 다 알고 있다.

2005년은 중요한 전환점이었다. 그 전까지는 초고층 주상복합이면 무
조건 비싸야 하는 줄 알았다. 아파트는 대형이 무조건 비싸야 하는 줄 알

았다. 실거주 경험치, 가치 평가에 대한 기준이 전혀 없었기 때문이다. 금융위기 때 아파트 가격이 폭락한 것은 아파트 상품에 대한 사전 지식 없이 비싸게 매수한 경우가 대부분이어서 거품 시장이 형성되었기 때문이다. 하지만 지금은 그때처럼 무비판적으로 아파트 가격을 받아들이지 않는다. 적어도 질적인 시장이 본격화된 서울·수도권에서 말이다.

정리하자면 이렇다. 지금 서울·수도권에서 필요한 건 무엇일까? 상품 경쟁력이 있는 아파트다. 서울은 상품 경쟁력이 있는 아파트가 공급되고 있을까? 그렇다. 몇 년 전부터 본격적으로 공급되고 있다. 40년 전의 대규모 공급, 30년 전의 대규모 공급 이후 처음으로 대규모로 공급되는 시장이다.

40년 전 서초구 반포동, 강남구 압구정동, 개포동, 대치동, 용산구 이촌동, 강동구 고덕동, 송파구 잠실동에 대량으로 공급되었던 상품들이 이제야 새 아파트로 변경되고 있다. 30년 전 양천구 목동, 노원구 상계동에 대량으로 공급되었던 상품들이 이제야 새 아파트로 변경을 준비하고 있다. 서울이라는 입지 좋은 지역에 걸맞은 좋은 상품을 희망하는 수요들이 점점 더 많아지고 있다.

서울에 질적인 상품이 없어서 20년 전 떠났던 수요들도 복귀하고 있다. 이제 1기 신도시가 상품 경쟁력을 잃어 가고 있기 때문이다. 내가 내린 결론은 서울 아파트 시장은 실수요 시장이라는 것이다. 적어도 지금 시장은 말이다.

최근 준공된 새 아파트에 입주하는 실수요층, 건설 중인 새 아파트에 입주하게 될 실수요층, 향후 10년 동안 분양될 새 아파트를 기다리는 실수요층, 이것이 현재 서울이라는 부동산 시장의 주요 구성원이다.

이 서울이라는 지역의 새 아파트를 희망하는 수요들이 투기 세력인가? 적폐인가? 서울에 존재하고 있는 이 수요가 투자 수요일까, 실수요일까? 여러분이 직접 판단해 보기 바란다. 지금부터는 무조건 상품 경쟁력을 따져 봐야 한다. 그 방법을 제시하겠다.

1 '오르락내리락' 판단 안 서는 주상복합 매수 방법

결론부터 말하자면

주상복합도 소비자 취향 따라 선택권이 갈린다.
주상복합만의 수요를 분석해야 한다.

그동안 상승세에서 소외됐던 서울 주요 주상복합 단지들이 잇달아 사상 최고가를 기록하고 있다. 일반 아파트 대비 상대적으로 덜 오른 주상복합이 갭 메우기에 나섰다는 기사가 쏟아진다.

최근 주상복합에 대한 문의가 많이 들어온다. 정리하면 두 가지다.

1. 주상복합을 어떻게 보는가? 실거주 및 투자 가치 양쪽 모두 궁금하다.

2. 용적률 300%가 넘는 주상복합 아파트도 향후 재건축이 가능할까? 노후

화되면 수요가 줄지 않을까?

주상복합이 무조건 고급이던 시대는 지났지만, 가능성이 없는 것도 아니다. 서울은 완전 질적 시장이라고 여러 번 이야기했다. 좋은 것과 나쁜 것에 대한 기준을 개개인이 스스로 결정한다. 좋은 것에는 더 많은 돈을 지불하고, 나쁜 것은 저렴해도 매수하지 않는다.

2000년대 중반까지만 하더라도 아파트 상품을 선택하는 기준이 많지 않았다. 판상형 아파트가 대부분이던 시기였으니까. 이전에 없던 상품이면 무조건 더 비싼 줄 알았던 시장이었다. 건설사들은 그렇게 홍보했다.

예를 들면 이런 것이다. "조망이 좋다." 그러면 조망권 프리미엄 때문에 분양가가 더 비싸다. "타워형 평면이다." "신평면이다." "LDK(Living·Dining·Kitchen) 구조다." 이렇게 하면 성냥갑 같은 기존 평면보다 있어 보이기 때문에 분양가가 더 비싸다. 이렇게 홍보해도 소비자는 그러려니 했다. 분양가가 비싸도 수용했다.

이제 소비자도 다 안다. 아파트에 여러 번 거주한 경험이 있기 때문이다. 웬만한 조망권보다 남향이 좋다는 것을 알고, LDK 구조 타워형보다 옛날의 판상형이 생활하기에는 더 편하다는 것을 안다.

조망권을 선택하는 소비자도, 타워형을 선택하는 소비자도 있다. 자신이 좋아서 선택하는 것이다. 과거처럼 모르고 선택하는 것과는 질적으로 다르다. 선택한 것에 대해 개인이 책임지는 시장이다.

주상복합도 마찬가지다. 과거에는 고급 아파트의 전형으로만 알았기 때문에 비싸다고 생각했던 시대가 있었다. 타워팰리스가 고급 아파트의 대명사가 될 수 있었던 이유였다. 타워팰리스는 2000년대 내내 가장 비쌌던 아파트 중 하나였다. 그런데 지금의 위상은 어떤가? 과거 많은 유명인이 살았던 아파트로 유명할 뿐이다.

타워팰리스가 있는 도곡동, 대치동 권역에서 현재 가장 비싼 아파트는 래미안 대치팰리스다. 타워팰리스 50평형대보다 래미안 대치팰리스 30평형대가 훨씬 시세가 높다. 이것이 주상복합의 현재 위상을 보여 주는 사례다. 타워팰리스가 이 정도면 다른 주상복합도 크게 다르지 않을 테니까.

주상복합은 용도상 주거 지역이 아닌 상업 지역에 건설되는 부동산이다. 용적률이 높기 때문에 높게 지을 수 있고, 높게 건축하기 위해 더 많은 설비 기술이 들어갔다. 원가가 일반 아파트보다 비싸니 분양가가 높을 수밖에 없다.

하지만 태생 자체가 주거 입지가 아니므로 주거 쾌적성·편리성은 떨어질 수 있다. 주거 쾌적성·편리성만 보면 일반 아파트가 더 생활하기 좋은 입지일 확률이 높다.

정리해 보자. 비싸고 생활 쾌적성이 상대적으로 낮은 주상복합에서 거주하고 싶은 사람이 많을까? 상대적으로 싸고 생활 쾌적성이 높은 일반 아파트에서 거주하고 싶은 사람이 많을까? 정답은 없다. 소비자 취향대로 선택할 테니 말이다.

강남구 도곡동 래미안 대치팰리스 조감도

강남구 도곡동 래미안 대치팰리스

이런 예상은 가능하다. 3~4인 가족, 특히 자녀가 학교에 다니는 세대는 일반 아파트가 편리할 확률이 높겠지만, 1~2인 가구라면 주상복합이 더 편리할 수 있다. 예전에는 주상복합이면 베란다가 없고 맞통풍이 안 되어 불만이 많았다. 요즘은 과거랑 다르다. 상품 수준이 많이 발전했다.

세대 내부 상품성을 논외로 한다면 주상복합의 장점이 꽤 많다. 무엇보다 중앙 로비 시스템이기 때문에 보안이 철저하다. 저층이 상가이므로 상가 이용이 편리하다. 대형 마트나 쇼핑몰 등의 상권이 형성되어 있고, 거기에 역세권이라면 원스톱 생활 주거 공간이 된다. 엘리베이터로 이 모든 생활이 가능하다. 일반 아파트에서는 구현되지 않는 시스템이다.

나이가 있는 은퇴 세대에게는 일반 아파트보다 주상복합이 합리적인 선택이 될 수 있다. 은퇴한 뒤에는 일반 아파트 투자로 시세 상승을 기대하는 것보다 생활 편의성이 더 중요한 요소이기 때문이다.

주상복합의 재건축, 확실한 가치가 있어야 가능하다.

타워팰리스가 재건축이나 리모델링이 될 수 있을까? 충분히 가능하다고 생각한다. 일반 아파트와 똑같다. 지금 매매 가격에 추가 분담금을 더해 재건축 또는 리모델링으로 미래 가치가 투입 비용보다 높아진다는 확신이 들면 타워팰리스든 삼성동 아이파크든 입지 가치 높은 곳은 상품 가치를 높이려 할 것이다.

단, 비싼 땅이기 때문에 비싸게 공급될 수밖에 없고, 비싼 돈을 주고 들어가서 살고 싶을 정도로 대외적으로 폼이 나야 한다. 비싼 상업지에서 무엇이 가장 중요할까? 교통망이다. 도로든 전철이든 확실한 교통망이 있어야 한다.

　주상복합일 때 오히려 더 좋은 평가를 받을 수 있는 입지가 있다. 주상복합을 좋아하는 수요층이 있다. 이제 주상복합에도 관심을 가져야 한다.

서울·수도권 주요 주상복합 아파트

구	동	단지명	총세대수	평단가(만 원)	입주 시기
강남구	삼성동	IPARK	449	7,300	2004.05.
	도곡동	타워팰리스1차	1,297	5,800	2002.01.
서초구	서초동	아크로비스타	757	3,000	2004.06.
송파구	잠실동	갤러리아팰리스	741	3,000	2005.01.
용산구	용산동	파크타워	888	4,700	2008.10.
양천구	목동	하이페리온	466	3,100	2003.07.
영등포구	여의도동	롯데캐슬아이비	445	2,500	2005.12.
광진구	자양동	더샵스타시티	1,177	3,300	2007.01.
성남시 분당구	정자동	파크뷰	1,829	3,300	2004.06.

주차장부터
체크하라

결론부터 말하자면

주차 시설이 아파트 선택의 중요 요소다.
구축 아파트는 주차장부터 체크하라.

질적인 상품 선호의 시작은 '주차장'이었다. 2005년 전후로 지상 공간이 녹지 공간으로 변경되는 것과 동시에 주차장은 지하로 옮겨 갔다. 이것이야말로 아파트 상품 발전의 획기적 전환이 되었다. 따라서 주차장의 중요성은 아무리 강조해도 지나치지 않을 것이다.

1990년대까지는 아파트의 세대별 주차 대수가 중요하지 않았다. 자동차를 보유한 세대가 많지 않았기 때문이다. 그런데 2008년에 세대당 자동차 보유 대수가 1대를 넘어섰다. 구축 아파트의 주차 문제가 본격적으로 발생한 시점이다. 중소형 평형 단지는 2중 주차, 3중 주차가 기본이 됐다. 목동 아파트의 14개 단지, 상계동의 주공아파트가 그렇다.

강남구 압구정 현대아파트와 용산구 서빙고동 신동아아파트 등 전용면적 132㎡ 이상의 대형 세대가 많은 단지는 사정이 좀 낫다. 그러나 66㎡ 위주의 소규모 단지는 세대당 1대 이상 주차 가능한 단지가 거의 없을 정도다.

구축 아파트를 선택할 때 주차 조건을 따져 보는 것은 기본 중의 기본이다. 자가든 임차든 주차 환경은 필수 체크 요소다. 특히 2009년 이전의 구축 아파트를 매수할 때는 주차장 체크 리스트 항목을 두 가지로 정리해야 한다.

하나는 세대당 주차 가능 대수다. 이것은 단지 정보를 보면 확인할 수 있는데, 주차 가능 대수가 적을수록 아파트의 경쟁력은 낮아진다. 주차 공간이 부족하면 2중, 3중 주차를 해야 하고 이것만으로도 시세는 낮아진다. 선호 입지가 아니라면 시세 상승 가능성은 점점 낮아진다. 인접한 신축 아파트의 시세가 상승하더라도 주차 조건이 좋지 않은 아파트의 시세는 하락할 수 있음을 잊지 말자.

반대로 실제 주차 가능 대수보다 많은 차량을 주차할 수 있는 단지가 있다. 경기도 고양시 덕양구 화정동과 행신동의 전용면적 85㎡ 중형 단지 중에서는 화정동 옥빛마을 17단지의 세대당 주차 대수가 가장 많다. 지하 주차장까지 포함하면 세대당 2대까지 주차가 가능하다.

경기도 고양시 덕양구 화정동 옥빛마을 17단지 정보

총동수	14동	총세대수	1120세대
총주차대수	1130(세대당 1대)	용적률	226.78%
건폐율	15.39%	관리사무소	031-979-8951
난방방식	지역난방	건설사	일산(주)
내진설계	내진설계 의무 적용 대상 건축물입니다.		

그래서 도로 위 주차나 이중 주차가 없다.

그러므로 부동산 정보 제공 사이트에서 제시하는 주차 가능 대수는 참고만 하고 실제 상황은 반드시 직접 가서 보고 확인하는 것이 좋다. 실제 상황과 제공 정보의 내용이 다르거나 차이 나는 경우가 종종 있기 때문이다.

아파트 단지의 주차 대수는 세대당 1대 이상이어야 한다. 신축 아파트는 대부분 세대당 1.3대 이상을 제공한다. 세대당 1대가 되지 않으면 상품 가치는 마이너스 요인이다. 0.5대도 안 되면 매수 여부를 다시 고민해야 한다.

또 다른 주차장 체크 리스트는 지하 주차장 여부와 주차 가능 대수다. 지하 주차장의 가치는 겨울철에 부각된다. 장마철, 더운 날씨에도 지하 주차장의 효과는 크다. 2010년 이후 입주한 아파트는 대부분 지하 주차장이 있어서 문제 될 게 없지만 2009년 이전에 입주한 아파트는 확인이 필요하다.

1980년대 입주한 아파트는 대부분 지하 주차장이 없다. 상계동, 목동, 압구정동, 반포동, 개포동의 대규모 단지에 가 보면 지하 주차장이 없는 단지를 볼 수 있다. 물론 상계동, 목동, 압구정동, 반포동, 개포동 아파트는 재건축이 진행될 예정이기 때문에 치명적 단점은 아니다. 재건축이 예정되어 있지 않은 단지들은 체크해야 한다.

1990년대 입주한 아파트 중에는 지하 주차장이 형식적으로만 시공되어서 주차 공간이 여유롭지 않은 곳이 많다. 지하 주차장의 주차 가능 대수가 많은 단지는 프리미엄이 높을 수밖에 없다. 지하 주차장 유무도 부동산 정보 사이트에서는 확인이 불가능하고 현장에서 파악해야 한다.

2010년 이후에 입주한 아파트 단지를 포함해서 최근 분양하는 아파트는 단순히 주차 대수만 많은 게 아니라 편리한 시설 및 서비스가 여럿 추가되었다. 주차 위치 확인 서비스, 세대 등록 차량 단지 진입 안내 서비스, 전기차 충전 공간, 차량 청소 공간, 차량 혹은 사람 이동 동선 조명 자동 점멸 서비스 등 시설과 서비스가 점차 진화하고 있다.

질적인 부동산 수요 시장에서는 주차장 시설과 서비스가 추가 프리미엄이 될 것이다. 주차 시설은 이제 옵션이 아니라 아파트의 상품 가치를 평가하는 필수 요소다.

3 입지가 중요한가, 상품성이 중요한가?

결론부터 말하자면

입지가 전부는 아니다. 상품 경쟁력도 중요해졌다.
하지만 입지가 상품보다 더 중요하다.
지불 가능한 경제력 내에서
가장 좋은 입지를 선택하는 것이 현명하다.

실거주든 투자든 부동산 구입을 고려한다면 반드시 고민해야 할 부분이 있다. '입지 경쟁력'과 '상품 경쟁력'이다. 두 마리 토끼를 한 번에 잡기는 생각보다 어렵다. 어느 쪽에 우선순위를 둬야 할까?

대체로는 입지 경쟁력에 더 큰 비중을 둔다. '첫째도 입지, 둘째도 입지, 셋째도 입지'라는 부동산계의 명언은 괜한 말이 아니다. 지금까지는 입지만 보고 부동산을 선택해도 문제가 없었다. 하지만 부동산 시장이 과거와는 완전히 달라졌다. 누구나 집을 매수하려 했던 시대에는 입지가 가장 중요했지만, 이제는 그렇지 않다.

지금은 생각보다 많은 세대가 집을 구입하려 하지 않는다. 거주할 공간이 필요할 뿐, 소유하려는 목적이 없는 이들도 많다. 재산으로서의 가치가 아닌 실거주지로서의 가치가 더 중요해지는 시대에는 부동산 선택 전략을 어떻게 짜야 할까?

먼저 부동산 액터를 네 개로 나누어 보자. 집을 매수하려는 집단과 매수하지 않으려는 집단이 있다. 또한 부동산 선택 시 입지를 중요하게 생각하는 집단과 상품을 고려하는 집단이 있을 것이다.

종합해 보면 매수 집단 중에서도 입지 고려 집단과 상품 고려 집단이 있고, 비매수 집단 중에도 입지 고려 집단과 상품 고려 집단이 있는 셈이다.

집을 사려는 매수 집단 중 입지 고려 집단이 많을까, 상품 고려 집단이 더 많을까? 입지 고려 집단이 조금 더 많을 것이다. 임차로 거주하려는 비매수 집단 중에도 입지 고려 집단이 더 많을 것으로 예상된다.

그래서 입지 좋은 곳의 오래된 부동산은 입지가 나쁜 지역의 새 부동산보다 더 비싸다. 이것이 지금까지의 판세였다.

그런데 교통이 발달하며 부동산 시장도 변하기 시작했다. 도심에서 떨어진 교외 지역 신도시로도 사람들이 모여들었다. 신도시가 등장하면서 상품의 중요성은 과거 대비 커졌다. 분당신도시 초기 입주자의 대다수는 기존 강남권 거주자들이었다. 그들은 강남이라는 양질의 입지를 포기하고 신도시의 새 상품을 선택했다. 도로와 전철 등 교통망

경기도 성남시 분당구

경기도 성남시 분당구 백현마을 푸르지오그랑블 조감도

의 확충이 결정적인 역할을 했다.

신도시로 사람들이 지속적으로 이사하자 기반 시설이 추가되며 입지 경쟁력도 좋아지게 되었다. 결국 신도시는 서울 못지않은 입지 경쟁력까지 갖춘 곳으로 떠올랐다.

시간이 지나자 신도시에도 문제가 생기기 시작했다. 이름만 신도시일 뿐, 구도시가 돼 가고 있는 것이다. 신도시가 형성된 지 20년이 넘어가니 상품 경쟁력이 급격히 떨어지기 시작했다. 반면 구도심은 도시 재생 사업으로 상품 경쟁력이 좋아지기 시작했다. 좋은 입지에 상품 경쟁력까지 갖추니 이전보다 더 많은 선택을 받게 된다.

자연히 수요층이 늘어나고 가격이 급등한다. 기존의 구도심 거주층에다 신도시로 떠났던 이들까지 도심으로 복귀하니 수요층이 더 늘어난 것이다. 입지 좋고 상품 좋은 부동산은 언제나 수요층이 있다.

구도심에 수요층을 빼앗긴 신도시에는 또 다른 경쟁자까지 등장했다. 새로운 신도시인 2기 신도시, 3기 신도시가 도전을 해 온다. 입지 조건은 아직 신도시만 못하지만 상품 경쟁력은 더 뛰어나다. 주차 공간도 넉넉하고, 조경 공간이 좋고, 평면 구조와 옵션이 다양하다. 신도시는 구도심 및 새로운 신도시와의 경쟁력 싸움에서 밀리게 된다.

수도권 부동산 시장은 한동안 혼란스러울 것이다. 시장만 보고 '묻지 마 투자'를 하면 안 되는 시기가 되었다. 철저하게 지역별로 입지 경쟁력과 상품 경쟁력을 따져야 한다. 구도심에서는 상품 경쟁력이 좋아질 곳이 어딘지 파악해야 하고, 신도시에서는 어떤 입지 경쟁력이 있는지 분석해야 한다.

　인기가 하락하는 신도시라도 경쟁력 있는 입지는 매수 대상이 될 수 있다. 부동산은 경쟁력 있는 입지를 선택하는 것만으로 80%는 성공한 투자라고 할 수 있다.

　입지가 좋으면 상품성은 보완할 수 있다. 하지만 상품성이 좋다고 해서 저절로 입지까지 좋아지기는 어렵다. 그래서 입지가 상품보다 더 중요하다. 어떤 부동산을 선택해야 할지 고민이 된다면 지불 가능한 경제력 내에서 가장 좋은 입지를 선택하는 것이 현명하다.

경기도 성남시 분당구 아파트 연차별 시세

2000년 이후 입주 단지

순위	동	아파트명	총세대수	평단가(만 원)	입주 시기
1	백현동	백현마을1단지푸르지오그랑블	948	4,632	2011.07.
2	백현동	백현마을7단지	464	4,219	2009.11.
3	삼평동	봇들마을8단지	447	4,185	2009.11.
4	삼평동	봇들마을7단지	585	4,139	2009.07.
5	백현동	백현마을6단지	396	4,065	2009.01.
6	백현동	판교알파리움1단지(C2-2)	417	3,987	2015.11.
7	백현동	백현마을5단지	584	3,939	2009.01.
8	백현동	백현마을2단지	772	3,931	2009.12.
9	백현동	판교알파리움2단지(C2-3)	514	3,855	2015.11.
10	삼평동	봇들마을4단지	748	3,813	2009.07.
11	운중동	산운마을10단지	257	3,569	2009.01.
12	삼평동	봇들마을9단지	850	3,540	2009.07.
13	백현동	백현마을9단지	348	3,539	2009.01.
14	정자동	파크뷰	1,829	3,395	2004.06.
15	판교동	판교원마을7단지	585	3,331	2009.01.

2000년 이전 입주 단지

순위	동	아파트명	총세대수	평단가(만 원)	입주 시기
1	서현동	시범삼성, 한신	1,781	3,171	1991.09.
2	수내동	양지1단지금호	918	3,164	1992.12.
3	정자동	느티공무원3단지	770	3,130	1994.12.
4	정자동	상록우성	1,762	3,123	1995.06.
5	정자동	느티공무원4단지	1,006	3,110	1994.12.
6	이매동	아름선경	370	3,106	1993.01.
7	서현동	시범한양	2,419	3,053	1991.09.
8	서현동	시범우성	1,874	2,941	1991.01.
9	이매동	이매동신9차	458	2,903	1992.01.
10	수내동	파크타운대림	749	2,809	1993.05.
11	수내동	파크타운서안	798	2,731	1993.05.
12	이매동	이매삼성	1,162	2,714	1994.04.
13	서현동	시범현대	1,695	2,670	1991.09.

재건축과 재개발의 시대다. 이유가 뭘까?

결론부터 말하자면

주택 보급률 100%는 이제 질적인 시장으로
변화된다는 뜻이다.
입지는 좋지만 상품이 좋지 않으면
선택될 확률이 낮다는 얘기다.

3.3㎡당 최고 6,000만 원으로 서울 아파트 최고 분양가를 기록했던 아크로서울포레스트가 계약까지 완판됐다.

강남구에는 개포주공4단지, 청담삼익, 삼성동상아2차, 일원대우, 대치선경3차가, 서초구에는 서초무지개, 서초우성1차, 삼호가든맨션 3차, 방배경남, 반포현대, 서초중앙하이츠가 분양되었거나 분양 예정이다. 이들의 공통점은 재건축·재개발 단지라는 것이다. 2018년 이후 분양 물량을 보면 강남권 재건축 아파트 분양이 유독 많다. 2020년에

성동구 성수동 아크로서울포레스트 조감도

성동구 성수동 아크로서울포레스트

도 서울 주요 지역에 재건축·재개발 아파트 분양 계획이 많다.

강남권 지역에는 재건축이, 비강남권 지역에는 재개발 계획이 많다. 진행되고 있는 분양 물량들을 보면 현재 부동산 시장은 재건축과 재개발을 중심으로 한 도시정비사업 위주로 전개될 것이라는 사실을 알 수 있다.

2017년까지는 동탄, 평택, 용인, 광교, 세종, 김포, 파주 운정, 의정부 민락 등의 택지개발사업이 부동산 시장을 주도했다. 여전히 신도시 분양 물량이 많이 남아 있지만 시장 이슈에서 순위가 밀린다. 도시정비사업 관련 뉴스가 훨씬 더 많은 비중을 차지한다. 향후 부동산 시장은 이슈를 독차지하는 도시정비사업을 주목해야 한다. 여전히 신도시보다 도시 내 새 주거 시설의 선호도가 높고 시세도 더 높기 때문이다.

왜 택지개발지구보다 도시정비사업에 더 주목해야 할까? 이제 부동산 시장은 양적인 주택 수요가 어느 정도 충족됐기 때문이다. 2008년을 전후로 주택 보급률이 100%를 넘었다. 지역에 따라 다르지만 '평균적으로' 거의 모든 지역이 100% 전후다. 주택 보급률 100%의 의미는 한 세대당 한 집씩 물리적으로 소유할 수 있다는 뜻이다. 이는 부동산 폭락론의 근거가 되기도 한다.

하지만 주택 보급률 100%와 무관하게 수도권 거주자 중 대부분은 서울 중심지 주변에 살고 싶어 한다. 도심에, 중심지에 일자리가 가장 많기 때문이다.

서울이 이러한 거주 수요를 모두 감당할 수 없기 때문에 서울 주변에 대규모 택지지구, 즉 신도시를 개발하게 된 것이다. 분당, 일산, 평촌, 중동, 산본 등 1기 신도시조차 포화되자 판교, 광교, 동탄, 김포, 운정, 별내, 다산, 위례 등 2기 신도시를 추가로 건설하는 것이다. 2기 신도시를 개발하는 중에 주택 보급률이 100%를 넘어섰다.

다시 정의하는 주택 보급률 100%의 의미는 '주택이면 무조건 수요가 있는' 부동산 시장은 끝났다는 것이다. 입지는 좋지만 상품이 좋지 않으면 선택될 확률이 낮다는 얘기다. 서울에 살고 싶은 수요와, 새집에 살고 싶은 수요 조건이 충족되지 않으면 점차 수요가 줄 것이라는 의미다.

문재인 정부는 8·2 대책 이후 지속적으로 규제 정책을 발표, 추진하고 있다. 추가적인 택지 공급은 없는 상황에서 양적인 세대수 증가는 한계가 온 것이다. 아울러 이제부터는 도시정비사업을 중심으로 질적인 수요 교체로 부동산 방향을 전환하게 됐다. 향후 시장은 택지 개발로 주택을 양적으로 공급하기보다 도시 내 낙후된 주거 환경을 새 주거 환경으로 개선하는 쪽으로 전개될 것이다.

물론 낙후된 도심의 낡은 지역, 낡은 주택이라고 무조건 재건축·재개발이 되는 것은 아니다. 사업성이 있어야 하기 때문이다.

해당 지역에 새 아파트 거주 수요가 충분한 상태에서 재건축·재개발 정비사업 대상 주택을 구입한 가격에 추가 분담금을 포함한 가격이 신규 분양 아파트의 가격보다 낮아야 사업성이 있다 할 수 있다. 정비사업을 추진하려면 시장에서 수용 가능한 분양가가 어느 정도 이상

이어야 한다. 집을 소유한 거주민(조합원)들의 경제적 수준 역시 마찬가지다.

따라서 현재 시점에서 재건축·재개발 정비사업이 가능한 지역은 서울, 부산, 대구 등 경제력이 있는 도심이 대부분이다. 향후 3~4년 동안 서울에 재건축·재개발 물량이 몰린 이유가 여기에 있다. 그에 비해 비서울권 재개발은 사업 추진이 쉽지 않다. 기존 주택의 시세가 높지 않은 데다 원주민들의 경제력이 높지 않기 때문이다.

결국 비서울 지역은 기존 원주민의 경제력이나 수요가 아니라 타 지역에서 해당 지역으로 신규 유입되는 수요층이 얼마나 될 것인가가 사업 진행 여부를 판단하는 기준이 된다. 재개발이 추진되려면 교통편과 생활 여건이 좋은 입지여야 한다. 재개발의 경우는 기반 시설이 좋으면 추진될 가능성이 높고, 부실하면 재개발 지역에서 해제될 확률이 높다.

결론적으로 얘기하면 재건축·재개발 등 도시정비사업의 추진 기준은 △주변 시세 △입지 여건 △조합원의 경제력이다. 이 세 조건은 연결되어 있다. 교통이 편리하고 학군 등 생활 여건이 좋은 입지는 시세가 높다. 시세가 높은 곳에 주택을 소유한 층들은 경제력도 높을 것이다. 이런 조건이어야 도시정비사업이 추진될 확률이 높다.

재건축·재개발 투자도 입지 여건을 가장 먼저 고려해야 한다. 2018년 하반기 이후 부동산 시장은 입지가 좋고 나쁨을 공부하기 좋은 시장이다. 분양이 잘되는 지역이 있고 미분양이 쌓이는 지역이 있을 것이다.

미분양이 발생하는 원인만 꾸준히 비교해도 누구나 부동산 전문가가 될 수 있다. 수요가 어디를 향하는지가 향후 부동산을 이해하는 가장 중요한 키가 될 것이기 때문이다.

현재 주택도시보증공사(HUG)의 신규 분양 아파트 분양가 책정 방법은 현재 시세가 아니다. 직전 아파트의 분양가다. 그 이후에 프리미엄이 발생한 것을 인정하지 않고 있다. 입지 가치라는 것을 고려하지 않는 것이다. 서울 인근 택지 개발이 중단된 상태에서 재건축·재개발은 세대수가 거의 증가하지 않는다. 결국 기존 입지 가치, 새 아파트로서의 상품 가치가 더 올라갈 가능성이 100%에 가깝다.

교통, 일자리 호재 등으로 입지 가치가 상승한 지역이라 할지라도 기존 분양가가 기준이 된다. 결국 서울에서 분양하는 재건축·재개발 아파트 분양가는 현재 시세보다 무조건 낮을 수밖에 없다. 3억 원 전후의 시세 이익이 확정된 당첨 로또 복권을 선물로 주는 분양가다. 신규 청약이 가능한 무주택자나 1주택자는 이 로또 청약 당첨 기회를 반드시 활용하자.

상품

구도심 재개발 구역 현황(동대문구)

동	구역	대지 면적 (제곱미터)	사업 유형	사업 단계	건립 예정 세대수	시공사	뉴타운 여부
답십리동	답십리제17구역	13,851	주택재개발	사업시행인가	337		
신설동	신설동 131-50 주거환경개선사업	5,000	주거환경개선지구	기본계획	–		
	신설제1구역	11,204	주택재개발	추진위	169		
용두동	용두제1구역	51,707	도시환경정비사업	구역지정	–		청량리촉진지구
	용두제6구역	53,371	주택재개발	이주/철거	1,048	삼성물산	
	용두동 177-1 주택재개발	28,000	주택재개발	기본계획	–		
	청량리2구역	1,938	도시환경정비사업	구역지정	–		청량리촉진지구
	청량리3구역	7,012	도시환경정비사업	사업시행인가	220		
이문동	이문1재정비촉진구역	144,964	주택재개발	이주/철거	2,904	삼성물산	이문,휘경 재정비촉진지구
	이문3재정비촉진구역	157,814	주택재개발	이주/철거	4,031	HDC현대산업개발, GS건설	
	이문4재정비촉진구역	151,388	주택재개발	조합설립인가	2,442		
전농동	전농도시환경정비구역	27,623	도시환경정비사업	조합설립인가	42	대우건설, 동부건설	청량리촉진지구
	전농제8구역	93,697	주택재개발	추진위	1,253		전농,답십리 재정비촉진지구
	전농제9구역	–	주택재개발	추진위	–		
	전농제12구역	16,237	주택재개발	추진위	297		청량리촉진지구
제기동	제기3지구	6,000	주거환경개선지구	기본계획	–		
	제기제4구역	33,486	주택재개발	사업시행인가	639		
	제기제6구역	24,321	주택재개발	조합설립인가	377		
청량리동	청량리제6구역	83,883	주택재개발	조합설립인가	1,236		
	청량리제7구역	34,989	주택재개발	사업시행인가	650	롯데건설	
	청량리제8구역	29,314	주택재개발	조합설립인가	576		
휘경동	휘경3재정비촉진구역	64,387	주택재개발	사업시행인가	1,792	GS건설	이문,휘경 재정비촉진지구

구도심 재개발 구역 현황(영등포구)

동	구역	대지 면적 (제곱미터)	사업 유형	사업 단계	건립 예정 세대수	시공사	뉴타운 여부
문래동1가	문래동1-4가	279,472	도시환경정비사업	구역지정	–		
신길동	신길1촉진구역	62,696	주택재개발	조합설립인가	985		신길 재정비 촉진지구
	신길3촉진구역	38,503	주택재개발	이주/철거	791	포스코건설	
	신길6촉진구역	36,266	주택재개발	추진위	635		
	신길제2구역(190일대)	116,896	주택재개발	추진위	1,772		
양평동 1가	양남시장정비사업	1,957	기타(도심,시장재개발)	사업시행인가	90		
	양평제10구역	10,000	도시환경정비사업	추진위	–		
	양평제12구역	37,562	도시환경정비사업	사업시행인가	504	GS건설	
양평동 2가	양평제13구역	27,442	도시환경정비사업	사업시행인가	360	삼성물산	
	양평제14구역	11,082	도시환경정비사업	조합설립인가	308		
영등포동 2가	영등포1-15구역	1,785	도시환경정비사업	구역지정	–		
	영등포1-17구역	1,759	도시환경정비사업	구역지정	–		
	영등포1-19구역	1,945	도시환경정비사업	구역지정	–		
	영등포1-20구역	9,621	도시환경정비사업	구역지정	–		
	영등포1-21구역	11,264	도시환경정비사업	구역지정	–		
	영등포1-22구역	4,615	도시환경정비사업	구역지정	–		
	영등포1-23구역	11,010	도시환경정비사업	구역지정	–		
	영등포1-24구역	5,265	도시환경정비사업	구역지정	–		
	영등포1-25구역	3,451	도시환경정비사업	구역지정	–		영등포 재정비 촉진지구
	영등포1-26구역	8,575	도시환경정비사업	추진위	–		
영등포동 5가	영등포1-5구역	2,805	도시환경정비사업	구역지정	–		
	영등포1-6구역	2,272	도시환경정비사업	구역지정	–		
	영등포1-7구역	3,597	도시환경정비사업	구역지정	–		
	영등포1-8구역	3,147	도시환경정비사업	구역지정	–		
	영등포1-9구역	2,185	도시환경정비사업	구역지정	–		
	영등포1-10구역	4,021	도시환경정비사업	구역지정	–		
	영등포1-11구역	15,158	도시환경정비사업	추진위	–		
	영등포1-12구역	14,903	도시환경정비사업	구역지정	–		
	영등포1-14구역	4,307	도시환경정비사업	구역지정	–		
	영등포1-13구역	25,742	도시환경정비사업	조합설립인가	–	대우건설, 두산건설	
	영등포1-16구역	5,395	도시환경정비사업	구역지정	–		
	영등포1-18구역	4,905	도시환경정비사업	구역지정	–		
영등포동 7가	영등포1-2구역	4,892	도시환경정비사업	조합설립인가	–	동부건설	

구도심 재건축 현황(동대문구, 영등포구)

구	동	재건축 단지명	준공 시기	총세대수	사업 단계	건립 예정 세대수	시공사
동대문구	장안동	현대	1984.06.	456	추진위	690	
	제기동	경동미주	1979.06.	228	추진위	372	
	청량리동	미주	1978.09.	1,089	안전진단	0	
영등포구	당산동4가	유원1차	1983.12.	360	조합설립인가	554	
	당산동5가	유원2차	1984.09.	410	조합설립인가	708	
	문래동2가	남성	1983.12.	390	조합설립인가	505	
		진주	1984.09.	160	조합설립인가	299	
	신길동	남서울	1974.12.	518	추진위	874	대우건설
		삼성	1984.05.	384	조합설립인가	449	
		신미	1981.06.	130	안전진단	266	
	양평동1가	신동아	1982.04.	495	추진위	684	
	여의도동	광장	1978.05.	744	추진위	-	
		미성	1978.05.	577	추진위	-	
		수정	1976.09.	329	추진위	-	
		시범	1971.01.	1,584	조합설립인가	1,796	

20년 이상 된 구축 아파트, 입지와 상품 경쟁력 모두 따져라

결론부터 말하자면

입지가 최우선이다.
상품성은 준공 연차별로 달라진다.
주변의 대규모 공급도 살펴봐야 한다.

"새 아파트는 너무 비싸요. 입주 20년 차 넘은 구축 아파트들이 저렴한 것 같은데 사도 될까요?" 최근 가장 많이 받는 질문이다.

부동산은 입지가 가장 중요하다. 입지를 제외하고 아파트 준공연도만 가지고 매수 여부를 결정할 수 없다. 결정해서도 안 된다. 아파트 가격은 해당 입지의 수요와 공급을 파악하는 것이 더 중요하기 때문이다.

대한민국 아파트 역사상 가장 많은 아파트가 공급되었던 시기는 1980년대와 1990년대다. 1980년 이전에 공급된 아파트는 대부분 현재 재건축을 했거나 준비하고 있다. 현재 부동산의 시세를 이끄는 아파트들은 이 시기에 최초 준공되었고 현재 재건축한 아파트들이다. 과거에 이미 좋은 입지였고 지금은 과거보다도 더 선호하는 입지가 되었다.

인기 있는 입지에 새 아파트라는 선호 상품이기 때문에 구축 아파트보다 시세도 크게 높다. 시세가 높아도 매수 대기자가 차고 넘치니 수요층이 충분히 많다. 현재의 부동산 상승기 이후에 조정기가 온다고 해도 하락 여부를 걱정할 필요가 없다는 것이다. 새로 입주한 아파트나 곧 재건축에 들어갈 아파트 소유주들에게는 꽃놀이패 시장이다. 신규 아파트 공급 물량이 점점 더 줄고 있으니 말이다.

지금 아파트 실수요자들의 최대 고민은 재건축 이슈가 전혀 없는 구축 아파트의 매수 여부다. 구축 아파트의 소유자도, 매수 대기자도 고민스럽다. 매수해도 되는지, 아니면 무리해서라도 신축 아파트를 사야 하는지 말이다.

아마도 현재 부동산 시장에서 가장 많은 비중을 차지할 수요층이다. 준공 연도로 따지면 1980년 중반부터 2000년 이전 아파트들이다. 현재 가장 많은 사람이 살고 있으며, 매매와 임대 거래도 가장 많다. 팔아야 하는가, 사야 하는가? 매도 희망층과 매수 희망층은 어떤 선택을 해야 할까?

기준은 의외로 간단하다. 그 입지의 아파트를 매수할 수요가 현재 존재하는지와, 주변에 추가로 공급될 신규 아파트들이 얼마나 있는지에 따라 판단하는 것이다.

아파트 재건축 가능 연한이 30년이니 아파트의 수명을 30년으로 가정하자. 10년씩 나누어 경쟁력 유무를 따지면 구축 아파트 매수 기준이 나온다.

10년 미만 아파트는 상품성에 특별한 문제가 없다. 신규 아파트로서 가장 좋은 상품 경쟁력 평가를 받을 수 있다. 상품력 자체를 검토할 필요가 없다. 입지만 보면 된다. 기존 도심이라면 현재 기준으로 입지의 수준을 평가하면 되고, 신도시라면 기반 시설이 언제쯤 완성될지를 예측해 판단하면 된다.

10~20년 차 아파트는 가장 인기가 많고 거래가 활발한 연차다. 입지적인 요소와 상품적인 요소를 비슷한 비율로 고려해야 하는 시기다. 10년이 넘었다면 신도시라 하더라도 충분히 입지가 활성화될 만한 시간이다. 따라서 현재의 입지 평가가 좋지 않다면 매수를 피해야 한다. 입지 조건은 양호한데 주변에 신규 아파트가 많이 공급되었거나 될 예정이라면 상품 경쟁력에서 밀릴 수 있다. 이 경우 추가 시세 상승 가능성이 있는지, 공급이 지역 수요보다 많은지를 따져 봐야 한다.

매수 결정 시 가장 많이 고민해야 할 대상은 20년 넘은 아파트들이다. 목동, 상계동, 광명시 등 서울권 준도심 지역과 서울 주변 1기 신도시의 거의 모든 단지가 해당된다. 20년 이상이 되면 입지 경쟁력은 검증이 끝난 상태이기 때문에 입지에 대해서는 고려할 필요가 없지만, 상품으로서의 경쟁력이 급격히 떨어진다. 입지가 좋기 때문에, 매수 의향은 낮더라도 임차로 살려는 수요는 많을 수 있다. 전세가율이 높은 이유가 여기에 있다. 전세가율이 높다는 것은 실수요가 많기 때문에 투자하는 입장에서는 긍정적인 입지라고 평가할 수 있다. 하지만 매수 대상으로서의 평가는 몇 가지 더 고려할 요인이 있다. 입지가 좋기 때문에 거주는 해야 하는데 낡은 아파트를 굳이 매수하고 싶지 않은 것이다. 이 부분이 구입 여부를 판단하기 어렵게 한다.

아파트를 매수할 때는 향후 인플레이션 이상의 시세 차익이 기대되어야 한다. 시세가 오르지 않을 것으로 예상되는 부동산은 굳이 살 필요가 없다. 매매 시세가 오르지 않는다면 전세로 사는 것이 더 경제적이다.

따라서 20년 차 이상의 아파트를 매수할 때는 추가 상승 가능성이 있는지를 따져 봐야 한다. 가격이 오르는 원리는 단순하다. 공급량 대비 수요량이 많으면 가격이 오른다. 추가로 공급되는 상품이 없다면 상품력이 떨어지는 20년 차 아파트라도 가격은 상승할 것이다.

1기 신도시의 대표라 할 수 있는 분당과 일산을 예로 들어 보자. 분당은 1991년에 입주를 시작했기 때문에 가장 오래된 신도시다. 2000년대 입주한 주상복합을 제외하면 대부분의 단지가 20년이 넘었다. 가격 추이를 보면 2007년을 고점으로 2013년까지 가격이 하락했다가 최근 2년 동안 꾸준히 상승하고 있다. 공급 대비 수요가 여전히 많다는 것이다. 분당 내 추가 공급 계획도 없다. 따라서 이 상승 추세는 지속될 가능성이 높다. 단 40평형대 이상 대형 아파트는 여전히 전고점을 회복하지 못했다. 수요가 그만큼 없다는 것이다. 따라서 중소형과 대형은 매수 여부를 다르게 결정해야 할 것이다.

일산신도시의 경우 초기부터 10년까지는 분당, 평촌과 함께 신도시 부동산 전성시대를 이끈 인기 지역이었다. 하지만 최근의 위상을 보면 분당, 평촌, 중동, 산본 신도시 등의 5대 신도시 중에서 시세가 가장 낮다. 지난 20년 동안 최하위였던 산본보다도 낮은 시세를 형성하고 있다.

왜냐하면 상품 경쟁력이 낮아진 데다 주변 공급이 대량으로 추가되고 있기 때문이다. 일산 북쪽에는 파주 운정신도시가, 서쪽에는 김포 한강신도시가, 남쪽에는 삼송신도시가 무서운 속도로 성장하고 있다. 이 때문에 서울 서북부 부동산 시장에서 일산의 위상이 크게 낮아졌다. 따라서 일산신도시만의 차별화 경쟁력이 있는 입지(교육·환경)를 제외하면 경쟁력이 지속적으로 낮아질 확률이 높다.

아파트 준공 연차별로 다른 전략을 가져가야 하는 이유가 여기에 있다. 준공 연차가 낮으면 입지적인 요소에 비중을 더 두고, 연차가 많아질수록 상품력에 대한 검토 비중을 높여야 한다. 단순히 전세가율이 높다는 이유만으로 매수 여부를 결정하면 안 된다. 꼭 입지 경쟁력과 상품 경쟁력의 지속 유무를 함께 고려해야 한다.

상품

경기도 고양시 주요 아파트 시세

순위	구	동	아파트명	총세대수	평단가(만 원)	입주 시기
1	덕양구	삼송동	삼송2차PARK	1,066	2,056	2015.09.
2	일산동구	식사동	위시티일산자이(주상복합)	176	1,999	2010.09.
3	일산동구	백석동	일산요진와이시티	2,404	1,995	2016.06.
4	덕양구	원흥동	삼송15단지계룡리슈빌	1,024	1,770	2012.12.
5	덕양구	동산동	동산마을22단지호반베르디움	1,426	1,692	2012.01.
6	덕양구	화정동	별빛마을7단지	1,136	1,687	1995.11.
7	일산서구	주엽동	문촌16단지뉴삼익	956	1,682	1994.06.
8	일산서구	주엽동	강선19단지우성	412	1,667	1994.03.
9	덕양구	삼송동	동원로얄듀크	598	1,651	2012.09.
10	일산서구	주엽동	강선14단지두산	792	1,645	1994.03.
11	덕양구	도내동	원흥호반베르디움더퍼스트	967	1,643	2017.09.
12	일산동구	중산동	일산센트럴아이파크	1,802	1,630	2018.05.
13	일산동구	장항동	호수4단지LG롯데	472	1,592	1994.07.
14	일산서구	주엽동	문촌19단지신우	658	1,590	1994.01.
15	덕양구	삼송동	고양삼송스타클래스(A19)	627	1,574	2015.01.
16	덕양구	화정동	옥빛신덕가든12차	570	1,569	1995.11.
17	일산서구	주엽동	문촌18단지대원	378	1,556	1995.01.
18	덕양구	도내동	고양원흥동일스위트7단지	1,257	1,544	2018.01.
19	일산서구	주엽동	문촌17단지신안	504	1,538	1994.01.
20	일산서구	탄현동	일산두산위브더제니스	2,700	1,536	2013.04.
21	일산동구	장항동	호수2단지현대	1,144	1,529	1994.01.
22	덕양구	화정동	옥빛일신건영	582	1,527	1995.11.
23	일산동구	장항동	호수5단지청구	668	1,525	1994.03.
24	덕양구	신원동	신원마을1단지우남퍼스트빌	611	1,522	2015.08.
25	덕양구	행신동	SK뷰3차	574	1,507	2009.02.
26	덕양구	동산동	동산마을21단지호반베르디움	405	1,501	2012.08.
27	일산서구	일산동	후곡9단지LG,롯데	936	1,498	1994.11.
28	일산동구	마두동	강촌8단지우방	766	1,486	1993.03.
29	일산동구	마두동	강촌5단지라이프	1,558	1,472	1993.11.
30	덕양구	화정동	은빛마을6단지프라웰	1,320	1,470	1996.04.
31	일산서구	일산동	후곡16단지동아,코오롱	948	1,468	1996.01.
32	일산동구	마두동	강촌7단지선경코오롱	702	1,465	1993.06.
33	일산서구	대화동	장성3단지건영	354	1,463	1996.02.
34	일산서구	주엽동	강선7단지삼환유원	816	1,458	1993.01.
35	일산서구	대화동	장성1단지동부	410	1,457	1995.12.
36	일산서구	주엽동	문촌9단지주공	912	1,452	1995.09.
37	일산서구	대화동	장성4단지대명	162	1,450	1995.07.
38	덕양구	도내동	LH원흥도래울마을4단지	598	1,444	2013.12.

경기도 고양시

실패하지 않는 오피스텔 투자의 조건

공실 가능성을 최우선으로 체크해야 한다.
월세 수익률과 매매 시세 차익 중
투자 목적을 명확히 해야 한다.

저금리 시대이기에 은행 금리보다 높은 수익을 안정적으로 얻을 수 있는 수익형 부동산에 대한 관심이 증가하고 있다. 부동산 투자층이 관심을 주로 갖는 수익형 부동산은 오피스텔과 상가다. 상가는 고가의 부동산 상품으로 대다수 일반인들이 투자하기에는 부담감이 크기 때문에 투자층은 한정되어 있다. 가장 많이 투자하는 수익형 부동산은 오피스텔이다.

최근 오피스텔 공급이 많아졌다. 저금리 금융 수익을 대체할 고정적

월세를 받을 수 있는 수익형 부동산에 대한 관심이 커졌기 때문이다. 아파트로는 금리 이상의 월세를 받기 어렵기에 월세 수익률이 아파트 대비 높은 오피스텔을 주목하게 된 것이다. 신규 오피스텔 공급이 많지 않던 서울 도심의 일부 오피스텔은 시세가 상승하기까지 했다.

이런 몇 년간의 오피스텔 투자 성공들로 오피스텔 투자 수요층이 많아지자 건설사들도 오피스텔을 대량으로 공급했다. 그러자 최근 3년 동안 오피스텔 시세가 상승했다. 하지만 임차 수요가 증가한 것은 아니므로 월세는 매매가만큼 상승하지 않았다. 오피스텔 매매가는 지속적으로 오르고 월세는 고정돼 있으므로 오피스텔 수익률이 낮아지는 결과가 발생했다. 5년 전만 하더라도 수익률은 평균 7% 전후였고, 도심이 아닌 지역은 10%까지도 가능했다. 현재 수익률은 서울 도심은 3% 전후, 도심이 아닌 지역은 5% 전후다.

신규로 분양하는 오피스텔은 상승한 현재의 매매 시세를 기준으로 분양가를 책정하게 된다. 오피스텔 준공 후 최초 입주 때 세입자를 확보하지 못하면 수익률이 그보다 낮아질 수 있다. 이 수익률에는 재산세와 공실로 인한 관리비 부담 등의 추가 비용은 제외됐다. 오피스텔은 업무 시설로 세금이 부과되므로 주택보다 최소 2배, 많게는 4배의 세금과 추가 관리 비용을 지불해야 한다. 실제 수익률을 계산해 보면 더 낮은 셈이다.

오피스텔의 장점은 세입자가 대부분 월세로 입주하려는 것이고, 아파트 대비 높은 월세 수익률을 확보할 수 있다는 것이다. 단점은 아파트 대비 공실의 위험이 높고, 시세 차익이 나는 경우가 거의 없다는 것이다. 모든 오피스텔 시세가 무조건 오르지 않는다는 것은 아니다. 서울 도심과 강남, 인기 있는 신도시 역세권 오피스텔은 시세가 오르기도 했다. 오피스텔 선택 시 고려해야 할 포인트가 여기에 있다.

오피스텔 투자 시 한 가지만 체크해 보면 된다. '공실 가능성'이다. 공실이 생길지는 다시 두 가지만 고려하면 된다. 먼저 오피스텔은 교통편만 편리해도 공실이 잘 나지 않는다. 출퇴근을 위한 전철역을 도보로 이용할 수 있는 입지라면 공실 위험이 매우 낮다. 둘째, 주변에 대규모 추가 공급이 없는지 따져 봐야 한다. 교통, 상권, 주거 시설 등의 기반 시설이 이미 꽉 찬 지역은 추가 공급이 어렵다. 종로구, 중구, 강남구 등이 그런 지역이다.

하지만 개발 택지가 여전히 많은 신도시는 추가 공급이 계속 진행되고 있다. 이로 인해 수요가 추가 유입될 가능성도 높지만 수요 증가보다 공급이 더 많을 경우 공실의 위험도 커진다. 최근 오피스텔 분양 광고를 보면 시세가 싸고 확정 수익률을 보장해 준다는 문구가 있다. 광고 내용에 수익성 보장이 강조된 오피스텔은 한 번 더 검토해야 한다. 왜냐하면 임차 수요가 낮고 교통이 불편한 지역일 가능성이 높기 때문이다.

오피스텔의 최고 투자 전략은 추가 공급이 어려운 기존 도심의 역세권 입지를 선점하는 것이다. 비싸더라도 꾸준한 월세 확보는 물론 시세 상승까지 기대할 수 있다. 오피스텔 투자 결정 시 입지가 가장 중요하다. 여기에 목적을 분명히 해야 한다.

전국 오피스텔 연평균 수익률(2018년)

순위	지역	수익률(%)	순위	지역	수익률(%)
1	제주도	8.43	10	경기도	4.90
2	대전광역시	7.24	11	전라북도	4.85
3	강원도	6.59	12	충청남도	4.78
4	광주광역시	6.52	13	전라남도	4.62
5	경상남도	5.94	14	서울특별시	4.60
6	인천광역시	5.77	15	대구광역시	4.58
7	충청북도	5.66	16	울산광역시	4.23
8	부산광역시	5.15	17	경상북도	3.97
9	전국	4.91	18	세종특별시	3.65

경기도 고양시 일산동구 킨텍스원시티 조감도

상품

전국 오피스텔 입주(예정) 물량(2000~2021년)

(단위: 호)

	전국	서울 특별시	세종 특별시	광주 광역시	대구 광역시	대전 광역시	부산 광역시	울산 광역시	인천 광역시
2000년	8,549	3,012				1,385	352		318
2001년	9,319	3,831		135	6		528		736
2002년	25,170	9,002		144	42	27	1,762	187	4,112
2003년	63,518	22,062		364	226	414	4,459	191	7,004
2004년	90,524	40,838		454	227	814	5,938	169	2,829
2005년	41,468	22,910		676	228	1,437	2,955		978
2006년	22,888	10,950		678	305	204	3,594	40	924
2007년	15,586	5,931		95	317	173	1,536	169	1,640
2008년	8,265	2,012	30	154	56	643	748	154	1,477
2009년	6,695	1,406				63	1,083	72	1,727
2010년	6,955	2,021					235	236	1,178
2011년	14,106	3,015			58	653	2,113	48	3,372
2012년	16,675	5,422			224	453	3,612	58	2,041
2013년	36,325	14,135	130	234	846	613	5,103	694	5,312
2014년	46,927	12,493	2,570	1,436	2,064	1,212	8,209	350	1,553
2015년	44,644	14,560	216	853	2,974	230	5,479	465	3,714
2016년	54,025	18,439	113	860	2,302	8	4,575	408	7,871
2017년	57,109	17,903		282	2,927	21	4,356	1,566	4,406
2018년	77,511	14,571		660	1,183	627	4,299	2,031	6,537
2019년	90,568	12,880	100	318	1,958	1,628	6,458	2,495	10,916
2020년	73,065	12,939	64	1,252	2,776	402	5,262	266	11,886
2021년	51,709	6,412	472	2,641	1,574	62	8,512	1,137	5,550

	강원도	경기도	경상남도	경상북도	전라남도	전라북도	충청남도	충청북도	제주도
2000년		3,415	67						
2001년		3,328	379	100	226				50
2002년		8,213	1,155	28	368	83	47		
2003년	168	25,514	2,315	37	251		39	140	334
2004년	100	35,080	1,351			67	1,330	128	1,199
2005년	123	11,584	290	6		126	59	96	
2006년		4,873	451		24		621	224	
2007년	192	4,311	115				1,053	50	4
2008년		1,998	540	88	108			224	33
2009년	80	924	1,193				125	22	
2010년		2,556	20	66			381	256	6
2011년	15	3,796	48				681	111	196
2012년		3,756	424	112	6			405	162
2013년	39	7,389	245	44	168	673	25	368	307
2014년		10,160	337	264	2,606	53	1,462	1,886	272
2015년	358	9,245	1,156	449	2,367	216	1,691	510	161
2016년	1,305	9,007	2,623	2,921	20	20	2,057	1,235	261
2017년	660	16,881	1,565	1,983		194	1,930	1,426	1,009
2018년	1,028	36,482	2,412	503	128	77	5,434	402	1,137
2019년	1,194	40,889	4,836	1,143	1,196	586	1,849	514	1,608
2020년	478	28,225	2,590	34	2,445	1,367	1,958	141	638
2021년	1,184	18,069	390	189	12	402	2,023	747	799

상품

2003~2005년 일산신도시에 엄청난 규모의 오피스텔이 입주했다. 일산에는 장항동과 백석동이 메인 오피스텔 지역이다. 호수공원과 라페스타, 웨스턴돔 등의 차별화된 상권, 그리고 사법연수원, 공무원연수원 등 고정된 임차 수요층, MBC 방송국 입주 등은 장항동 오피스텔 지구의 전성시대를 열었다. 당시 오피스텔 수익률은 7~8% 전후였다. 대출까지 활용하면 10%가 훌쩍 넘었다.

당시 일산 같은 신도시와 서울의 오피스텔은 다른 길을 걷고 있었다. 수익률은 일산이 높았지만 서울 도심 오피스텔은 시세 상승 가능성을 가지고 있었다. 이런 경우 의사 결정을 해야 한다. 서울이 아닌 지역은 시세 상승이 어렵다. 대신 월세 수익률은 더 높다. 서울은 수익률이 낮다. 다만 시세가 오를 가능성이 더 높다.

연령대별로 투자 성향이 달라진다. 연령대가 높은 분들, 특히 은퇴한 경우 시세 차익보다는 수익형으로 접근한다. 직장이 있는 젊은 분들은 시세 차익을 위주로 접근한다. 일산 오피스텔의 매매가는 거의 변동이 없었다. 같은 기간 서울은 2배 가까이 시세가 상승했다. 다만 월세 수익률은 훨씬 더 낮아졌다. 월세가 오르지 않았기 때문이다. 이것도 오피스텔을 선택하는 기준이 될 것이다.

그럼에도 불구하고 오피스텔의 최초 매수 목적은 월세 수익이어야 한다. 시세가 오르더라도 그것은 플러스 알파, 즉 보너스여야지, 시세 차익을 목적으로 접근하면 오피스텔 투자의 한계가 틀림없이 존재하기 때문이다.

7 중대형 아파트 '인기'에 속지 마라

결론부터 말하자면

규제로 인한 풍선 효과일 가능성이 크다.
입주민 계층까지 살피며 더 꼼꼼히 따져야 한다.

최근 분양 시장에서 중대형 평형의 1순위 경쟁률이 가장 높은 것으로 조사됐다. 지난 몇 년 동안 중소형 위주로 공급되어 중대형 물량이 상대적으로 적었다. 또 현 정부 정책상 투자자들이 몰렸던 중소형 위주의 다주택자 규제와 청약 가점제 시행으로, 추첨제가 포함된 중대형 청약이 반사이익을 누린 것으로 볼 수 있다.

2019년 전국에 공급된 전용면적 85m^2 이하 타입은 7만 9,445가구였다. 이에 75만 8,011개의 1순위 청약 통장이 몰려 평균 9.5 대 1

의 경쟁률을 보여 주었다. 반면 전용면적 85㎡ 초과 타입 공급은 1만 622가구였으며, 청약 신청된 1순위 청약 통장은 총 36만 5,883개로 평균 34.5 대 1의 경쟁률이었다. 중소형보다 3~4배 높은 경쟁률을 보인 것이다.

중대형 평형의 청약 경쟁이 높아진 가장 큰 이유는 공급량이 중소형 대비 압도적으로 적다는 점이다. 2019년 공급된 9만 67세대 중 중대형 평형은 1만 622가구로 12% 정도다.

적은 공급에 정부의 다주택자 규제로 똘똘한 한 채에 대한 관심이 중대형에 대한 수요로 이어지고, 가점이 낮은 청약자들이 추첨제가 포함된 중대형 평형을 청약 신청하면서 경쟁률이 높아졌다.

몇몇 전문가들은 이렇게 분석한다. 몇 년 동안 지속된 전국적인 중소형 아파트의 인기가 이제는 중대형으로 옮겨 갔으며 중소형과 중대형의 시세 차이가 줄고, 건설사들도 중대형 위주로 공급하면서 중대형 아파트 선호 시대로 바뀌고 있다고 말이다.

지금과 같은 시장의 분위기는 2005년부터 2007년까지 이어진 중대형 아파트 폭등 시장과 유사하다. 노무현 정부 때에도 다주택자들에 대한 부동산 규제가 강화되자 중대형 아파트의 폭등 현상으로 이어졌다.

하지만 그 결과는 버블세븐이라는 용어로 마무리되었다. 중대형 아파트 시세가 크게 상승했던 강남·서초·송파·목동·분당·평촌·용인의 아파트 가격이 중대형 위주로 폭락한 것이다.

상승률이 가장 높았던 용인시 대형 아파트의 폭락은 시장에 큰 교훈을 안겨 주었다. 특히 2007년 분양가 상한제 시행 직전 몰아치기 분양까지 몰려 급하게 분양했던 용인시 상현동·성복동·신봉동의 1군 브랜드 대형 아파트들은 여전히 10여 년 전 시세를 회복하지 못하고 있을 정도다.

아직도 기억나는 2007년 1군 대형 아파트 분양 홍보 문구가 있다. "분당의 낡은 브랜드 없는 아파트들이 평당 2,000(만 원)이면, 용인의 명품 1군 아파트는 평당 4,000(만 원)이 될 겁니다. 분당의 부자들이 다 용인으로 올 겁니다!"

용인뿐 아니라 고양시 일산서구 덕이동·탄현동, 일산동구 식사동의 1군 대형 아파트들도 여전히 분양가 시세조차 회복하지 못하고 있다.

앞으로 우려되는 상황은 바로 그때 그 시장의 재현이다. 2017년 8·2 부동산 대책, 2018년 9·13 부동산 대책으로 이어지는 역대 최강의 부동산 규제 정국으로 시장이 계속 변화하고 있다. 2019년 11월에는 민간 택지 분양가 상한제 적용 지역을 지정했다.

분양가 상한제 시행 계획 발표 이후 강남권 재건축은 사업성 검토로 주춤해지고 그 풍선 효과로 5년 차 미만 신축 아파트와 그동안 가격이 오르지 않았던 중대형 아파트가 반사이익을 받아 최근 실수요층과 투자층에게 스포트라이트를 받고 있다. 최근 서울 중대형 아파트 움직임이 심상치 않다. 서울 중대형 아파트가 움직이자 서울 주변 경기, 인천의 중대형 아파트까지 들썩인다. 2005~2007년 부동산 시장

상품

과 거의 정확히 오버랩되고 있다.

더 놀라운 사실은 2005~2007년 이전에도 이런 시장이 있었다는 것이다. 1988년 서울 올림픽 이후 펼쳐진 경제 호황기다. 아시아선수촌, 올림픽선수촌아파트가 부각된 것도 그때다.

분양가 상한제는 말 그대로 분양가만 낮추는 효과가 있는 정책이다. 기존 아파트들의 시세나 선호 태도를 변경할 수는 없다. 현재 추진 중인 재건축·재개발 사업지의 진행 속도만 늦어질 뿐, 시장에 별다른 영향을 주지 못하고 있다.

2005~2007년 중대형 강세 시장은 투자 시장이었다. 실수요자들이 아니라 투자자들이 주로 선택했다. 하지만 현재 시장에서는 투자자들이 아닌 실수요층이 선택하고 있다. 10여 년 전과 다른 양상이라는 것이다.

자칫 잘못하면 대형 아파트가 혼란한 현재 시장의 유일한 방법이라는 오해를 낳을 수도 있다. 몇몇 전문가들은 입지 불문 대형 아파트만 추천하는 경우도 있다. 시세가 낮은 입지의 대형 아파트를 노골적으로 추천하는 칼럼이나 강의도 있다고 한다.

대형 아파트는 입지 분석이 더 많이 필요하다. 중소형 아파트보다 입지가 더 중요하다. 중소형 아파트의 입지 분석에서는 직장 접근성, 교통 편리성, 교육 환경 우수성, 생활 편의 시설 이용 편리성, 환경 쾌적성만 따지면 되지만 대형 아파트 입지는 이 조건에 가장 중요한 한 가지 요소를 더 보태야 한다.

바로 그 단지 입주민들의 신분 혹은 계층이다. 그 입지에, 그 단지에 거주한다는 것만으로 프리미엄이 발생하는 입지, 단지여야 한다. 해당 대형 아파트에 거주하는 이들이 어떤 계층인지 체크해야 한다.

단순히 중소형 아파트와 가격 차이가 크지 않다는 이유만으로 대형 아파트를 매수해서는 안 된다는 것을 강조하고 싶다.

그렇다고 어떤 지역이든 무조건 대형의 수요가 없다는 말이 아니다. 다만 대형 아파트의 수요가 대부분의 지역에서 적다는 의미다. 지금 중대형 아파트 선호 현상에 대해 입지마다 상품마다 다른 생각을 해야 한다.

서울 아파트 면적별 시세

(단위: 만 원/3.3m²)

지역	전체	60m² 미만	60~85m²	85m² 초과
강남구	5,118	6,390	5,173	4,759
서초구	4,778	5,358	5,168	4,439
용산구	3,534	3,746	3,298	3,594
송파구	3,748	3,804	3,999	3,459
양천구	2,780	2,563	2,617	3,057
서울특별시	2,724	2,627	2,624	2,924
강동구	2,800	3,142	2,622	2,887
영등포구	2,531	2,448	2,384	2,738
성동구	2,893	3,164	2,934	2,599
광진구	2,683	2,771	2,748	2,524
마포구	2,850	3,200	2,886	2,510
종로구	2,539	2,534	2,761	2,303
중구	2,507	2,940	2,595	2,184
동작구	2,494	2,730	2,636	2,138
강서구	2,083	2,253	2,121	1,866
서대문구	2,058	2,214	2,147	1,746
동대문구	1,963	2,285	1,997	1,648
은평구	1,755	2,021	1,749	1,597
관악구	1,773	1,969	1,776	1,592
성북구	1,866	2,097	1,896	1,581
노원구	1,667	1,706	1,662	1,567
구로구	1,685	1,729	1,714	1,553
중랑구	1,476	1,509	1,478	1,425
도봉구	1,414	1,501	1,376	1,413
강북구	1,503	1,706	1,522	1,283
금천구	1,474	1,588	1,573	1,166

하락한 적 없는
확실한 상품, 토지

결론부터 말하자면

눈높이를 낮춰야 한다.
인플레이션 근처면 충분하고
그 이상은 플러스 알파다.
이런 식의 토지 투자는 성공 확률이 매우 높다.

상대적으로 하락 확률이 낮은 부동산으로 토지가 있다. 토지의 가치는 지금까지 하락한 사례가 거의 없다. 완전히 한정된 재화인 데다 공급 자체가 비탄력적이기 때문이다. 결국 수요 대비 공급이 비탄력적인 부동산에 투자하면 된다. 2020년에는 꼭 토지 공부를 하길 바란다.

나는 2005년 공인중개사 시험 공부를 하면서 공법이란 분야를 처음 알게 되었고 공법을 통해 토지 공부를 한 것이 지금 부동산 리서치에 가장 큰 도움이 되었다. 공법 중 가장 중요한 것을 딱 하나만 고르라고 하면 바로 용도 지역이다.

용도 지역은 어떤 땅에든 늘 따라다니는 꼬리표다. '용도(用途)'란 '쓰이는 길', '쓰이는 곳'이라는 의미다. 결국 땅의 쓰임을 정해 놓은 것이 용도 지역인데, 우리나라 국토는 쓰임에 따라 다양한 용도 지역으로 나뉘어 있다.

먼저 토지 투자자라면 '모든 땅은 하나의 용도 지역을 갖고 있다'는 점을 알아야 한다. 용도 지역이 없는 땅은 없다. 용도 지역을 두 개 갖고 있는 땅 또한 없다. 간혹 한 개 필지에 두 개 이상의 용도 지역이 있는 경우가 발견되지만, 서로 다른 분야일 경우만 가능하다.

다음으로 투자 가능한 용도 지역과 그렇지 못한 용도 지역을 구분할 수 있어야 한다. 용도 지역은 도시 지역과 비도시 지역으로 나뉜다. 도시 지역은 다시 주거 지역, 상업 지역, 공업 지역, 녹지 지역으로 나뉘고, 비도시 지역은 관리 지역, 농림 지역, 자연 환경 보전 지역으로 나뉜다.

토지 투자는 아직 가치가 낮지만 향후 개발 가능성이 높은 곳에 해야 한다. 이게 토지 투자의 포인트다. 개발 가능성 있는 녹지 지역과 관리 지역, 혹은 현재는 비도시 지역이지만 도시 지역으로 편입될 수 있는 땅을 찾아야 한다. 결국 용도 지역이 땅의 미래 가치를 결정 짓는 것이다.

"저는 토지 투자를 안 할 건데 토지 공부를 해야 하나요?"라고 묻는 독자들이 있다. 물론이다. 공부해야 한다! 다른 건 몰라도 용도 지역만큼은 확실하게 이해해야 한다. 그래야 아파트든, 오피스텔이든, 상가든, 다세대·빌라든 그 가치를 제대로 알고 평가할 수 있다. 모든 땅에 가장 수요 많은 상품인 아파트를 지으면 될 텐데 어떤 땅에는 왜 주거형 오피스텔을 짓는지만 알아도 토지 공부를 한 효과가 있다. 아파트는 주거 지역에, 오피스텔은 상업 지역에만 건설이 가능하기 때문이다.

토지에 투자한다는 것은 그 땅을 영원히 소유하겠다는 것이 아니다. 매입 시세보다 매도 시세가 충분히 높다고 판단되는 타이밍이 되면 매도하는 것이다. 이 원리는 상가도 주택도 마찬가지다. 다만 상가는 보유하고 있는 동안의 월세 수익 목적이 조금 더 높고, 주택은 거주 목적으로도 활용 가능하다는 차이점이 있다. 그렇지만 상가, 주택을 포함한 모든 부동산 투자의 기본은 지대, 즉 토지 가격의 상승이다.

토지 투자로 시세 차익을 볼 수 있는 경우는 두 가지가 있다.

첫째, 시장 가격으로 매입하고 인플레이션 혹은 호재가 반영되어 시세가 오른 후 매도하는 경우.

둘째, 경공매 등을 통해 일반 가격보다 낮은 가격에 매입하고 시장 가격대로 매도하는 경우.

만약 두 번째 방법으로 매입해서 첫 번째 조건으로 매도한다면 가장 큰 수익을 올릴 수 있을 것이다. 그래서 토지 투자자들은 대부분 일반 매매뿐 아니라 경공매 방법도 활용한다. 경공매는 어떤 경우든 배워 두면 요긴하게 활용할 수 있다.

미래 가치 추정을 위한 호재를 파악하려면 뉴스를 꾸준히 봐야 한

상품

다. 뉴스 중에서도 개발 사업에 대한 기사는 초기부터 체크해 두어야 한다. 물론 개발 관련 기사가 나왔다고 호재 단계에서 바로 매입해서는 안 된다. 개발 사업은 행정 계획이 구체적으로 진행되고 결국 사업 시행자가 결정된 후에 진행된다.

이 부분이 미래 가치 토지 투자법의 포인트다. 호재 단계에서 매입해 손해를 보는 투자자가 의외로 많다. 조금 늦은 것 같아도 행정 계획이 구체화되고 사업 시행자가 결정된 후에 매입해도 충분하다.

그럼 어떤 토지를 봐야 할까? 지금은 도시 지역이 아니지만 규제가 적기 때문에 도시 지역으로 바뀔 여지가 큰 녹지 지역이나 관리 지역에 관심을 가져야 한다. 규제가 도시 지역보다 더 많은 임야(산), 즉 보전 녹지, 보전 관리 지역은 개발될 가능성이 매우 낮기 때문에 공부하다 끝나는 경우가 많다. 따라서 도시 지역으로 변경될 가능성이 높은 토지를 선별해 내는 것이 결국 토지 투자의 핵심이다.

정리하면 이렇다. 개발 가능성이 높은 생산 녹지, 자연 녹지, 생산 관리, 계획 관리, 취락 지구, 주거 개발 진흥 지구, 개발 제한 구역 등의 용도 지역이 택지개발 촉진법, 도시개발법, 도정법, 지구 단위 계획, 용도 지역 상향, 규제 완화·해지 등을 거쳐 주거 지역, 상업 지역, 공업 지역으로 용도 변경될 수 있는 토지에 투자해야 한다. 그러기 위해서는 뉴스를 통해 이런 과정을 계속 체크해야 한다.

제5장 입지

부동산의 최고 핵심은
입지다

'맹모삼천지교'라는 말이 있다. 맹자의 어머니가 자식을 위해 세 번 이사했다는 뜻으로, 인간의 성장에 환경이 매우 중요하다는 말이다. 나는 30대까지는 이 말의 의미에 대해 깊이 공감하지 못했다. 인간의 노력으로 무엇이든 극복 가능하다는 생각만 했기 때문이다. 이제 나이가 들어 지난 세월을 돌아보니 주변 환경이라는 것이 얼마나 중요한지, 그리고 그 환경에서 벗어나는 것이 얼마나 어려운 일인지를 실감하게 된다.

우리 부모님 세대에는 특별한 일이 없으면 주거지를 변경하지 않았다. 그 지역 내에서 평생 사시는 경우가 많다. 시골이라고 하는 지방의 경우는 특히 더 그렇다.

서울 같은 대도시도 마찬가지다. 특정 지역에 거주지를 정하면 이사하지 않는 분들도 많고, 이사를 한다 하더라도 대부분 인근 지역으로 한다. 새로운 환경에 적응하기 두렵기 때문이고 그래서 시도조차 하지 않는 경우도 많다.

1960년대 후반에서 1970년대 초반에 많은 지방 분들이 서울로 이주했다. 내 부모님도 경기도 이천에서 상경하셨다. 만약 그때 부모님께서 상경하지 않으셨다면 나는 서울이라는 도시에는 대학교 때나 오지 않았을까 싶다. 부모님의 첫 서울 거주 지역은 마포구 동교동이었다. 내가 태어난 곳이다. 그리고 관악구로 이사하셨다가 현재의 주거지인 양천구에 정착하셨다.

이런 생각을 해 본 적이 있다. 만약 1970년 전후 부모님의 첫 서울 정착지가 마포구가 아니라 현재의 강남구나 서초구 주변이었다면 나의 운명은 어떻게 달라졌을까? 1980년 전후 마포구에서 관악구의 단독주택으로 이사하지 않고 당시 가격이 비슷했던 강남구 압구정 현대아파트나 서초구 반포주공1단지를 선택했으면 우리 집의 운명은 또 어떻게 달라졌을까? 그만큼 어디에 사느냐가 한 집안의 향후 방향을 바꿀 수도 있었다. 그런데 그건 지금도 마찬가지다. 그래서 지금도 거주하기에 좋은 환경을 갖춘 입지가 상대적으로 더 시세가 높은 것이다.

단순히 시세로만 따질 수 없는 가치들이 있다. 예를 들어 이런 것이다. 어느 지역의 중고등학교 앞에서 업무 미팅을 한 적이 있다. 그 지역 학생들의 대화를 우연히 듣게 되었는데, 조사를 빼면 모두 욕으로 시작해서 욕으로 끝나는 얘기였다. 게다가 정말 살벌한 이야기들을 아무 거리낌 없이 하고 있었다. 평생 욕이라는 것을 해 본 적 없는 아내가 만약 그 현장에 있었으면 당장 자리를 떠나자고 했을 것이다. 그리고 내가 아내에게 그 지역으로 이사하자고 한다면 무조건 반대할 것이다. 적은 금액으로 매수할 수 있고, 미래 성장 가능성, 미래 가치가 높다고 아무리 객관적이고 이성적이며 논리적인 설득을 해도 아내는 그 지역을 절대 선택하지 않을 것이다.

아내랑 떡볶이를 먹으러 자주 가는 곳이 있다. 그 지역 학생들도 많이 오는 곳이다. 가끔씩 학생들의 대화가 들리는데, 아이들은 떡볶이를 먹으면서도 학교 이야기, 공부 이야기만 한다. 특히 여자아이들은 화장도 하지 않고 치마 길이도 꽤 길다. 아내는 이야기한다. 이 동네로 이사 왔으면 더 좋았을 뻔했다고. 사실 그곳은 6년 전 이사 후보지로 아내에게 추천했던 지역 중 하나였다.

이것이 바로 입지다. 선호 요인이 적은 입지에 살고 있는 사람들은 그 지역이 크게 바뀌지 않는 한 계속 떠나려고 할 것이고, 선호 요인이 많은 입지는 계속 외부에서 들어오려고 한다. 물론 위상이 변경되는 지역도 있다. 뉴타운처럼 지역 분위기가 완전히 바뀐 다음 들어오는 사람들은 그 전의 분위기를 모르니 현재의 조건만으로도 기꺼이 선택할 것이다. 입주민들의 계층이 바뀌었기 때문이다.

사람들은 거주하는, 그리고 일하는 주변 환경의 영향을 많이 받는다. 그것을 아는 우리 부모님들, 선배들은 삶의 경험치에서 그런 입지를 선택하려고 했다. 자신도 모르게 주변 환경을 보고 배우고 따라 하는 것이 꽤 많기 때문이다. 우리 역시 아이들, 후배들에게 그것을 그대로 물려주고 싶어 한다. 그만큼 부동산은 입지가 중요하다.

직장이 어디인지도 매우 중요하다. 종로구, 중구 등 강북권에 직장이 있는 사람들은 일산신도시에 거주지를 마련하는 경우가 많을 것이다. 반면 강남구, 서초구 등 강남권에 직장이 있는 사람들은 분당신도시에 거주지를 마련할 것이다. 두 지역의 위상이 어떻게 변화해 왔는지 생각해 보자.

다시 한번 말하지만 사람에게는 환경이 매우 중요하다. 노력으로 극복하는 것과 그냥 저절로 그렇게 되는 것과는 엄청난 차이가 있다. 그것이 바로 입지 프리미엄이다. 이제 우리가 공부해야 할 부동산의 최고 핵심 파트, 입지다.

1 서울도 모르면서 지방 투자?

결론부터 말하자면

유명 아파트일수록 검증된 단지다.
잘 모르는 지방엔 함정이 있다.

서울 부동산은 투자 가치가 높다. 주식으로 따지면 삼성전자, 현대자동차, LG화학 같은 대형주다. 실수요든 투자 수요든 대기 수요가 많다. 여러 가지 이유로 시세가 빠지기도 하지만 장기적으로 보면 인플레이션 수준을 능가한다.

지방은 투자 가치가 높을 수도 있고 낮을 수도 있다. 주식으로 비유하면 중소형주다. 중소형 주식은 해당 기업을 잘 아는 사람보다 모르는 사람의 비율이 더 높다. 그래서 투자 전 기업 분석이 필요하다. 기업 분석을 제대로 해야만 투자 적격 여부를 판단할 수 있고 기업 분석이 부실하면 '묻지 마 투자'가 된다.

시장은 가끔 행운을 주기도 한다. 대세 상승장이 되면 대부분의 주식이 오른다. 적정 가치를 알지 못하고 투자했던 주식으로 수익을 보는 경우도 많다. 하지만 조정기가 되면 어김없다. 시세가 하락하고, 묻지 마 투자가 몰렸던 주식의 시세는 폭락하게 된다.

아파트도 마찬가지다. 서울의 아파트는 뉴스 등 매스컴에서든, 인터넷 커뮤니티에서든, 지인들 사이에서든 많이 언급되는 아파트의 경우 면적당 가격, 단지 규모, 장단점까지 대부분 알고 있다. 유명한 아파트들은 시세가 상대적으로 높다. 그만큼 수요층이 많다.

반면 지방 아파트는 해당 지역민이 아니면 잘 모른다. 대한민국 2위 위상을 가진 부산조차 부산 시민이 아니면 어떤 아파트가 유명한지 잘 모른다. 2019년 12월 입주한 해운대구 중동의 엘시티더샵 정도를 제외하면 다른 지역 주민들은 부산의 아파트에 대해서 거의 모른다. 인지도가 낮을수록 수요가 적다. 부산에서 외지인들이 실거주든 투자든 매매를 결정할 때 가장 먼저 검토해 보는 입지와 단지는 유명한 입지의 가장 비싼 아파트가 될 수밖에 없다.

가장 유명한 아파트라고 해서 가장 좋은 아파트인 것은 아니다. 강남구 대치동의 은마아파트는 대한민국에서 가장 유명한 아파트 중 하나다. 은마아파트는 강남 아파트의 대명사지만 강남구에서 가장 비싼 아파트는 아니다. 현재 강남구에서 가장 비싼 아파트는 재건축 아파트 중에서는 개포주공1단지이고, 기존 아파트 중에서는 강남구 청담동 청담자이다. 게다가 기존 아파트 중 대한민국에서 가장 비싼 아파트는 서초구 반포동의 아크로리버파크다.

이처럼 가장 유명하다고 해서 가장 비싼 아파트인 것은 아니다. 하지만 가장 유명한 아파트는 시세가 적정 가격일 가능성이 높다. 대한민국 거의 모든 아파트 관심층들이 검증하고 있을 테니 말이다.

잘 모르는 상품의 가격에는 거품이 형성될 수 있다. 아파트 역시 거품 가격이 형성됐다면 많은 사람들이 잘 모르고, 제대로 검증되지 못한 아파트일 가능성이 높다.

지방 아파트라고 해서 무조건 거품 가격이 존재한다는 것이 아니다. 서울 아파트 대비 노출이 많이 안 되었을 경우 적정 가격 평가가 어렵다는 것이다.

테스트를 해 보자. 2019년 12월 현재 부산에서 가장 비싼 아파트는 어떤 단지일까? 아마도 해운대구 우동에 있는 10년 차 미만의 초고층 아파트일 것이다. 하지만 중동 엘시티더샵의 매매가 활성화되면 최고가 아파트가 될 가능성이 높다. 가장 높고 가장 새것이기 때문이다.

혹시 수영구 남천동에 있는 삼익비치타운을 아는가? 안다면 부산 부동산에 지식이 있는 사람이고, 부산 아파트에 관심이 없는 사람이라면 전혀 모를 것이다. 그렇다면 이 아파트의 적정 가격은 얼마라고 생각하는가? 참고로 2019년 11월 해운대구 우동의 초고층 아파트들의 $3.3m^2$ 당 평균 시세는 2,200만 원 전후다. 삼익비치타운 시세는 2,500만 원

부산광역시 해운대구 엘시티더샵 조감도

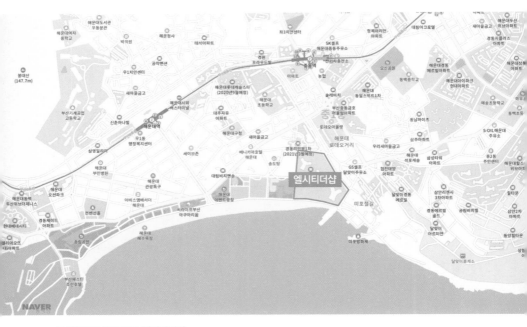

부산광역시 해운대구 엘시티더샵

전후다. 이 정도면 적정 가격일까, 거품 가격일까, 저평가된 걸까?

삼익비치타운은 재건축 대상 아파트다. 현재 가격으로만 평가하기엔 무리가 있다. 미래 가치를 예측해야 하는데 수영구와 해운대구는 부산에서도 상위권 지역이기 때문에 재건축 후 가치는 수영구와 해운대구의 신축 아파트와 비교해 보면 좋다. 추가 분담금을 넣었을 때 현재 해운대구와 수영구의 신축 시세 전후라면 적정 가격이다.

부동산 공부를 했다면 이렇게 평가하면 되는데, 일반인 대부분은 이런 평가를 하지 못한다. 그 전 단계인 해운대구와 수영구의 적정 아파트 시세가 어느 정도인지 알 수 없기 때문이다. 대한민국에서 두 번째로 큰 도시인 부산의 적정 시세를 파악하는 것도 이 정도니, 광역시급이 아닌 중소 도시의 아파트 시세 평가는 더 어려울 수밖에 없다.

수요가 고정된 지역은 더 어렵다. 가격 상승은 공급 대비 수요가 많을 때 발생한다. 추가 실거주 수요가 유입되지 않는 상태에서 특별한 이슈 없이 가격이 상승하면 대체적으로 투자 수요층이 증가했다는 의미다.

실거주 수요층이 고정된 상태에서 투자 수요층이 유입되면 가격은 오른다. 절대 가격이 낮은 지역일수록 더 큰 폭으로 오른다. 해당 지역의 적정 가격을 모르는 상태에서 투자가 이루어지기 때문이다. 실수요자들은 상승장 초기에 당황한다. 결국 상승장 후반에 불안한 심정으로 참여하게 된다. 소위 상투를 잡는 것이다.

아파트라는 상품은 실거주가 가능하기 때문에 가격이 상승하든 하락하든 거주한다면 큰 문제는 없다. 다만 어설픈 투자로 상투에서 매수한 투자자에게는 문제가 발생할 수 있다.

현재 투자 메인 지역인 서울·수도권의 투자 환경이 어려워지자 지방으로 눈을 돌리는 투자자들이 꽤 많아졌다고 한다. 지방은 대기 수요가 적고, 실거주 수요도 감소하는 지역이 많아 투자 대상으로 부적합한 지역이 많다.

'묻지 마 투자'는 투자가 아니다. 투기꾼들의 희생양이 될 가능성이 높다.

부산광역시 수영구 주요 아파트 시세

순위	동	아파트명	총세대수	평당가(만 원)	입주 시기
1	남천동	삼익비치	3,060	2,289	1979.12.
2	광안동	쌍용예가디오션	928	1,984	2014.11.
3	민락동	부산더샵센텀포레	1,006	1,928	2014.07.
4	남천동	뉴비치	990	1,794	1986.06.
5	남천동	코오롱하늘채골든비치	987	1,789	2009.02.
6	남천동	삼익타워(타워맨션)	798	1,780	1977.12.
7	민락동	센텀비스타동원1차	840	1,694	2017.07.
8	민락동	수영만IPARK	213	1,686	2006.11.
9	남천동	협진태양	210	1,645	1985.06.
10	민락동	부산센텀비스타동원2차	405	1,603	2017.03.
11	수영동	현대	1,180	1,565	1988.12.
12	광안동	부산광안더샵	263	1,559	2017.11.
13	남천동	남천파크	130	1,492	1983.11.
14	광안동	협성엠파이어B단지	143	1,476	2005.01.
15	광안동	협성엠파이어A단지	165	1,475	2005.01.
16	남천동	남천반도보라	120	1,455	1987.12.

투기지역은 '정부 공인' 최고 인기 입지

결론부터 말하자면

정부 4단계 입지 구분법,
현재의 규제 정책 및 조정 시장은
실수요자에게 좋은 타이밍이다.

정부의 부동산 대책을 통해 시장과 상품에 대해 학습할 수 있다. 그런 의미에서 2017년 8·2 대책과 2018년 9·13 대책은 지난 50년간 실시된 부동산 정책의 '종합판'이라 부를 수 있다. 대한민국 부동산 시장을 이해하는 좋은 기회가 된 까닭에서다.

지난 3년간의 문재인 정부 부동산 정책에 대한 수많은 리포트를 읽고 시장 반응을 본 뒤 내린 결론이 있다. 부동산 의사 결정 시 가장 중요한 건 첫째도 입지, 둘째도 입지, 마지막도 입지라는 것이다. 다만 실거주든 투자든 부동산 입지를 제대로 활용하려면 먼저 수요와 공급을 파악하고, 적정 가격을 알아야 하며, 상품 경쟁력까지 공부해야 한다.

이때도 입지 공부는 필수적이다. 수요 및 공급도 입지와 함께 생각해야 하고, 가격도 입지별로 파악해야 하며, 상품도 입지에 따라 선호가 다르다는 걸 미리 반영해야 한다.

2017년 8월 2일 이후의 부동산 대책은 입지 공부를 제대로 할 수 있는 계기를 마련해 주었다. 입지 평가 시 가장 중요한 수요와 공급에 대한 의사 결정 기준을 확실하게 제공했기 때문이다.

정부는 전국의 입지를 4단계로 나눴다. 투기지역 16개 지자체(서울 강남, 서초, 송파, 강동, 용산, 성동, 노원, 마포, 양천, 영등포, 강서, 중구, 종로, 동대문, 동작, 세종시), 투기과열지구 31개 지자체(서울 25개구 전체, 경기 과천시, 성남시 분당구, 광명시, 하남시, 대구 수성구, 세종시), 조정대상지역(서울 25개구 전체, 경기 과천, 성남, 하남, 고양, 남양주, 동탄, 광명, 구리, 안양 동안, 광교, 수원 팔달, 용인 수지·기흥, 부산 해운대·동래·수영), 기타 지역(투기지역, 투기과열지구, 조정대상지역이 아닌 지역)이다. 이 가운데 부산 해운대·동래·수영은 2019년 11월 조정대상지역에서 해제되었다.

입지는 세분화할수록 경쟁력을 명확하게 파악할 수 있다. 수요와 공급의 영향력을 전망할 수 있는 정확성이 높아지고, 실거주 수요든 투자 수요든 입지별 접근 전략을 치밀하게 짤 수 있다. 리스크를 크게 낮출 수 있다는 의미다.

투기지역 지정을 위해 정부는 구체적 기준안을 마련했을 것이다.

일반인이 그 내용까지 알 필요는 없다. 중요한 건 부동산 시장 내 반응이다. 시장 내 수요가 많다 싶으면 지정하고, 수요가 없다 싶으면 해제하니 말이다.

규제 강도가 높은 투기지역은 수요가 차고 넘치는 곳으로 해석할 수 있고, 투기과열지구는 투기지역 다음으로 수요가 많은 곳으로 판단하면 된다. 조정대상지역은 수요가 많은 듯한데 조금 더 지켜보겠다는 곳이다. 기타 지역은 정부도 알 수 없으니 개인 스스로 판단하라는 뜻이다.

투기지역은 다른 말로 하면 현재 부동산 시장에서 입지가 가장 좋다고 인정받는 곳이다. 수요가 차고 넘치기 때문에 공급으로 수요 문제를 해결할 수 없다고 판단한 셈이다. 이곳의 적정 가격은 소비자가 정할 수밖에 없다. 3.3m^2당 3,000만 원이든, 1억 원이든 거품 가격이라는 말을 쓰는 게 의미 없다. 소비자가 받아 주는 한 그 금액이 시장 가격이다. 구입할 만한 가격이라고 판단해 매수하는 것이다.

투기지역을 단순히 '가격이 높은 곳'으로 분석하면 해결책이 나오지 않는다. 다른 지역에 비해 비싸니 무작정 하락하리라 기대하는 건 난센스다. 3.3m^2당 1,000만 원 시장의 시각으로 5,000만 원 시장을 조정하려면 답이 나오지 않는다. 그 시장이 왜 5,000만 원이 됐는지 이해하기 어렵다면 다른 지역보다 비싼 지역이라고 인정하면 된다. 그게 오히려 투기지역 시장에 대한 전략을 짜는 데 유리하다.

가격은 상품 경쟁력이 좌우한다. 입지가 좋고 새 아파트일수록 비싸다. 구도심보다는 대규모 택지개발지구가, 소규모 단지보다는 대단지의 상품 가치가 높다. 2016년 8월 입주한 서초구 반포동 아크로리버파크의 112㎡(약 34평)형은 30억 원 전후로 거래된다. 3.3㎡당 9,000만 원 전후다. 현 시점 대한민국에서 가장 비싼 일반 아파트다. 이건 거품 가격일까, 정상 가격일까? 투자자끼리 사고파는 시장이라면 거품일 수 있지만 실수요자 위주로 거래된다면 정상 가격일 가능성이 높다. 아크로리버파크는 투자로 접근하는 경우가 많지 않다.

투기지역으로 지정된 16개 지자체 중 실수요자 위주로 거래되는 지역이 있고 투자자가 많은 지역이 있다. 투기지역도 지역별로 나눠 접근해야 한다는 의미다. 실수요층이든 투자 수요층이든 투기지역에 관심이 있다면 16개 지역을 각기 다른 전략으로 접근해야 한다.

정부는 16개 지역을 같은 시각으로 보고 있다. 소비자 입장에서 보면 모두 다른 시장인데 말이다. 그래서 기회를 주고 있다는 판단이 들기도 한다. 수요는 차고 넘치는데 추가 공급이 물리적으로 불가능하다면 상승 시장으로 갈 수밖에 없으니 말이다. 물론 쉬지 않고 올라가는 상승 시장은 없다. 시장의 자정 작용으로 중간중간 조정 시장이 오기도 한다.

실수요자라면 현재의 규제 정책 및 조정 시장이 좋은 진입 타이밍이 될 것이다. 더 조정되길 기대하겠지만 실제 조정이 될지, 조정된다 해도 바닥이 어디인지 타이밍을 맞히기 쉽지 않다. 5년 전 가격으로 조정되길 기다리다가 기회를 놓치는 실수를 저지를 수 있다. 투기

지역 내 신규 아파트는 비싼 가격에서 매수한 듯 보여도 결국 또 다른 고점을 만드는 경우가 대부분이다.

정부가 평가한 대로 입지 가치를 이해하자. 정부의 입지 4단계 구분법, 그것이 어떤 전문가보다 더 정확하고 객관적인 입지 평가 보고서다.

전국 투기지역·투기과열지구 지정 현황

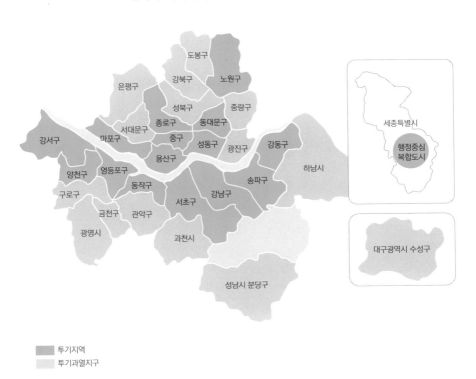

투기지역
투기과열지구

'강남 불패' 언제까지?
서울 입지 트렌드 따라잡기

결론부터 말하자면

강남이 '강남'으로 우뚝 서게 된 것은 1990년대다.
지금은 교통, 환경, 교육, 일자리 따라
서울의 최고 입지가 분화 중이다.

입지 선호도 변화는 부동산 트렌드와 밀접한 관계가 있다. 부동산 트렌드 변화를 통해 서울 선호 입지를 정리해 보자.

1945년 해방 직후부터 1970년대까지 서울의 최고 입지는 종로구와 중구였다. 하지만 종로구, 중구, 동대문구로 대표되는 강북이 서울 집중 수요를 감당할 수 없게 되면서 1970년대부터 강남 개발이 추진되었다. 1975년 강남구가 신설되었지만 당시 강남의 위상은 지금과 크게 달랐다. 1기 신도시처럼 베드타운으로만 여겨졌다. 1980년대까지만 하더라도 강남구의 시세가 동대문구 신당동보다 낮았을 정도다.

영동(영등포 동쪽)이라 불리던 강남이 폭풍 성장한 것은 정부와 지자체의 전폭적인 지원 덕이다. 강남대로 등 큰 도로와 지하철 2호선 등 편리한 교통 환경이 조성되고 양질의 일자리가 대량으로 입주하면서 강남을 찾는 사람이 많아졌다. 좋은 학교와 학원가가 형성됐고, 다양한 상권, 깔끔한 주거 환경까지 갖추면서 수요는 기하급수적으로 증가하게 됐다. 그렇게 강남은 1990년대부터 대한민국 최고의 입지로 떠올랐다.

물론 1990년대 초까지만 하더라도 강북과 강남의 시세 차이는 크지 않았다. 하지만 강남에 대한 선호도는 계속해서 높아졌고 어느 순간 강북 시세를 역전하게 됐다. 시간이 흐를수록 강남의 시세는 폭등했다. 다른 지역과 두 배 이상의 차이가 나면서부터는 거품 가격이라는 평가도 나왔다.

1997년 IMF 외환위기와 함께 부동산 시세가 급락했을 때는 온갖 매스컴이 '강남은 거품이다', '추락하는 강남 신화'라는 제목의 뉴스 기사를 쏟아 내기도 했다. 하지만 불과 2년 만에 분위기는 완전히 반전되었고, 강남은 이전보다 더 높은 위상으로 수직 상승했다.

그 과정에서 새로운 입지들도 등장했다. 1980년대 후반 목동 아파트 단지가 양천구에, 상계 아파트 단지가 노원구에 입주했다. 서울시에서 공급할 수 있었던 마지막 대규모 택지개발사업이었다. 그럼에도 강남의 위상은 흔들리지 않았다. 오히려 강남이 포함된 동남권의 수요는 계속해서 증가했다.

목동이 있는 서남권과 상계동이 있는 동북권의 수요는 지속적으로 증가했지만 동남권의 위상을 따라갈 수는 없었다. 뒤늦게 개발된 은평구, 서대문구 등 서북권이 오히려 동북권의 위상을 역전했다. 강남으로 가는 3호선이 개통됐기 때문이다.

2000년대 들어서면서 서울 내 지역 선호도 차이를 줄이기 위해 지하철 8개 노선이 개통된다. 이를 통해 1시간 전후면 서울 어디든 갈 수 있게 됐다. 교통망의 확충은 서울이라는 지역을 완벽한 1일 생활권으로 묶었다. 그러면서 서울 전체가 부각되기 시작했다. 사람들은 개별 조건에 맞는 입지를 고르기 시작했다. 부동산의 입지 선호도는 분화됐다.

종로구, 중구를 중심으로 하는 도심권은 수요가 꾸준히 존재한다. 다만 수요를 확대할 수 있는 부지가 부족할 뿐이다. 도심권을 찾는 수요는 향후에도 많을 것이다. 태생부터 달랐던 강남 역시 선호도 1위 자리를 내준 적이 없다. 이러한 인기는 향후에도 계속될 것이다. 하지만 강남이 모든 수요를 수용할 수 없기 때문에 수요층은 분화된다.

교통을 중요하게 생각하는 수요층은 마포구나 동대문구를 선택할 것이고, 환경을 중요하게 생각하는 수요층은 한강과 남산 주변을 선택할 것이다. 교육에 관심이 많다면 양천구와 노원구로 이주할 가능성이 높고, 새로운 일자리를 따라가야 하는 세대는 강서구와 금천구를 관심 있게 볼 것이다. 강남 근처에 머물러야 하는 수요층은 강동구, 동작구, 성동구를 선택할 것이고, 풍수적 환경을 따진다면 용산구를 선택할 것이다. 입지의 선택 기준이 이렇게 다양해졌다.

새로운 입지 선호 트렌드가 생기더라도 과거 선호 지역의 인기가 낮아지는 것은 아니다. 새로운 수요층이 생기고, 기존 수요층이 분화되는 것뿐이다. 서울이라는 입지는 경제적 능력에 따라, 직장 위치에 따라, 그리고 교육에 대한 관여도에 따라 선택의 폭이 다양해지고 있다.

수도권 서북부 광역교통개선 구상안

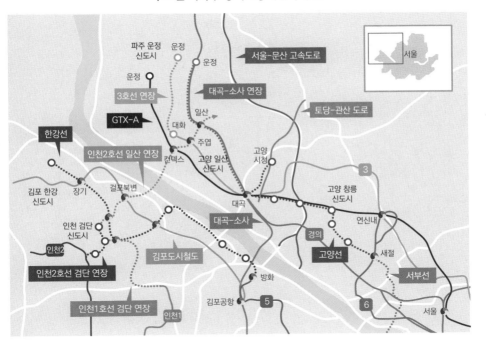

	서울-문산 고속도로	시공 중
	토당-관산 도로	시공 중
	GTX-A	시공 중
	김포도시철도	2019. 09. 개통
	대곡-소사	시공 중
	대곡-소사 연장	계획 중(MOU 체결)
	지하철 3호선 연장	계획 중(사전타당성 조사 중)
	인천1호선 검단 연장	설계 중
	인천2호선 검단 연장	계획 중(예타 준비 중)
	인천2호선 일산 연장	계획 중(사전타당성 조사 중)
	한강선	계획 중(사전타당성 조사 중)
	고양선	광역교통개선대책
	서부선	민자 적격성 조사 중

자료: 국토교통부

현재 계획 중인 신규 노선에 따른 새로운 환승역

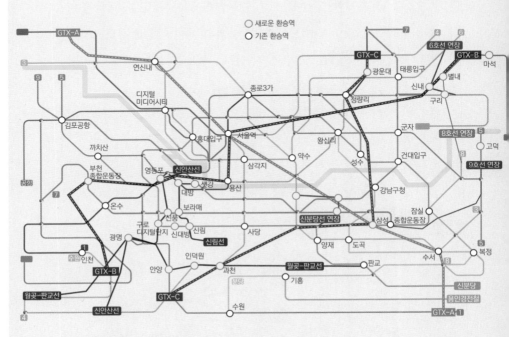

* 강북횡단선, 목동선, 서부선, 난곡선 등은 제외
* 송도 등 일부 지역은 정확한 역 위치가 확정되지 않아 제외

신설되는 환승역

구분	노선	환승역	환승 노선	개통 예상 시점	비고
기존 연장선	신분당선 연장	신사역	3호선	2022년	공사 중
		논현역	7호선	2022년	공사 중
		신논현역	9호선	2022년	공사 중
	6호선 연장	신내역	경춘선	2019.12.21.	공사 완료
	8호선 연장	별내역	경춘선	2023년	공사 중
		구리역	경의중앙선	2023년	공사 중
	9호선 연장	고덕역	5호선	2025년 이후	미착공
신규 노선	신안산선	광명역	1호선	2024년	착공식
		구로디지털단지역	2호선	2024년	착공식
		시흥시청역	소사-원시선	2024년	착공식
		신풍역	7호선	2024년	착공식
		영등포역	1호선	2024년	착공식
	신림선	대방역	1호선	2022년	공사 중
		보라매역	7호선	2022년	공사 중
		샛강역	9호선	2022년	공사 중
		신림역	2호선	2022년	공사 중
GTX	A노선	삼성역	2호선	2024년	착공식
		운정역	경의중앙선	2024년	착공식
	B노선	부천종합운동장역	7호선	2025년 이후	예타 통과
		마석역	경춘선	2025년 이후	예타 통과
	C노선	과천역	4호선	2025년 이후	2021년 착공
		광운대역	1호선	2025년 이후	2021년 착공

입지

GTX-B 예타 통과,
아직 움직이지 마라

결론부터 말하자면

GTX-B 주변 지역의 수요는 아직 충분치 않다.
정치적 결정 가능성이 농후하다.
가시화된 이후에 판단하라.

모두의 예상대로 수도권광역급행철도(GTX) B 노선이 예비타당성
조사(예타)를 통과했다. 2007년 7월 1일 김문수 경기도지사가 제안했
던 수도권 광역급행철도 3개 노선의 첫 단계를 넘었다. 3개 노선 예타
통과에 무려 12년이 소요됐다. GTX-A 노선은 2019년 공사를 시작
했고, B 노선은 2022년, C 노선은 2021년 시작할 예정이다.

특히 B 노선은 서울 3대 업무 밀집 지역인 종로구·중구와 여의도를
통과하는 데다, 수도권 교통망 중 드물게 동서를 연결해 교통 취약 지

구에서 큰 기대를 하고 있다. 5조 7,351억 원을 투입해 인천 송도부터 경기도 남양주시 마석까지 80.1km를 잇는다. 송도에서 서울역까지 소요 시간은 현재 82분인데, GTX-B 노선을 이용하면 27분으로 단축된다. 정부는 이르면 2022년 말 착공하고 2025년 개통을 목표로 하고 있다.

이미 몇 번이나 사업성 부족으로 예타를 통과하지 못했던 B 노선은 2018년 말 정부가 3기 신도시 개발 계획을 발표하면서 예타 통과 가능성이 높아졌었다. 남양주 왕숙지구(6만 6,000가구), 인천 계양지구(1만 7,000가구)가 추가돼 수요가 증가했다. B 노선이 예타 문턱을 넘으면서 GTX 모든 노선은 본궤도에 올랐다. 가장 빠르게 진행 중인 A 노선(삼성~동탄, 83km)은 2023년 완공 목표이고, C 노선(양주 덕정~수원, 74km)도 착공을 앞당겨 2021년 착공할 계획이다.

GTX에 대해서는 할 말이 많다. 지난 12년간 GTX와 입지 프리미엄에 대한 영향력 분석을 꽤 많이 했기 때문이다. 우선 두 가지만 체크해보자.

첫째, 왜 B 노선이 예타를 통과하는 데 가장 오랜 시간이 소요되었을까? 앞서 설명한 대로 비용 대비 편익 분석을 통과하지 못했기 때문이다. 이용 수요가 적다는 의미다. 3기 신도시로 늘어나는 남양주와 인천 계양의 미래 수요량까지 끌어 와 간신히 사업성을 높였으니까 말이다.

객관적으로 보면 GTX-B 예타 통과는 정치적 노력의 결과지, 경제적인 면만 고려했다면 이번에도 통과하지 못했을 것이다. 그만큼 현 정부가 국민의 교통 복지를 높이기 위해 노력을 기울인 것이라 생각하면 된다.

다만 이제 예비타당성조사만 통과했을 뿐이다. 예비타당성은 본타당성 조사 전 단계다. A 노선과 C 노선처럼 구체적인 착공 전 단계로 가기까지 몇 개 절차가 아직 남아 있다. 총선 때문에 무리하게 예타만 통과시킨 것이 아니길 진심으로 기원한다. 선거용 선심 정책이 이전

수도권 신도시와 GTX 노선도

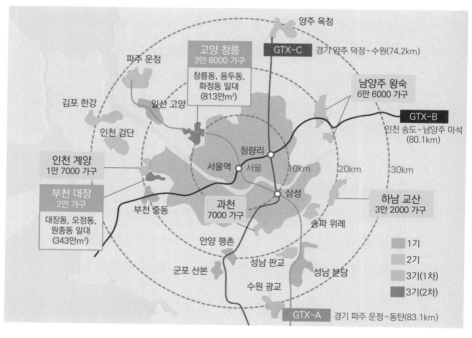

자료: 국토교통부

정부들에서 빈번하게 발표되었기 때문이다.

둘째, B 노선이 실제 개통됐을 때 가장 호재 지역이 어디인지를 추정해 볼 필요가 있다. 이에 대해서는 12년 전 GTX 발표 때부터 일관되게 이야기해 왔다.

모든 역세권이 호재가 된다. 그건 확실한 팩트다. 하지만 수요가 어디를 향하는지 보면 결국 메인 업무 지역이다. 서울 도심권인 종로구·중구·용산구가 중심이 될 것이고, 이미 기반 시설이 잘 갖춰진 송도국제도시에도 인천 수요가 집중될 것으로 예상된다.

신규 교통망이 개통되면 무조건 입지 프리미엄이 올라가지만, 메인 업무 지역과 연결되지 않으면 프리미엄은 초기에만 반짝 상승할 뿐지속되지 않는다.

결국 메인 업무 지역 입지가 가장 호재다. 연결되는 교통망으로 배후 수요지가 더 많이 생기기 때문이다. 교통망이 아닌 지역에서 교통망 지역으로 유입되는 수요를 받을 수 있는 곳이다. 그러기 위해서는 기반 시설(교육 시설, 상업 시설 등)이 잘 갖춰진 입지여야 한다. GTX 역만으로는 부족하고, 교육·상권·환경 등 여러 가지 기반 시설이 필요하다. 또 양질의 대규모 주거 시설이 많이 필요하다. 그리고 그 지역까지 갈 수 있는 노선과 환승역이 또 호재가 된다.

GTX-B 노선이 개통되면 13개 역 모두 호재 지역이 된다. 무조건다 호재다. 하지만 메인 지역이 아닌 양 사이드 지역은 조금 더 지켜봐야 한다. 2022년 착공하는 것을 확인하고 관심을 가져도 늦지 않다.

GTX-B 노선과 환승역 현황

노선	역명	환승	소재지	
경춘선·중앙선	마석	수도권 전철 경춘선	경기도	남양주시
	평내호평	수도권 전철 경춘선		
	별내	수도권 전철 경춘선		
	망우	수도권 전철 경의·중앙선	서울특별시	중랑구
		수도권 전철 경춘선		
신설	청량리	수도권 전철 경의·중앙선		동대문구
		수도권 전철 경춘선		
		수도권 전철 1호선		
		분당선		
		수도권 광역급행철도 C노선		
	서울	수도권 전철 경의·중앙선		중구
		수도권 전철 1호선		
		수도권 전철 4호선		
		공항철도		
		수도권 광역급행철도 A노선(예정)		
	용산	수도권 전철 경의·중앙선		용산구
		수도권 전철 1호선		
	여의도	서울 지하철 5호선		영등포구
		서울 지하철 9호선		
	신도림	수도권 전철 1호선		구로구
		서울 지하철 2호선		
	당아래	서울 지하철 7호선(부천종합운동장역)	경기도	부천시
	부평	수도권 전철 1호선	인천광역시	부평구
		인천 도시철도 1호선		
	인천시청	인천 도시철도 1호선		남동구
		인천 도시철도 2호선		
	송도	인천 도시철도 1호선(인천대입구역)		연수구

자료: 인천광역시

대한민국 부동산 사용설명서

착공을 실제 2022년에 할지도 모르고, 아무리 공사 기간을 단축한다 해도 2025년 개통은 무리한 일정이 아닌가 싶다. 2019년 9월 착공한 신안산선의 진행 속도를 보면서 판단해도 좋을 듯하다. 먼저 움직일 필요가 없다.

부동산은 수요가 실제 증가하지 않으면 프리미엄이 지속적으로 발생하지 않는다. 프리미엄은 수요 증가분이라 할 수 있다. 메인 지역은 수요가 증가할 것이 자명하다. 하지만 판단이 어려운 지역은 수요가 증가할지, 반대로 수요를 빼앗기는 빨대 효과가 발생할지 고려해야 한다.

업무 시설이나 기반 시설이 없는 지역은 개통 때까지 어떤 수준의 기반 시설을 갖추는지에 따라 수요가 유입될 수도, 유출될 수도 있기 때문이다. 아마도 GTX 역세권도 아닌 지역에서 미분양 물량을 집중적으로 홍보하고 수익률이 매우 높아지는 것처럼 마케팅 공세를 할 것이다. 흔들리지 않는 부동산 인사이트가 없다면 판단이 흐려질 수 있다.

지금은 결정할 타이밍이 아니다. 가시화되면 그때 다시 판단하자.

5 '5대 프리미엄'에 주목하라

결론부터 말하자면

시세 차익 기대하려면
교통 · 교육 · 상권 · 자연환경 · 상품성을
꼼꼼히 따져 봐야 한다.

부동산에서 처음으로 '프리미엄'이라는 단어를 사용한 것은 분양권 시장이다. 프리미엄은 분양 가격과 실제 분양권 매도 가격 간의 차액, 즉 부가적 이익을 말한다. 매수 금액보다 높은 시세 차익을 기대한다는 의미다. 시세 차익을 얻기 위해서는 어떤 상품에 프리미엄이 많이 생길지를 고려해야 한다.

첫째, 교통 프리미엄이 있다. 대중교통 접근성이 좋을수록 프리미엄이 높다. 교통 프리미엄을 확보하려면 세 가지를 활용해야 한다. 하나는 부동산 경기다. 부동산 경기가 좋지 않을 때는 역세권이든 비역세권이든 시세가 비슷한 경우가 많다. 역세권 프리미엄이 없어지는 때다. 역세권을 매수하기 위한 최적의 타이밍이라고 볼 수 있다.

그다음으로 교통 프리미엄이 발생할 지역을 선점하는 것도 중요하다. 대부분의 교통 프리미엄은 계획 단계부터 서서히 상승한다. 해당 지역에 교통 환경이 조성되고 10년이 지나면 기반 시설은 완숙된다. 그제야 교통수단으로서의 가치가 생긴다. 때문에 그 전에 매수하는 것이 좋다.

마지막으로 교통 프리미엄의 등급도 알고 있어야 한다. 전철망도 5등급으로 나뉜다. 1등급과 2등급 노선의 시세 차이는 있지만, 초기 프리미엄의 차이는 크지 않다. 2등급 노선을 주 타깃으로 하는 것도 하나의 전략이 될 수 있다.

둘째는 교육 프리미엄이다. 교육 환경에는 학교와 학원가가 있다. 학교는 두 가지로 이해하면 된다. 하나는 접근성이고, 다른 하나는 희망하는 학교의 입학 가능성이다. 두 요소를 갖춘 곳은 프리미엄이 된다. 특히 초등학교는 초품아(초등학교를 품은 아파트)에 프리미엄이 붙는다. 8차선 이상의 큰길을 건너야 등교할 수 있는 곳은 마이너스다. 중학교까지도 어느 정도 적용되지만 고등학교부터는 접근성에 대한 중요도가 낮아진다.

대형 학원가가 가까우면 프리미엄이 높다. 지역 학원도 어느 정도의 플러스가 된다. 학원가가 없는 것은 교육 측면에서 마이너스 요인이다. 대형 학원가 주변에는 원룸, 오피스텔, 소형 아파트 등의 임대가 많다. 월세 투자 선호층에게는 좋은 투자처가 된다.

세 번째는 상권 프리미엄이다. 상권이 생김으로써 발생하는 시세 차익을 의미한다. 주의할 점은 상권화되는 지역의 기존 주거 시설에는 프리미엄이 감소할 수 있다는 것이다. 환경 쾌적성과 교육 환경 측면에서는 마이너스 평가를 할 수밖에 없다. 따라서 상권 프리미엄을 따질 때는 플러스 프리미엄 지역과 마이너스 프리미엄 지역으로 나눠 생각해야 한다.

대형 유통 시설(백화점, 대형 마트, 복합쇼핑몰 등)이 들어오면 인근 주거 지역에는 플러스 프리미엄이 발생한다. 스타필드 하남·고양 주변 지역이 대표적이다. 반면 마이너스 프리미엄 상권도 있다. 상가가 하나둘 늘면 상권이 활성화되지만 주거 입장에서는 환경이 번잡해지고 쾌적성이 낮아질 수 있다. 대표적인 지역이 홍대 상권, 이태원 상권,

전국 백화점 매출액 상위 15개 점포(2018년)

구분	매출 15위권 내 점포	상세 점포명
서울	8개	갤러리아 명품관 롯데 본점, 잠실 신세계 본점, 강남 현대 본점, 목동, 무역센터
수도권	1개	현대 판교
지방	6개	갤러리아 타임월드 롯데 부산본점 신세계 센텀시티, 대구, 광주 현대 대구

전국 백화점 매출액 상위 72개점(2018년)

순위	점포명	매출(억 원)	순위	점포명	매출(억 원)
1	신세계 강남	18,030	37	롯데 울산	3,116
2	롯데 본점	17,465	38	현대 킨텍스	3,103
3	롯데 잠실	11,253	39	롯데 청량리	2,942
4	신세계 센텀시티	10,952	40	롯데 전주	2,887
5	롯데 부산본점	9,592	41	롯데 대전	2,873
6	현대 판교	8,770	42	신세계 충청	2,820
7	현대 무역센터	8,681	43	롯데 강남	2,782
8	현대 본점	8,196	44	롯데 중동	2,655
9	신세계 대구	7,276	45	현대 디큐브시티	2,603
10	신세계 본점	7,184	46	롯데 동래	2,485
11	갤러리아 명품관	6,893	47	롯데 구리	2,412
12	현대 목동	6,892	48	롯데 일산	2,379
13	신세계 광주	6,388	49	롯데 수원	2,362
14	현대 대구	6,232	50	롯데 분당	2,256
15	갤러리아 타임월드	6,195	51	갤러리아 수원	2,153
16	신세계 인천	6,056	52	롯데 센텀시티	2,044
17	신세계 경기	5,815	53	롯데 미아	1,967
18	AK 수원	5,338	54	AK 평택	1,966
19	현대 중동	5,058	55	롯데 상인	1,920
20	현대 신촌	4,790	56	현대 부산	1,920
21	롯데 영등포	4,785	57	롯데 김포공항	1,913
22	롯데 노원	4,770	58	신세계 스타필드하남	1,895
23	신세계 영등포	4,405	59	롯데 포항	1,828
24	AK 분당	4,401	60	롯데 건대스타시티	1,826
25	롯데 광복	4,347	61	신세계 김해	1,731
26	현대 울산	4,072	62	롯데 인천	1,643
27	롯데 평촌	4,061	63	갤러리아 진주	1,631
28	현대 미아	3,912	64	롯데 관악	1,536
29	현대 천호	3,900	65	신세계 마산	1,532
30	현대 충청	3,413	66	롯데 안산	1,456
31	신세계 의정부	3,405	67	AK 원주	1,436
32	롯데 창원	3,366	68	AK 구로	1,373
33	롯데 광주	3,361	69	롯데 안양	1,327
34	롯데 월드타워	3,341	70	현대 동구	1,138
35	롯데 대구	3,225	71	롯데 마산	1,025
36	갤러리아 센텀시티	3,208	72	롯데 부평	987

강남역 상권 등이다.

네 번째는 자연환경 프리미엄이다. 좋은 공기와 물이 있는 곳으로, 거주하거나 생활하기 좋은 입지에 산과 강이 있다면 최고의 입지가 된다. 서울의 남산과 한강도 플러스 프리미엄이다. 반대로 환경 자체가 불쾌함을 주는 경우도 있다. 녹지 공간이나 수경 공간이 전혀 없는 곳, 공장 밀집 지역, 상가만 있는 지역, 고압 전류가 발생하는 지역, 군부대 주둔 지역, 쓰레기 매립지, 그 외 비선호 시설이 있는 곳 등이 그렇다.

비선호 시설이 사라지는 입지라면 눈여겨봐야 한다. 마이너스에서 플러스로 전환될 수 있는 지역이기에 시세 상승 폭이 커질 수 있다. 쓰레기 매립지가 공원이 되는 지역, 군부대가 이전하는 지역, 발전소나 고압 전류 시설이 다른 시설로 바뀌는 지역 등은 관심을 가져야 한다. 쓰레기 매립지가 공원화되고 있는 인천 서구, 미군 부대 이전이 진행되는 용산구, 당인리발전소가 지중화되는 마포구 등이 대표적인 예다.

마지막으로 상품 프리미엄이 있다. 상품 프리미엄의 발생 원리는 두 가지다. 생활의 편의성을 높이는 방향으로 상품이 구성됐다면 플러스, 번거로움이 많다면 마이너스다. 요즘은 대부분의 세대가 차량을 1대 이상 소유하기 때문에 1세대당 1대 이상의 주차 공간 확보는 매우 중요하다. 지하 주차장까지 확보된다면 플러스 프리미엄이다.

음식물 쓰레기를 직접 버리러 나가지 않고 주방에서 처리할 수 있는 시설이 갖춰졌다면 상품 프리미엄이 된다. 주변 단지보다 고급스

강남구 개포동 디에이치 아너힐즈 조감도

강남구 개포동 디에이치 아너힐즈 스마트홈 시스템

럽다고 평가받는 경우에도 프리미엄이 발생한다. 생활의 번거로움을 덜어 주는 상품, 주변 아파트 대비 고급스러움으로 차별화를 주는 상품이라면 가치가 높다.

교통·교육·환경 다 좋은 중소 도시 투자? '난 반댈세'

결론부터 말하자면

입지가 좋아 보여도 수요가 안 따르면 낭패다.
중소 도시는 가격 왜곡도 심하다.

교통이 편리하고, 교육 환경이 우수하며, 생활 편의 시설이 잘 갖춰진 곳은 거주 수요가 많다. 공급 대비 수요가 많으면 시세는 올라간다. 대표적인 지역이 서울 강남구 압구정동, 서초구 반포동, 송파구 잠실동, 용산구 동부이촌동, 부산 해운대구 우동 등이다.

이러한 지역의 최고가 입지는 가격 장벽 때문에 일반적인 실거주 수요층과 소액 투자층의 접근이 어렵다. 대안으로 인근 지역을 검토하게 된다. 그 역시도 가격이 만만치 않다. 중산층 이하 실거주층과 투

용산구 동부이촌동

자자의 투자처로서는 적당하지 않다고 판단된다. 가격에 맞는 투자 입지를 찾기 위해 조금 더 떨어진 지역을 보게 된다.

그러다 투자할 만한 가격대의 입지와 상품을 발견하지만 중심 입지 대비 가격이 낮은 이유가 눈에 띈다. 전철역이 없거나 버스 노선이 부족하다는 등 교통 환경이 떨어진다. 도보로 갈 만한 학교가 없다거나 유해 환경으로 보이는 시설이 있다. 유흥가 상권이거나 마트·슈퍼마켓·편의점 등 생활 상권이 없는 곳일 수도 있다. 이런 조건을 따져 보면 실거주 입지가 어렵다는 판단이 설 것이다. 되레 악조건에도 불구하고 시세가 높은 것 아닌가 하는 생각까지 들 수 있다.

결국 서울에서 더 먼 곳에서 좋은 입지를 찾게 된다. 택지개발지구 내 단지는 서울보다 여러 가지 입지 조건이 낮다고 판단된다. 역세권

대한민국 부동산 사용설명서

이고, 교육 환경이 우수하며, 상권도 편리한 곳이 적지 않기 때문이다. 심지어 환경도 쾌적하다. 시세도 서울과 비교하면 낮다고 판단된다. '이곳이 저평가된 곳이구나, 매수하자!' 지름신이 오신다.

부동산 공부를 제대로 해야 하는 이유가 여기에 있다. 부동산, 특히 입지를 분석하는 이유는 입지 조건이 갖춰져 있는지를 체크하려는 것이 아니다. 그 입지에 수요가 있는지, 있다면 어떤 수요가 얼마나 존재하는지를 확인하는 것이다. 또한 시세가 어느 정도인지를 파악하기 위함이다. 수요와 가격을 제외한 입지 분석은 의미가 없다. 부동산 입지를 분석하는 것은 예술 작품을 고르는 것이 아니다.

인구 30만 명이 안 되는 비수도권 중소 도시에서 투자 목적으로 부동산을 매수할 때는 주의해야 한다. 투자 비용이 많이 들지 않으므로 투자층이 일부만 들어가도 시세가 큰 폭으로 출렁거릴 수 있다. 인구 30만 명의 중소 도시는 실수요 위주로 부동산이 매매되는 시장이다. 투자층이 존재한다 해도 소수만 참여한다. 이런 작은 시장에 다수의 투자층이 한꺼번에 들어가면 폭등한다. 실제 가치보다 과대평가될 수밖에 없다. 초기 투자층은 수익을 볼 수 있으나 후발 투자층에게 문제가 생긴다. 그보다 실거주층이 대부분인 현지 주민에게 엄청난 피해를 주게 된다.

지방 소도시 투자는 어렵다. 결과적으로 지역 시장 자체를 왜곡할 수도 있다. 향후 수요 규모 추정이 매우 어렵다. 인근 지역에 경쟁력 높은 상품이 대규모로 입주하면 수요가 급감하기도 한다. 심지어 인구나 세대수도 줄 수 있다.

서울, 수도권, 광역시권, 지방 대도시에 소액 투자할 물건이 없다고 지방 소도시에 투자하는 사례가 빈번히 발생한다. 소액 투자는 수요가 많은 곳에서, 증가하는 곳에서 유용한 방법이다. 수요층이 한계가 있는 곳은 리스크가 매우 크다. 수요 규모 추정이 어려운 지방 소도시 투자는 지양하자.

7 2기 신도시의 미래?
'1기 신도시'를 보라

결론부터 말하자면

광교 · 운정 · 김포 · 동탄은
기반 시설을 점검해 보고
5~10년 후를 바라보며 투자해야 한다.

수도권 1기 신도시와 달리 2기 신도시의 고민은 활성화 여부다. 1기 신도시는 유사한 시기에 입주했고 같은 시기에 활성화됐다. 금액 차이는 있지만 대체로 같은 시기에 오르고 내리고를 반복한다. 입주 때부터 이런 커플링 현상을 보였다.

2기 신도시는 분양 때부터 다른 양상을 보였다. 2기 신도시 '대장' 역할을 하는 판교신도시는 분양 당시부터 로또 아파트라는 기대감 속에 입주를 시작한 반면 파주 운정신도시, 김포 한강신도시, 양주 옥정신도시, 화성 동탄신도시는 분양부터 걱정이 많았다. '분양이 될 것인가', '활성화가 될 것인가'라는 불안과 우려와 함께 2기 신도시들이 속속 분양을 시작했고 입주도 되면서 조금씩 다른 양상이 펼쳐지고 있다.

현재 판교신도시는 최초 분양가 대비 2배 이상 올랐다. 광교신도시역시 2배 가까이 상승했다. 많은 사람들이 궁금해한다. 판교와 광교를 지금 사도 되는지.

김포 한강신도시는 미분양이 늘 누적돼 있었다. 2015년 전후 수도권 대세 상승장을 맞이하여 간신히 미분양을 해소했는데 최근 미분양이 늘고 있다.

파주 운정신도시는 수천 세대의 미분양으로 막막했지만 GTX 호재하나로 미분양이 사라졌다. 2기 동탄신도시는 공급 물량이 무려 11만세대다. 입주를 마친 1기 동탄신도시도 5만 세대 가까이 된다. 수치만보면 어마어마한 양이다.

지금은 과거보다 삶의 질을 많이 고려한다. 옛날 아파트보다 신축 아파트를 선호한다. 출퇴근, 교육, 상권 등이 크게 불편하지 않으면 1기신도시보다 신축 아파트가 많은 2기 신도시에 관심이 높다. 거주뿐 아니라 매수 검토도 더 많다. 2기 신도시에 투자하고 싶은데 불안한 요소들이 산재해 있고 투자 비용도 1기 신도시보다 많이 필요하기 때문에지금 투자해야 하는지 판단이 서지 않는다.

오늘 매수해서 내일 매도하는 주식시장의 데이 트레이딩과 달리 부동산 투자는 단기적으로 투자하면 안 된다. 그건 투기다. 정상적인 부동산 투자라면 단기간의 시세 변동보다 몇 년 후에도 시세가 꾸준히 상승할 확률이 높은 부동산에 해야 한다. 이 목적을 달성하려면 해당 부동산의 미래 가치에 대한 확신이 있어야 한다. 2기 신도시 아파트에 투자할 생각이 있다면 단기간의 시세 변동보다 미래 성장 가능성을 봐야 한다.

미래 성장 가능성을 어떻게 예측해 볼 수 있을까? 서울과 1기 신도시의 성장 과정을 벤치마킹하면 된다. 1기 신도시의 활성화 시기는 2005~2008년이다. 1기 신도시 입주는 1991~1995년이다. 신도시 입주 후 10년이 지나서야 활성화됐다. 1기 신도시 역시 입주 초기에는 지금의 2기 신도시처럼 불안과 우려의 시간을 겪어야 했다.

천하의 분당도 그랬고, 일산, 평촌, 중동, 산본도 어둠의 시간이 있었다. 10년이라는 시간이 지나서야 안정된 신도시로서 가치를 드러낼 수 있었다. 1기 신도시가 활성화되는 데 왜 10년이라는 절대 시간이 필요했을까? 교통, 교육, 상권, 환경이라는 기반 시설이 제대로 역할을 하는 데 10년이라는 시간이 필요하기 때문이다.

2기 신도시는 어떻게 예측해 볼 수 있을까? 2기 신도시 최초 입주를 따져 보자. 동탄 1기가 2007년 최초로 입주했고, 판교는 2009년부터 본격적으로 입주가 이뤄졌다. 두 지역을 제외하면 대부분 2011년 이후에 입주했다. 광교, 운정, 김포, 동탄2는 입주한 지 5년 정도밖에 되지 않았다. 아직 공사 중인 지역들도 있다. 지금 기준으로 보면 당연히 기반 시설이 부족할 수밖에 없다. 그러니 김포, 동탄2, 운정을 보면서 활성화되기에 부족한 지역이라고 판단하기에는 이르다.

물론 2기 신도시 중 판교, 광교는 이미 활성화되어 있다. 하지만 판교, 광교는 다른 2기 신도시와 시작이 달랐다. 이미 상당한 기반 시설을 두고 시작했던 곳이다. 판교는 분당이라는 거대 도시와 인접하고, 광교는 수원 영통이 같은 권역이다. 두 지역 모두 신분당선으로 강남권과 연결되어 있다. 준강남권 도시다.

지금까지의 과정만으로 1기 신도시 대비 2기 신도시의 경쟁력을 평가하기는 어렵다. 하지만 투자 여부를 결정하기 위한 미래 예측은 할 수 있다. 기반 시설이 1기 신도시와 유사한 수준이라면 2기 신도시가 무조건 경쟁력이 높다. 새 시설, 새 아파트라는 이유만으로도 경쟁력이 높다. 게다가 2기 신도시는 1기 신도시보다 미래 성장 가능성이 더 높다.

1기 신도시도 재건축이나 리모델링이 집단적으로 실시될 경우 경쟁력을 높일 수 있다. 하지만 1기 신도시가 대규모로 재건축·리모델링될 계획이 향후 10년 동안 없을 것이므로 현재 시점에는 2기 신도시의 미래 성장 가능성을 주목하는 것이 합리적이다.

물론 지역마다 기반 시설이 제대로 갖춰지는 시기는 다르다. 그 영향력도 다르다. 2기 신도시도 입지마다 다른 전략을 가지고 있어야 한다. 판교는 분당보다 강한 지역이 되었다. 광교도 수원보다 경쟁력이 더 높다. 김포와 파주는 일산과 경쟁하고 있다. 하지만 아직 일산을 역전할 내공을 갖추지 못했다.

동탄은 1기 신도시와 경쟁하는 체제가 아니다. 스스로의 수요를 충당해야 하는 지역이다. 산업단지가 들어오고 일자리가 많아질수록 동탄은 엄청난 경쟁력을 갖출 것이다. 규모 면에서 1기, 2기 신도시 중 가장 큰 규모다. 현재는 미분양이 쌓이는 지역 중 한 곳이지만, 그것은 신규 분양되는 동탄의 변두리 지역이지, 동탄역 주변 중심 지역은 프리미엄이 1억 원 이상 형성되어 있다.

그렇다면 2기 신도시에 언제 투자해야 할까? 1기 신도시에 주로 사용했던, 전세가율 높은 아파트를 전세를 끼고 소액 자기 자본으로 투자하는 일명 갭 투자 방법으로는 투자하기가 어렵다. 2기 신도시는 미래 성장 가능성을 보고 중장기 가치 투자를 해야 하는 지역이다.

신도시 초기에는 투자금이 더 많이 투입되더라도 교통, 교육, 상권, 환경이 가장 좋은 최고 인기 지역을 매입하는 것이 바람직하다. 미분양이 있는 신도시 중 미래 성장 가능성이 높은 입지는 지금이 투자 타이밍이 될 수 있다. 2기 신도시 중 현재 전세가가 분양가를 넘은 지역들이 계속 생긴다는 사실은 2기 신도시 역시 투자 경쟁력이 높아지고 있음을 증명한다.

너무 비싸다고 포기하지 말자. 더 비싸질 수 있으니까. 미분양이 많다고 무시하지 말자. 분당도, 일산도, 심지어 광교도 초기에는 미분양이 많았다. 5년 후, 10년 후 모습을 상상하면서 투자해야 한다. 부동산은 단기적으로 판단하면 안 된다.

수도권 1·2기 신도시 위치 및 규모

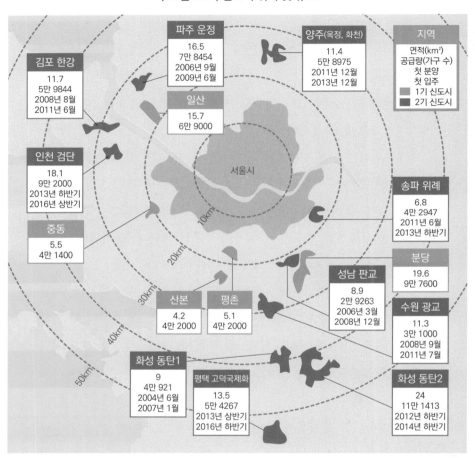

파주 운정
16.5
7만 8454
2006년 9월
2009년 6월

양주(옥정, 화천)
11.4
5만 8975
2011년 12월
2013년 12월

지역
면적(km²)
공급량(가구 수)
첫 분양
첫 입주
1기 신도시
2기 신도시

김포 한강
11.7
5만 9844
2008년 8월
2011년 6월

일산
15.7
6만 9000

인천 검단
18.1
9만 2000
2013년 하반기
2016년 상반기

서울시

송파 위례
6.8
4만 2947
2011년 6월
2013년 하반기

중동
5.5
4만 1400

분당
19.6
9만 7600

산본
4.2
4만 2000

평촌
5.1
4만 2000

성남 판교
8.9
2만 9263
2006년 3월
2008년 12월

수원 광교
11.3
3만 1000
2008년 9월
2011년 7월

화성 동탄1
9
4만 921
2004년 6월
2007년 1월

평택 고덕국제화
13.5
5만 4267
2013년 상반기
2016년 하반기

화성 동탄2
24
11만 1413
2012년 하반기
2014년 하반기

10km 20km 30km 40km 50km

자료: 국토해양부, 한국토지주택공사

제6장 정책

정부가 집을
거저 주지는 않는다

강남을 중심으로 한 주요 지역 아파트 시세가 다시 상승 기미를 보이자 또 다른 정책을 준비하고 있다는 기사들이 나오고 있다. 이에 비해 대부분의 지방 시장 상황은 많이 어렵다. 가격 하락과 거래 감소의 이중고를 겪고 있다. 완화 정책이 필요하다는 분위기가 조성되고 있다.

이렇게 양극단의 모습을 보이는 시장과 관련해서 많은 언론사와 독자들에게 질문을 받는다. 다음 정부 정책은 어떤 방향일지……. 그럼 그저 웃음으로 답변을 대신한다. 이제 정부의 부동산 정책에 대해서는 모두들 관심을 거두었으면 한다. 정부가 어떤 부동산 정책을 추진할 것인가에 신경 쓰지 말라는 얘기다. 이번 정부에서는 부동산 규제 위주의 정책만 나올 가능성이 매우 높다. 완화 정책이 나올 것이라는 기대를 하지 않기 바란다.

이전의 어떤 정부와 비교해도 적어도 부동산 쪽으로는 이번 정부만의 철학이 확실하다. 철학대로 정책을 만드는 경우 단기적인 시장은 보지 않는다. 결국 지금 시장의 가격이 상승하든 하락하든 이번 정부는 아마도 그동안 생각해 왔던 정책들을 지속적으로 펼쳐 놓을 것이다. 그렇기 때문에 앞으로 나올 정책들에 대해 단기적인 의견을 이야기해도 전혀 도움이 되지 않을 것이다.

하지만 이것만은 확실하게 말해 두고 싶다. 단기적으로 보면 시장이 모두 다를 수 있다. 그러나 장기적으로 보면 결국 유사한 흐름을 보인다. 10년 동안의 시세 상승만 놓고 보면 대체적으로 인플레이션 전후로 시세의 증감을 보였다.

다만 지역별로 상품별로 사이클이 조금 다르다. 2009년부터 상승했던 부산 시장은 2016년 조정장이 시작됐다. 경상남도 대부분의 지역이 같은 사이클을 보여 주고 있다. 2015년 전국 대세 상승기 때도 움직이지 않던 대전 시장은 최근 들어 조금씩 상승 기운을 보이고 있다. 서울은 2014년까지 조정장이었다가 2015년부터 2019년까지 지속적으로 상승했다.

서울이라는 시장도 너무 많이 올랐다 싶으면 조정장이 시작될 것이다. 부산이 그랬고 울산이 그랬던 것처럼 말이다. 하지만 많은 사람들이 불안해한다. 샀는데 내리면 어떡하느냐고, 안 샀는데 다시 오르면 어떡하느냐고……. 어떻게 해야 할까? 정부의 방향성과 시장의 움직임이 자꾸 엇박자가 나는 것 같다. 전문가들의 의견도 모두 다르다. 도대체 어떤 결정을 내려야 할까?

이렇게 제안하고 싶다. 단기적인 시장을 보지 말고 장기적으로 생각해 보자고 말이다. 단기적인 가격 상승과 하락을 걱정하지 말고, 내가 지금 매수 여부를 결정해야 하는 아파트가 10년 후에도 수요가 있을지만 따져 봐야 한다.

내 집 마련을 하는 것은 결국 주택 관련 고민을 하지 않으려는 것이다.

무주택자로서, 임차인으로서 겪어야 했던 주거 불안 문제에서 벗어나기 위해서 내 집 마련을 하는 것이다. 결국 내 집 마련을 하는 순간 대부분의 문제가 해결된다는 의미다.

샀는데 부동산 시세가 빠지면 어떻게 할까 걱정이다. 빠질 것이 예상되면 매수하지 않으면 된다. 평생 임차로 살아도 된다. 안 샀는데 부동산 가격이 다시 올라서 결국 또 못 사게 되면 어떻게 할지 걱정이다. 그러니 내 집 마련을 하라고 수없이 이야기하는 것이다. 입지 좋고, 상품 경쟁력 있고, 남들도 살 만한 가격이면 사도 된다.

부동산 정책 때문에 의사 결정하기가 너무 힘들다는 사람이 많다. 현재의 부동산 정책은 내 집 마련을 지금 하라는 것이다. 투자자들이 집을 사지 못하게 하고 있는 동안 내 집 마련을 하라는 것이다. 그런데 오히려 투자하는 사람들은 걱정이 없고 실수요 주택을 마련해야 하는 사람들이 걱정이 더 많다. 그렇게 스트레스를 받을 사람은 그냥 배우자의 의견에 따르면 된다.

만약 재테크를 하고 싶다면 차라리 예금을 하는 것이 좋다. 연금보험 나쁘지 않다. 손해는 절대 보지 않으니까 말이다. 무주택자가 거주용 집 한 채 사는 것도 투자다. 앞으로 집값이 떨어질 것이 확실하다면 집을 살 이유가 없기 때문이다. 그저 전세나 월세 등의 임차 형태로 집을 선택하면 된다. 그러면 이런 부동산 고민을 할 필요가 없다.

하지만 사람들 대부분이 걱정하는 것은 집값이 빠지는 것이 아니다. 나는 안 샀는데 집값이 더 오를까 봐 걱정하는 것이 대부분이다. 나는 안 사고 남이 샀는데 집값이 오르는 것처럼 속상한 일이 없다.

결국 내 집 마련도 어느 정도 리스크를 감수해야 한다. 투자이기 때문이다. 투자에 100% 확실한 것은 없다. 부동산을 매수하는 것도 마찬가지다. 집 한 채를 매수할 때도 하락할 수도 있다는 리스크를 감수하는 것이다. 그런 리스크조차 도저히 감당할 수 없는 사람이라면 아파트를 매수하면 안 된다. 아무리 소형 주택이라도 말이다.

정부는 공짜로 집을 마련해 주지 않는다. 나의 보금자리는 나 스스로 마련해야 한다. 부동산 정책은 활용의 대상이지, 경쟁의 대상, 의지의 대상이 아니다. 정책에 대한 확실한 인사이트를 가져야 한다.

1

부동산 정책이
현실과 엇박자인 이유

결론부터 말하자면

부동산은 수요 · 공급의 문제다.
경제 문제를 정치로 풀려니 어려워지는 것이다.

대한민국 정부에 부동산은 가장 먼저 고려해야 할 경제 요인일 것이다. 다른 여러 정책들도 중요하지만, 주택 문제는 현실적으로 민감하기 때문이다.

대한민국 국민이라면 누구나 부동산 문제를 직간접적으로 경험한다. 그런 국민의 선택을 받은 정부도 같은 입장이다. 강남에 사는 부자라고 2표 이상의 투표권을 주지 않는다. 부자든, 중산층이든, 노숙자든 똑같이 1표만 행사할 수 있다. 1인 1표제하에서 정부는 유권자 여론을 절대적으로 수용하는 입장일 수밖에 없다.

정치권의 큰 고민은 주택 소유자와 비소유자의 의견이 완전히 다르다는 데 있다. 주택을 가진 사람들 간에도 의견의 차이는 크다. 비소유자 사이에서도 의견이 각기 다르다. 대한민국 가구 수는 2,100만 정도다. 부동산에 대한 2,100만 개의 의견이 있다고 볼 수 있다.

문제는 모든 국민의 의견을 한 방향 혹은 한 계층에만 맞춰 추진하는 것은 불가능하다는 점이다. 따라서 한쪽의 방향성을 선택하되 다른 쪽의 의견도 어느 정도는 반영되도록 정책을 만들 것이다. 양다리, 회색 정책이라고 비난받아도 어쩔 수 없다. 정치는 정권을 차지하는 것이 최우선 목적이니까 말이다.

지지층을 확보하려는 정부의 노력에도 불구하고 우리나라 부동산 시장은 대체적으로 불안정한 모습을 보여 왔다. 어떤 정책을 만들고 실시해도 결국 비판을 받을 수밖에 없는 정부도 답답할 것이다. 어떤 정책을 내놓아도 정치 성향이 다른 국민들은 공무원들과 정치인들을 비판한다.

그러나 부동산 정책을 만드는 공무원, 정치인은 바보가 아니다. 많은 사람들이 '말도 안 되는 정책을 왜 만드는 거냐'며 비판하지만, 하나의 정책이 나오기까지는 그 분야에서 가장 우수한 인재들이 다각적인 조사와 시뮬레이션을 통해 피나는 노력을 한다. 명석한 석학들이 만들어 낸 정책이기 때문에 여기에는 현재의 부동산 시장에서 발생하는 문제들에 대한 거의 모든 것이 담겨 있다.

그런데도 왜 부동산 정책은 좋은 평가를 받지 못할까? 경제 문제를 정치적으로 해결하려고 하기 때문이다. 경제 문제는 시장 경제 논리에 맡기는 게 가장 좋은 방법이다. 하지만 정치인 입장에서 부동산만큼 선거운동하기 좋은 분야가 없다.

정부가 특정 방향으로 정책을 만드는 경우는 거의 없다. 부동산 정책을 살펴보면 크게 두 가지로 나뉜다. 두 가지가 반대인 듯 보이면서도 반대가 아니라는 것이 아이러니하다. 부동산 정책이 정치적일 수밖에 없다는 사실을 알면 반대 방향을 동시에 고려하는 이유도 이해가 될 것이다. 두 가지 방향은 이렇다.

하나는 부동산 가격 안정 및 투기 억제를 통한 주거 복지 향상 방안이다. 또 다른 방향은 침체된 부동산 경기를 살리기 위한 거래 활성화 방안이다. 부동산 거래 활성화를 통해 가격을 정상화하겠다는 것이다. 어떤 정부든지 간에 주기적으로 규제 강화를 통한 투기 억제 정책을 펴고, 부동산 불황기에는 거래 활성화를 위한 규제 완화 정책을 반복적으로 실시해 왔다.

어떤 정책에 대해 특정 계층은 드러내 놓고 표현은 못 하지만 속으로는 좋아했을 것이고, 다른 한쪽은 노골적으로 비판한다. 언론을 통해 접하는 부동산 정책에서는 불만이 부각된다. 이익을 보는 사람들의 속마음을 기사화할 수는 없었을 것이다.

모든 정부가 주거 복지 확대와 주거 안정을 위해 노력했지만, 어떤 정부도 만족스러운 평가를 받지 못했다. 늘 비판만 받았다는 편이 맞을 것이다.

이는 장기적인 계획이 아니라, 그때그때의 이슈에 대해 단기 처방식으로 대응했기 때문이다. 부동산 정책은 근본적인 문제를 해결하는 방향으로 가야 한다. 근본적인 부동산 문제는 무엇인가? 수요와 공급의 불균형이다. 어떻게 해결해야 할까? 수요를 충족해야 한다.

1990년대 초반, 노태우 정권의 200만 호 건설로 대한민국 부동산 시장이 가장 조용했던 것처럼 수요와 공급 문제인 부동산 문제는 공급을 해결하면 어느 정도 해소된다는 의미다.

단기 가격 폭등은 어떻게 하느냐고 반문할 수 있다. 이때도 정치적인 개입은 최소로 하고 시장 내에서 자연스럽게 해결되도록 하는 것이 맞다고 본다. 너무 비싸면 시장에서 스스로 조정한다. 아무리 부자라도 너무 비싸면 사지 않는다.

이를 위해 주택 시장이 안정화된 선진국 사례를 벤치마킹했으면 한다. 선진국도 자가 거주와 임대 거주로 시장이 양분화돼 있다. 임대주택은 다주택자들이 대부분 공급해야 한다.

수요와 공급 문제는 수요·공급 논리로 풀자. 그것이 선진국식 부동산 문제 해결 방법이다. 세금으로 단기 수요를 억제하는 것은 해결책이 아니다.

역대 정권별 부동산 정책과 아파트 가격 추이

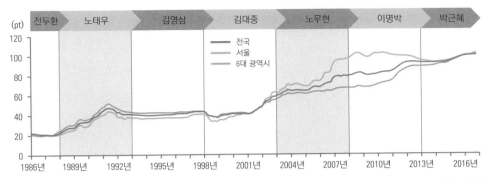

자료: 유진투자증권 김열매 연구위원(전 현대증권)

전두환	노태우	김영삼	김대중	노무현	이명박	박근혜
완화	규제	완화	완화	규제	완화	완화
지역 개발 집중	토지공개념 도입	주택 공급 확대	외환위기로 인한 개방	서민주의 의거 강력한 규제	경기 부양 위한 규제 완화	
	1988.08.10. 토지 과 다보유세 부과 1989 공시지가 제도 도입 1989.11. 분양가 상한제 도입 1990.04.13. 부동산 투기 억제 대책 1990.05.08. 5.8 부동산 투기 억제와 물가 안정을 위한 대기업비업무용 부동산 처분 조치 1987~1992 토지거래 전산망 구축	1993.08.12. 금융실명제 실시 1995.03.30. 부동산 실명제 도입 1995.11. 일부 지역 25.7평 초과 주택부터 순차적 분양가 자율화 1997.12.03. IMF 구제금융 신청 1998.02. 민간택지 분양가 자율화 1998.10. 수도권 공공택지 25.7평 초과 분양가 자율화 1999.01. 분양가 전면 자율화	1998.05.22. 주택경기 활성화 대책 1998.09.25.건설산업 활성화 방안 1999.08.20. 주택 건설 촉진책 발표 1998.12.12. 건설 및 부동산경기 활성화 대책 2002.09.04. 투기과열지구 LTV 60% 이내 2002.10.11. 전 지역 확대 LTV 60% 이내	2003.05.23. 분양권 전매 금지 수도권 전역 재건축 아파트 80% 이상 시공 후 분양 2003.09.05. 투기과열지구 재건축 조합원 지분 전매 금지 2003.10.29. 종합부동산세 조기 도입, 1세대 3주택자 양도세 60% 중과, 투기지역 LTV 50% → 40% 2005.06.30. LTV 60% → 40% 2005.08.31. 투기지역 6억 원 초과 DTI 40%, 1세대 2주택 양도세 50% 중과 2006.03.30. 투기지역 6억 원 초과 아파트, DTI 40%로 제한, 재건축 초과이익 환수제 2007.01.31. 투기지역, 투기과열지구 3억 원 초과 시 DTI 40% 적용 확대 2005.08. 공공택지 중소형에 분양가 상한제, 중대형에 분양가 상한제+채권입찰제 도입 2007 하반기 분양가 상한제 민간 아파트로 확대	2008.09.15. 리먼브라더스 파산 2008.11.03. 강남 3구 이외, 투기지역 해제 2009.07.06. 수도권 비투기지역 DIT 60% 2010.08.29. 강남 3구 제외 전 지역 DTI 규제 은행권 자율화 2011.12.07. 12.7 주택시장 정상화 및 전월세 지원 방안 2012.05.10. 강남 3구 투기지역 해제 2012.08.17. 30대 무주택 근로자, 은퇴자 DTI 규제 완화, 순자산도 소득으로 인정	2013.04.01. 4.1 부동산 대책 생애최초주택구입자금, 연말까지 LTV 70% 완화 2013.04.10. 생애최초주택구입자금, 연말까지 DTI 은행권 자율 적용 2013.08.28. 8.28 전월세 대책 2014.07.24. LTV 70% 일괄 상향 조정, DTI 60% 일괄 상향 조정 2015.04.01 주택 3법 시행 2015.07.07. 건축투자 활성화 대책 2015.07.22. 가계부채 종합 관리 방안 2016.08.25. 가계부채 대책 2016.11.03. 주택시장의 안정적 관리 방안

문재인 정부 부동산 정책 발표 일지

2017년	6월 19일	주택시장의 안정적 관리를 위한 선별적 맞춤형 대응 방안 : 조정 대상 지역 추가 지정, 조정 대상 지역 내 청약, 주택담보인정비율 (LTV)·총부채상환비율(DTI) 등 대출 규제 강화
	8월 2일	8·2 부동산 대책(실수요 보호와 단기 투기 수요 억제를 통한 주택시장 안정 화 방안) : 투기지역·투기과열지구 지정, 재건축·재개발 규제 정비, 양도소득세 강화, LTV·DTI 금융규제 강화, 자금조달계획 신고 의무화, 특별사법경찰제 도입
	10월 24일	가계부채 종합 대책 : 신DTI 도입, 총부채원리금상환비율(DSR) 조기 도입, 가계부채증가율 8% 이내 관리, 부동산 임대업자 규제 강화
	11월 29일	주거복지로드맵 : 청년, 신혼부부, 고령자, 저소득 생애주기별·계층별 주거지원 방안 마련, 향후 5년간 공적지원주택 100만 가구 공급
	12월 13일	임대주택 등록 활성화 방안 : 양도소득세·종합부동산세 등 세제 혜택 등을 통한 임대주택 등록 활성화, 전세금반환보증 활성화 등 임차인 권리 보호 강화
2018년	7월 5일	신혼부부, 청년 주거지원 방안 : 신혼희망타운 10만 가구 공급, 청년 우대형 청약통장 등 주거 로드맵의 신혼·청년 지원 프로그램 확대·구체화
	8월 27일	수도권 주택 공급 확대 추진 및 투기지역 지정 : 수도권 내 공공택지 30여 곳 추가 개발 30만 가구 공급, 서울 및 경기 일부 지역 투기지역, 투기과열지구 등 추가 지정
	9월 13일	9·13 부동산 대책(주택시장 안정 대책) : 조정대상지역 2주택 이상 보유자 종부 최고세율 최고 3.2% 중과 및 추가 주택담보대출 금지, 세부담 상한 150%에서 300%로 상향, 과표 3억~6억 원 구간 신설 및 세율 0.2%포인트 인상
	9월 21일	수도권 주택 공급 확대 방안
2019년	8월 12일	민간 택지 분양가 상한제 적용 기준 개선
	10월 1일	시장 안정 보완 방안
	11월 6일	민간 택지 분양가 상한제 일부 지정 및 조정대상지역 부분 해제

부동산이 폭락하면
전 국민이 강남에 살 수 있을까?

결론부터 말하자면

모두가 선호하는 입지는 공급이 제한적이다.
결국 지불 가능한 사람만이 살 수 있다.

얼마 전 부동산 관련 세미나에 참석했다. 주제는 '지금 집값이 거품인가'였다. 한 전문가는 현재의 과도하게 높은 집값이 많은 부동산 문제의 원인이라고 주장했다. 이런 주장은 현 부동산 시장에 진입하지 못한 수요층들의 어려움을 표현한 말처럼 들린다.

이 주장에는 맹점이 있다. '과도하게 높은 집값의 기준은 얼마부터인가?'다. 3.3m^2당 1,000만 원 이상이면 높다고 봐야 하는 것인가? 그래서 3.3m^2당 4,000만 원이 넘는 강남권 분양가는 과도하게 높다고 하는 것인가?

자본주의 경제에서는 수요·공급의 원칙으로 가격이 결정된다. 독점 시장이 아니면 소비자들은 필요 이상 높은 금액의 상품을 구매하지 않는다. 부동산 시장이 독점 시장이 아니라면 지금의 가격은 시장의 수요·공급에 따른 작용으로 형성된 것이다.

이 사실을 인정할 수 없다면 현재의 부동산 가격은 특정 세력의 음모로 봐야 한다는 것인가? 검증할 수 없는 음모론을 논외로 하더라도, 부동산 거품을 주장하는 전문가들에게 우리나라 부동산 역사를 통틀어 집값이 낮았던 적이 있었나를 반문하고 싶다. 우리 부모 세대나 조부모 세대에는 집값이 저렴했었는데, 우리 세대에 와서 갑자기 집값이 과도하게 폭등한 것인지 말이다.

부동산 거품론은 경제적으로 박탈감과 상실감이 큰 중산층 이하 계층들에게, 부동산 가격이 경제 문제의 핵심이라고 비판 대상을 임의로 특정함으로써, 부동산이 폭락해야 한다는 주장으로 심적 위안만을 주고 있는 것이 아닐까? 어떤 대안도 없이 말이다.

많은 사람들이 공통적으로 부동산 가격이 과도하게 높다고 평가하는 지역이 물론 있다. 서울에서는 강남구, 서초구 등 강남권이 그럴 것이고, 경기도에서는 과천, 판교, 분당 정도가 될 것이다. 이런 지역들을 일명 버블 지역이라 평가한다. 버블이란 단어 자체에 이미 부정적인 의미가 내포돼 있다. 버블이라는 말은 실제 가치 대비 과대평가됐다는 의미이기 때문이다.

그런 의미가 맞는 것일까? 아니다. 여기서 '과도'라는 말은 정도를 지나쳤다는 사전적 의미가 아닌, 내가 아무리 노력해도 소유할 수 없다는 뜻으로 보는 것이 솔직한 표현이다. 내가 소유할 수 없으면 과도한 것이 된다.

이는 부동산 시장을 대하는 올바른 태도가 아니다. 못 먹는 감 찔러나 보자는 식의 무책임한 자세다. 부동산 거품론은 문제 해결의 대안이 될 수 없다는 말이다.

버블 지역으로 칭하는 곳이 중산층 이하 계층들이 들어가기에 경제적으로 부담스러운 것은 사실이다. 하지만 수요가 매우 많은 지역이기도 하다. 버블 지역으로 들어갈 만한 층들도 존재한다. 그러니 요즘 같은 부동산 불황 속에서도 이 지역에 신규 분양이 있으면 줄을 서서 분양받지 않나?

그런 부자들에 의해 진행되는 시장은 그대로 놔두면 좋겠다. $3.3\,m^2$ 당 5,000만 원이든 1억 원이든 그 가격을 수용하는 층이 있다면 지속적으로 공급될 것이고, 수요가 없으면 금액을 낮춰서 다른 수요층을 찾을 것이기 때문이다. 시세보다 비싸게 매매되더라도 취득세를 많이 걸을 수 있고, 보유세(재산세·종합부동산세)는 정부의 부족한 복지 재원으로 활용할 수 있다.

특정 지역이 비싸다는 얘기는 공급 대비 수요가 월등히 많다는 뜻이다. 과도하다고 비난받을 정도로 높은 금액을 지불하더라도 그 지역에 들어가려는 수요층이 충분히 존재한다는 것이다. 버블 지역이 주목받는 것은 그 지역으로 들어가고는 싶은데 그럴 만한 능력이 되지 않는 수요층이 많기 때문이다.

버블 지역이 비싸지만 않다면 누구나 다 들어가려 할 것이므로 그 수요를 다 수용할 수 없다. 엄청나게 많은 수요가 가격을 끌어올렸고, 그 가격을 수용한 층들이 현재 그 지역에 자리 잡은 것이다. 경제적 능력이 되지 않으면 핵심 지역은 포기하고 주변 지역으로 관심 지역을 넓히게 된다. 그래서 강남 개발 이후 1기 신도시가 생겨나고 2기 신도시도 생겨났다.

그런 대안들 중에서 자신의 경제력으로 감당할 수 있는 지역을 골라 살면 된다. 이것이 정말 자연스러운 자본주의 시장 경제의 모습이 아닐까?

금융위기로 부동산 불경기가 장기화되면서 오히려 진짜 버블들을 판단할 수 있게 됐다. 진짜 버블은 앞으로도 불황에서 벗어나기 힘들 것이다. 반면 버블처럼 보였지만 버블이 아니었던 지역들이 드러나기 시작했다. 입지적으로 우월한 수도권이 최근 몇 년 동안 부각되었기 때문이다.

2008년 이후 보합 내지 하락세를 면치 못했던 수도권 부동산이 2014년부터 오르고 있다. 과거처럼 전 지역이 동시다발적으로 상승하지는 않았지만, 꽤 여러 지역의 부동산 시세가 오르고 있다. 상승과 하락을 반복하면서 검증된 부동산, 결국 입지가 우수한 곳이 다시 주목받고 있다. 대표적인 예가 '버블'로 불리던 지역이다.

경기도 안양시 만안구 래미안 안양메가트리아 조감도

경기도 안양시 평촌신도시

현재도 강남·서초·송파의 분양 시장이 가장 활발하고, 과천은 대부분의 단지에서 재건축이 진행되고 있으며, 분당과 평촌은 리모델링의 기대감으로 이슈가 집중되고 있고, 용인은 분당의 움직임을 따라 수지구를 중심으로 시세가 조금씩 상승하고 있다.

이 지역들의 부동산 가격 상승을 잡기 위해 정부도 규제를 계속 내놓을 것이다. 상대적으로 저렴한 지역으로 수요층을 분산하려는 시도도 지속될 것이다. 하지만 많은 사람들은 비선호 지역으로 이주하기보다는 비용을 더 지불하더라도 선호 지역을 선택할 확률이 높다.

신규 아파트가 대량으로 공급되는데 무슨 말이냐고 반문할 수 있다. 부동산은 입지가 가장 중요하다. 많은 사람들이 원하는 입지는 대부분 한정되어 있다. 입지 선택에서도 부익부 빈익빈 현상이 나타나고, 선택받지 못한 부동산들도 지속적으로 누적된다. 사람들은 대부분 공급보다 수요가 훨씬 많은 지역을 선택하기 때문이다.

결국 다수의 사람들이 원하는 입지에 추가 물량이 공급되어야 수요 문제가 해결될 터인데, 그 방법은 부동산 가격 상승의 주된 원인으로 사회적 지탄을 받는 재개발과 재건축밖에 없다. 분당처럼 재건축·재개발 조건(준공 후 30년)이 안 되면 리모델링을 할 수밖에 없다.

하지만 재개발·재건축·리모델링을 통한 공급 물량 확대는 물리적인 한계가 있다. 공급의 한계 때문에 좋은 입지는 가격 등락을 거친다 하더라도 궁극적으로 우상향 곡선으로 진행된다.

공부를 열심히 한다고 모두 서울대에 갈 수 없듯이, 강남에 들어가고 싶다고 모두 강남구민이 될 수는 없다. 총량이 정해져 있기 때문이다. 이건 경제적 차별도 아니고, 공평한 기회를 주지 않는 사회적 문제도 아니다.

보수든 진보든
부동산 정책은 똑같다?

결론부터 말하자면

국민이 바라는 것을
정부가 어떻게 해 줄 것이라 기대하지 마라.
정부는 만능이 아니다.
경제 활동은 결국 개개인의 몫이다.

언제부터인지 보수와 진보라는 단어가 선과 악이라는 개념으로 인식되고 있다. 보수는 지킨다는 의미가 강하다. 진보는 한 단계 더 나아간다는 의미다. 두 단어는 반대가 아니다. 동시에 존재할 수 있는 개념이다. 부동산 정책도 마찬가지다. 정권마다 다른 정책을 추진했다고 해서 진보 정부, 보수 정부로 구분하지 않는 것이 좋다. 부동산 시장을 이해하는 데 도움이 되지 않기 때문이다.

단적인 예로, 최초의 진보 정부인 김대중 정부의 부동산 정책은 역대 어떤 보수 정부보다 파격적으로 규제를 완화했다. 반대로 보수 정권으로 평가되는 박정희 정부는 완화책보다는 규제책이 많았다. 역시 보수 정권이라 할 수 있는 노태우 정부 때는 토지공개념이라는, 사회주의에 가까운 경제 논리가 적용됐다. 그렇기 때문에 자본주의 경제 문제를 보수, 진보로 단순화하면 현재의 부동산 시장을 이해할 수 없다. 보수와 진보 프레임은 유권자들의 표를 얻기 위한 정치 논리일 뿐이다.

물론 보수 정권과 진보 정권은 부동산 정책을 다르게 취할 수 있다. 표를 주는 계층이 다르기 때문이다. 그렇다고 반대편을 완전히 무시하는 정책을 펼 수는 없다. 어떤 계층도 과반수가 되지 않기 때문이다. 정책을 만드는 사람들은 양쪽의 의견을 조율해야 하는 어려운 위치에 놓이게 된다.

역대 정부들은 보수, 진보 의견을 모두 반영하기 위해 여러 노력을 했다. 법인세를 낮추거나 종부세 기준을 완화하는 것은 보수 세력의 이익을 보호하려는 모습이다. 그로 인해 부족해지는 세금을 보충하기 위해 다른 세율을 높이려고 한다. 공공주택을 끊임없이 공급하려고 하면서 민간임대주택도 활성화하려고 한다.

정치인들에게는 정권을 유지하는 것이 중요하다. 정권을 유지하기 위해서는 돈과 각종 개발 계획이 필요한데, 그런 지원이 가능한 세력은 일반인이 아니다. 결국 대기업 등 특정 집단의 원조가 필요하다. 대부분의 정부가 친기업적인 정책을 펼 수밖에 없는 이유가 여기에 있다.

반면 기득권 세력에 반대하는 진보 집단이 있다. 이들은 서민층을 지지 기반으로 한다. 집을 가진 사람들보다 집을 가지지 않은 사람이 상대적으로 많다. 그래서 이 계층에게 이익을 주고자 하는 정책을 많이 제안한다. 기초연금, 무상급식 등이 그런 예가 될 것이다.

진보의 한계는 부동산 정책에서 보수와 크게 차별화되지 않는다는 것이다. 역대 진보 정권도 결국 보수 정권과 같은 방법으로 부동산 문제를 해결하려 했다. 실질적인 문제 해결 방안을 제안하기보다 보수 진영의 정책을 비판하는 것에 초점을 두는 경우가 많다.

진보 진영은 논리적이고 합리적인 비판을 하고 서민을 위한 정책을 제안하기도 한다. 하지만 그들의 주장은 현실에서 실현 불가능한 정책이 많다. 모든 신규 주택을 공공주택으로 제공한다든지, 저렴한 전세를 제공하기 위해 임대 보증금 인상을 억제한다든지 하는 식의 정책 말이다. 조금만 생각해 봐도 이 정책들의 한계를 알 수 있다. 저렴한 전세를 대량으로 공급하는 것이 가능할까? 집주인의 사회복지 인식이 뛰어나 시세 차익을 볼 수 없는 집을 잔뜩 사서 저렴하게 전세로 공급해 줄 것을 기대하는 것인가? 아니면 개인 재산권을 제한해 강제로 그렇게 하려는 것인가? 대부분 실현이 불가능한 제안이다.

매매든, 전세든, 월세든 당장 살 집을 구해야 하는 일반 국민에게 혼란만 가중시키는 것은 아닌지 따져 봐야 한다. 양 진영의 대립은 부동산 문제를 더 어렵게 한다.

정부는 투표로 선출된 정치인들의 집단이다. 직접 투표로 선출되었든 선출된 사람이 임명했든 정치인들이다. 그들의 목적은 정권을 차지하고 유지하는 것이다. 그들은 투표로써 평가받아야 하므로 많은 사람이 좋아할 만한 정책을 만들어야 한다.

선거철엔 정책이 남발된다. 대부분 실현되지 않지만, 사람들은 혹시나 하는 심정으로 투표한다. 이명박 정부 당시 뉴타운 정책이 그랬고, 공공임대주택, 행복주택 등의 공공주택 공약이 주요 공약을 차지했다. 선심성 정책은 추진이 잘 되지 않는다. 된다 하더라도 계획만큼 큰 규모로 되는 경우는 많지 않다. 정부는 예산 안에서 움직이기 때문이다.

이것이 정부의 어쩔 수 없는 한계다. 국민이 바라는 것을 정부가 어떻게 해 줄 것이라 기대하지 마라. 정부는 만능이 아니다. 경제 생활은 우리 자신이 하는 것이다. 정부에 많은 제안을 하는 것은 바람직한 일이지만, 제안한 것이 이루어지기를 하염없이 기다리기보다는 자신에게 조금이라도 도움이 되는 행위를 하는 것이 낫다.

정부에 요구하려면 구체적인 요구를 하자. 실현 가능한 내용을 요구하자. 그래야 정부도 국민의 말에 귀를 기울일 것이다. 개인적인 이익을 위한 허황된 주장만 하면 무시할 가능성이 높다. 추진 가능성이 높더라도 정권 유지에 도움이 되지 않으면 정책에 반영될 수 없다. 진보 정권이든 보수 정권이든 마찬가지다.

주택 시장 활성화 대책과 주택 매매 거래량 추이

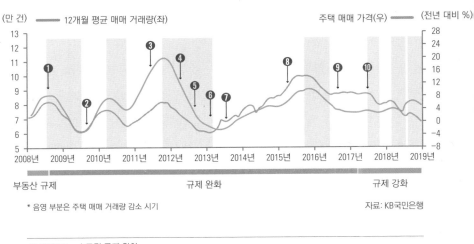

* 음영 부분은 주택 매매 거래량 감소 시기

자료: KB국민은행

❶ 2008.08. 수도권 규제 완화

❷ 2009.09. 보금자리 공급 확대

❸ 2011.08. 전월세 안정화

❹ 2012.05. 투기지역 거래신고제 해제, 양도세 중과율 완화, 다주택자 양도세 폐지, 분양가 상한제 폐지 등

❺ 2012.09. 미분양 주택 구입 시 양도세 감면, 취득세 50% 감면 등

❻ 2013.04. 생애최초주택구입 취득세 면제, 9억 이하 미분양 주택 양도소득세 면제 등

❼ 2013.08. 취득세 인하 등

❽ 2015.07. 가계부채 종합 관리 방안

❾ 2016.11. 조정대상지역 규제 강화

❿ 2017.08. 주택시장 안정화 대책

정책만 분석해도
'셀프 전문가' 된다

결론부터 말하자면

누가 혜택을 보는가?
그 혜택은 무엇인가?
두 가지만 보자.

정부의 부동산 정책은 모든 국민이 알고 있어야 한다. 우리 삶에 도움이 될 여지가 많기에 알차게 활용하자는 것이다. 정책을 보는 인사이트가 생기면 이를 활용할 다양한 전략을 세울 수 있다.

언론과 전문가의 한계는 '해석'까지만 한다는 것이다. 그 정책을 어떻게 활용하라는 행동 지침은 주지 않는다. 언론이나 전문가가 잘못이라는 얘기가 아니라, 언론과 전문가의 역할은 거기까지라는 뜻이다. 실행은 개인이 하는 것이다. 정보를 보는 인사이트가 있으면 스스로 방향 설정이 가능하다.

부동산 정책은 부동산 경기 흐름에 선행하는 패턴을 보인다. 부동산 완화 정책이 지속되면 부동산 거래는 활성화되고, 부동산 규제 정책이 지속되면 부동산 거래는 축소된다. 정책이 처음 발표되고 추진되는 시기는 그 반대 문제가 발생했을 확률이 높다. 결국 정책을 통해 현재의 부동산 시장과 미래의 부동산 시장을 분석할 수 있다.

먼저 주택 소유자 또는 주택 구매 의향자의 정책 활용 포인트를 정리해 보자. 규제 정책이 나왔다면 부동산 시세는 상승하고 있을 것이다. 상승 추세를 추종해 부동산을 구매하면 '상투'를 잡을 확률이 높다. 주택을 구입할 바람직한 시기가 아니다. 반면 주택을 매도하려는 사람들에게는 절호의 기회다.

완화 정책이 나왔다면 매도자보다 매수자가 시장 주도권을 가질 확률이 높다. 따라서 실수요층이라면 급매로 구입하거나 매도자와 금액 할인의 협상을 주도할 여지가 크다. 적극적으로 구매하기에 좋은 기회다.

주택을 소유하지 않은 임차 계층의 경우, 부동산 급등 시기에 매매가는 상승하지만 전세가는 안정될 확률이 높다. 시세 하락기에는 역전세 현상이 생길 수 있으므로 집주인의 경제적 능력에 관심을 가져야 한다. '깡통주택(매매가에서 부채를 뺀 금액이 전세가보다 낮은 주택)' 수준의 대출이 많은 주택은 더 조심해야 한다.

임차 세대들은 대규모 택지개발지구를 노릴 필요가 있다. 택지개발

지구 내 주택이 한꺼번에 많이 공급될 경우, 초기 임대 시세가 낮을 확률이 높다. 따라서 저렴한 가격에 새집에서 거주할 기회가 많다.

이렇듯 시장 판세, 특정 지역의 수요·공급에 관심을 가지면 여러모로 좋다. 임차 계층 중 주택 구매 의향이 있는 사람은 자기가 사는 지역의 주택 시세를 파악하고 있어야 한다. 시세 추이를 알면 가격이 싼지 비싼지 감이 생긴다. 그 감은 어떤 전문가의 판단보다 정확한 지침이 된다. 실거주 수요라면 어떤 시기라도 구매해도 좋다.

만약 투자자라면 위에서 설명한 규제 강화와 완화 시기를 구별해야 한다. 규제 판세가 장기간 지속되면 시세가 하락할 확률이 높다. 장기적인 완화 정책이 지속된다면 입지가 좋은 지역은 가격이 상승할 확률이 높다. 이렇듯 시장 예측을 통해 주택을 구입하거나 매도를 하면 된다.

사실 투자자들은 어떤 시기든 걱정할 필요가 없다. 현재 투자 수익이 은행 금리보다 높고, 여러 공제금(세금, 부대 비용)을 제외하고도 예·적금보다 수익률이 높다면 언제든 구입해도 된다. 이는 실거주 세대와는 다른 투자자만의 방법이다. 그래서 부동산 투자를 하려면 지역과 금리에 관한 지식도 많이 쌓아야 한다.

부동산 정책을 활용하는 수준의 사람들은 여간해선 흔들리지 않는다. 그런 수준의 사람들이 특별한 존재라고 생각지는 말자. 우리 부모들이 그런 사람들이다. 그 지역 부동산은 그 지역민들이 가장 잘 안다. 어떤 전문가도 그 지역 토박이만큼 알 수 없다. 특정 지역의 수요가 공급을 초과하면 그 이유는 현지 주민이 가장 잘 안다. 현지에서 오래 산 우리 부모, 선배들이 정책을 잘 활용할 확률이 높다.

정책 방향대로 움직이는 사람들 중 이익을 본 사람과 손해를 본 사람, 어느 쪽이 더 많을까? '정책은 부동산 경기에 선행한다'는 말에 정답이 담겨 있다.

박정희 정부 때 강남으로 진출한 사람들, 전두환 정부 때 목동·과천으로 진출한 사람들, 노태우 정부 때 분당으로 진출한 사람들, 김대중 정부 때 임대사업자가 된 사람들, 노무현 정부 때 지방에 투자했던 사람들, 이명박 정부 때 보금자리주택을 매수했던 사람들, 박근혜 정부 때 신규 아파트에 투자했던 사람들……. 이들의 공통점은 바로 정부 정책대로 실행했다는 것이다. 이들은 손해를 보지 않았다. 오히려 대부분 엄청난 수익을 얻었다.

문재인 정부의 정책 방향은 규제 쪽이다. 규제 정책이 지속되면 시세는 조정받는다. 과거 김영삼, 이명박 정부 때처럼 모든 지역에서 부동산 가격이 하락하지는 않겠지만, 수요가 없는 비인기 입지의 시세는 조정 폭이 클 것이다. 임대사업자 등록이 보편화될 것이다. 일반 매매 물량은 지속적으로 줄어들 것이다. 결국 실거주 매수든 임차 거주든 현실에 맞게 구입 여부, 임차 여부를 선택해야 할 시점이다.

모르는 건 미덕이 아니다. 부동산 시장은 알면 알수록 도움이 된다. 정보는 돈이 될 수도 있다. 그리고 부동산 관련 정보는 정책을 통해 얻을 수 있다. 그래서 정부의 정책에 주목하라는 것이다.

물론 부동산 정책은 비판의 대상이 될 수 있다. 자신이 기대하는 정책이 아닐 수 있다. 그건 당연하다. 자신과 경제 상황이 똑같은 사람은 어디에도 없으니까. 그러나 비판만 하는 건 아무짝에도 쓸모없는 비경제적 행위다. 정책은 활용의 대상이어야 한다. 내 생활에도 경제적 효과가 있어야 한다. 정부의 정책은 공짜 정보다. 그렇지만 그 안에 담긴 가치는 엄청 크다는 것을 잊지 말자.

그렇다면 정부 정책을 어떻게 활용해야 할까? 가장 먼저 할 일은 정부가 발표하는 정책을 꾸준히 살펴보는 것이다. 정부의 정책과 자신이 아무런 관계가 없다고 단정 짓지 말자. 대강이라도 어떤 정책이 있는지 알아야 필요한 시기에 조금이라도 활용할 수 있다.

정책을 꾸준히 보면 저절로 정책을 판단하는 시각이 생긴다. 처음 정책을 접하면 법전을 보는 것만큼 어려울 수 있다. 그럴 땐 두 가지만 보자. 하나는 정책으로 혜택을 보는 대상이 누구인가, 둘째는 그 대상이 어떤 혜택을 보는가다.

정책이 핵심으로 삼는 대상이 있다. 택지개발지구를 확대하는 것은 그곳으로 이사할 사람들을 위한 정책이다. 취득세 완화는 집 살 사람들을 배려하는 정책이다. 전세 자금 대출, 월세 자금 대출 관련 정책이면 임차 세대를 위한 정책이다.

정책이 발표될 때 불만이 가장 큰 계층이 누군지 명확해진다. 그 계층의 요구가 많으면 많을수록 그 방향의 정책이 지속적으로 시행될 가능성이 높아진다.

이런 식으로 정부 정책을 분석하다 보면, 현재 경제의 가장 큰 문제가 무엇인지 알 수 있다. 이 문제를 정부가 어떻게 해결하는지도 알 수 있다. 이런 과정을 통해 경제의 흐름도 알 수 있게 된다. 이 단계에 이르면 그 분야의 전문가가 된다. 전문가는 특별한 존재가 아니다. 현재의 경제 현상과 정부의 정책을 해석할 수 있으면 전문가라 할 수 있다.

　정부 정책을 분석하는 것은 개인의 경제 생활에 도움이 되는 실질적인 방법이다. '셀프 전문가'가 되자. 전문가를 통해 듣는 정보보다 스스로 이해하고 판단하는 정보가 알짜다. 구슬이 서 말이라도 꿰어야 보배다.

정권별 부동산 정책 방향

	박정희	전두환	노태우	김영삼	김대중	노무현	이명박	박근혜	문재인
집권 기간	1962~1979	1980~1986	1987~1992	1993~1997	1998~2002	2003~2007	2008~2012	2013~2016	2017~
정책 기조	규제 강화	규제 완화	규제 강화	규제 완화	규제 완화	규제 강화	규제 완화	규제 완화	규제 강화

부동산 정책과 방안

정책 구분			정책 수단
부동산 부양	수요 증대	거래 활성화	청약 자격 완화, 분양권 전매 제한 완화
		금융 지원	LTV/DTI 완화
		조세 감면	취득세·등록세 인하, 양도세 감면
		주택자금 지원	전세자금 지원 및 금리 인하
	공급 확대	공급 규제 완화	공공 토지 민간 공급 확대, 재건축 규제 완화
		개발 계획	신도시, 혁신도시 개발, 도심재생사업, 국가 주도 개발 사업
	기타		민간 임대 사업 활성화(뉴스테이), 미분양 아파트 지원
부동산 규제	수요 억제	거래 규제	다주택자 양도세 중과, 투기과열지구, 분양권 전매 제한
		수요 조절	중도금 대출 강화, 다주택자 규제
		조세 강화	취득세·등록세 강화, 양도세 중과, 종합부동산세·재산세 강화
		금융 규제	LTV/DTI 강화, 대출 심사 요건 강화, 대출금리 인상, 대출 총량 제한
	공급 조절	공급 확대	공공임대 공급 확대
		공급 규제	PF 대출 강화, 분양가 상한제, 재건축 규제 강화(용적률), 후분양 제도
		개발 억제	재건축 초과이익 환수
	기타		전·월세 상한 제도

부동산 정책,
늦게 '대응'하지 말고 미리 '반응'하라

결론부터 말하자면

반응과 대응은 '내공과 외공' 같은 것이다.
반응하기 위해서는 꾸준한 관심이 필요하다.

부동산 시장에 대한 미래 전망은 불투명하다. 거래량은 줄어드는데 가격은 하락하지 않으니 향후 부동산 시장은 예측 불가능이다. 부동산 정책의 목적도 아리송하다. 시세를 낮추려는 것도, 자가 비율을 높이려는 것도, 시장을 활성화하려는 것도 아니다. 시장에 어떻게 반응해야 할지 어렵기만 하다.

그동안 시장 참여자들은 불안정한 부동산 시장의 미래에 대해 '반응'하기보다 '대응'하자는 태도를 가져왔다. 반응이란 자극에 대해 상태의 변화가 일어나는 것을 의미한다. 대응이란 어떤 일이나 사태에 맞춰 태도나 행동을 취하는 것이다. 단어 자체로 보면 반응은 무조건 반사, 즉 소극적 태도로 볼 수 있고, 대응은 의지가 들어간 적극적 태도로 볼 수도 있다. 실제 그럴까?

어떤 사건이 발생하면 우리는 어떠한 태도를 취한다. 반응하는 것이 좋을까, 대응하는 것이 좋을까? 많은 사람들은 대응을 선택할 것이다. 질문을 구체화해 보자. 부동산 관련 정부 정책이 발표됐고 대출 규제를 한다고 한다. 반응하는 것이 좋을까, 대응하는 것이 바람직할까? 같은 의미처럼 보일 수 있지만 두 단어에는 미묘한 차이가 있다.

무협지나 무협만화를 보면 내공과 외공이라는 단어가 나온다. 반응은 내공이고, 대응은 외공이다. 무림의 고수들은 내공과 외공이 모두 뛰어나다. 하나만 부족해도 고수라 부를 수 없다. 하지만 어느 단계 이상 도달하기 위해서는 외공보다는 내공을 높이는 데 주력해야 한다. 외공으로 해결할 수 있는 것은 한계가 있기 때문이다. 특히 의사 결정이나 큰 사업을 운영하려면 내공이 있어야 한다.

대응은 적극적 행동이지만 해결할 수 있는 부분에 한계가 있다. 개인이 정부나 기업체와의 대결에서 승리할 가능성은 매우 낮다. 개인의 힘으로 어떻게 해 볼 여지가 매우 작다는 것이다. 개인 간의 대응도 마찬가지다. 소송으로 대응해야 하는 일이 발생하지만 그것으로 엄청난 수익을 얻는 건 아니다. 대부분 손해 보지 않기 위해 소송할 뿐이다. 대응의 기대 효과는 그 정도다.

반응에는 두 가지 종류가 있다. 무관심 반응과 관심 반응이다. 길을 가다 앞사람과 어깨가 부딪치지만 가던 길을 계속 가는 것은 무관심 반응이다. 정부가 대출 규제를 해도 대출과 상관없는 사람이라면 무관심 반응을 보인다. 3기 신도시 개발 계획을 발표해도 서울이나 기존 신도시에 거주할 것이라면 무관심 반응을 보이면 된다.

반면 휴대폰만 보며 걸어오는 사람을 보고 부딪칠 수 있겠구나 예상하고 피해 가는 것은 관심 반응이다. 정부의 대출 규제 소식에 다주택자들은 9억 원 이상의 중도금 대출이 어려워지고 이는 곧 9억 원 이하 물건에 대한 수요가 높아질 것이라 예상하는 것이다. 건설사 역시 분양가를 9억 원 선으로 맞추고, 그런 물건이 있는 지역은 어디인지 찾아보는 것은 관심 반응이다. 매번 전세금 상승에 신경 쓰는 것이 싫다, 부동산 가격 폭락과 상관없이 안정적인 내 집을 갖고 싶다는 것도 관심 반응이다.

반응이라는 단어에는 '물질 사이에 일어나는 화학적 변화'라는 의미도 있다. 물질의 성질이나 구조가 변하는 것을 말한다. 성질이나 구조가 변해야 제대로 반응이 된 것이다. 나는 변하지 않으면서 주변이 나에게 맞춰 변화될 것이라고 기대해서는 안 된다.

반응하는 방법을 배우기 위해서는 꾸준한 관심이 필수다. 피하기도 하고, 다른 생각도 해 보고, 정부나 기업체가 신경 쓰지 않는 틈새를 찾아보기도 하며 반응해 가면 된다. 제대로 된 반응을 하기 위해서는 별도의 노력이 필요하다. 세상을 보는 연습이 필요하다. 그것이 바로 인사이트다.

　대응할 일보다는 반응할 일을 많이 만들어야 한다. 그렇게 하기 위해서는 내가 변해야 한다. 나의 성질과 구조가 변해야 한다. 세상이 변하기를 기대하기보다는 내가 변화하는 것이 현명한 방법이다. 아무리 판단이 어려운 부동산 시장이라도 하나씩 문제점을 해결해 보자. 서울이 아니어도 오를 곳은 오른다. 그리고 언제 어디서나 사야 할 아파트는 있다.

6 8·2 대책, 9·13 대책 그 후, 추가 하락 너무 기대 마라

**부동산 정책의 의도는 '투기 수요 억제'다.
기대만큼의 시세 하락은 어렵다.**

정부의 부동산 대책이 발표될 때마다 많은 문의를 받는다. "아파트 시세 조정이 계속될 듯한데 매수 타이밍을 언제쯤으로 생각해야 할까요?"라는 질문이 다수다. 꽤 많은 사람이 정부 방향성과 다른 기대를 한다는 걸 느낀다.

정부 예산의 주된 수입원은 세금이다. 정부가 기대하는 건 국민의 저항이 발생하지 않을 정도로만 시세가 꾸준히 올라 주는 것이다. 불만이 누적되지 않는 범위에서 세금을 효과적으로 걷는 게 가장 큰 목적이다.

문재인 정부의 부동산 정책은 2017년 8·2 부동산 대책으로 대표된다. 8·2 부동산 대책의 정식 명칭은 '실수요 보호와 단기 투기 수요 억제를 통한 주택 시장 안정화 방안'이다. 첫 번째 목적이 실수요자 보호다. 두 번째 목적은 첫 번째 목적을 제대로 수행하기 위해 투기 수요를 억제하는 것이다. 이 정책은 실수요자의 내 집 마련을 돕는 것, 즉 무주택자나 1주택자를 위해 추가 투자 수요를 억제하려는 의도지, 집값 하락을 목표로 하는 게 아니다.

정부 의도와 달리 집값 하락만을 기대하는 사람이 많다. 그러나 시장은 투기 수요 억제나 집값 하락 쪽으로 전개되지 않을 것 같다. 무주택자 혹은 이사해야 하는 세대가 대책 없이 집값 하락만을 기다릴까 걱정이다.

정부는 다주택자의 주택 구입을 정책적으로 어렵게 해서 실수요층이 희망하는 입지, 선호하는 주택을 매수할 기회를 주려 한다. 시세를 낮출 테니 가격이 하락하면 집을 사라는 뜻이 아니다. 투자 수요층이 들어오지 못하도록 막음으로써 과거보다 희망하는 주택을 살 수 있는 가능성이 높아졌으니 준비된 세대부터 매수하라는 의미다.

그럼에도 불구하고 가격이 더 조정되면 사야겠다는 이들이 대부분이다. 서울 및 수도권 가격이 본격적으로 상승하기 시작한 2014년 수준을 기대한다. 2014년 서초구 반포동의 한 단지는 $3.3m^2$당 2,000만 원대에 분양됐다. 강남구 역삼동의 아파트 매매가는 전세가와 1억 원

이하의 차이를 보였다.

이런 가격이 다시 돌아올 수 있을까? 지금의 가격대가 엄청난 거품이라면 기대해 볼 만도 하다. 하지만 현재 시장 가격을 거품이라 판단하기는 어렵다. 입지와 상품이 좋은 단지는 더욱 그렇다.

2006년 전후 부동산 시장은 거품이 많았던 때로 평가된다. 노무현 정부가 부동산 가격 하락을 유도하기 위해 17차례 부동산 규제 정책으로 다주택자를 강하게 압박했다. 그러자 서울, 경기, 인천 내 수요가 적었던 입지의 재개발 투자와 대형 아파트에 투자 수요가 집중된 시기였다. 말 그대로 풍선 효과였다.

지금 부동산 시장은 완전히 다르다. 실거주 수요의 척도가 되는 전세가율만 봐도 알 수 있다. 과거에 '똑똑한 한 채'로 불리던 대형 아파트의 전세가율은 30% 전후로 50%에 미치지 못했다. 아파트의 시세가 엄청난 거품 가격이란 걸 보여 준다. 하지만 지금의 전세가율은 70% 전후가 상당수다.

8·2 부동산 대책의 영향으로 단기 가격 조정이 가능할 수도 있다. 실수요가 많은 주택이라도 투자 수요가 없는 경우는 없으니 이들이 단기적으로 빠진다면 가격은 일부 조정될 수 있다는 기대다. 하지만 투자 수요로 빠지는 비율은 얼마나 될까? 과연 2014년 시세까지 하락할 수 있을까?

2017년, 2018년 서울 아파트 시세는 크게 상승했다. 2018년 9·13 대책이라는 추가 규제책이 나왔다. 하지만 2019년, 상승 금액으로는 사상 최고의 상승이 이어졌다. 결국 3년간의 규제로 시장 가격 상승을 잡을 수는 없었다.

정부는 시세 하락까지 책임지지 않는다. 정책적으로 다주택자의 추가 매수를 어렵게 만들 뿐이다. 2014년 가격대까지 하락한다면 많은 투자자들이 만세를 부르지 않을까? 가격이 그렇게 하락하는 일은 없을 것이다. 시세가 하락하면 실수요층의 매수 수요는 증가할까? 아니다. 2010년 이후 3년간 시장이 그래 왔듯 주택 매수 수요는 위축될 가능성이 높다. 좋은 입지에 좋은 가격대 상품이 있다면 추가 하락을 너무 많이 기다리지 않길 바란다.

집값 폭락만 바라면
아무것도 되지 않는다

결론부터 말하자면

'수요＜공급 → 가격 하락'은 경제의 기본 원리다.
정부에 더 많이 지으라고 요구해야 한다.

부동산에 대한 국민들의 입장은 하나가 아니다. 부동산 시장에 거품이 생긴다면 정부·기업이 만든 것이 아니라, 일반인들이 투기 목적으로 뛰어들 때 생길 확률이 높다. 실거주 목적으로만 부동산을 거래하면 거품이 생기지 않는다. 지금은 실수요자가 부동산을 주도하는 시장이다.

'국민'은 부동산을 적극적으로 활용하는 계층과 고민만 하는 계층으로 나눌 수 있다. 부동산을 활용하는 계층은 정부·기업의 움직임을 예의 주시한다. 부동산 문제로 고민하는 층은 반대일 확률이 높다. 정부·기업의 활동에는 관심이 없고 자신의 처지만을 고려하는 경우가 많다.

부동산을 활용하는 계층은 어떤 정부라도 상관이 없다고 여긴다. 상황별 대책이 준비되어 있으니까. 이들이 가장 신경 쓰는 문제는 세금이다. 정부를 향해서는 세금 부분에 대한 불만이 존재할 뿐 다른 불만은 없다.

부동산 시장에 대한 논쟁이 벌어질 때마다 어려움을 겪는 이들은 부동산 고민층이다. 오르는 전세 가격과 월세 인상분에 시달린다. 좋아하는 곳에 사는 것은 상상할 수 없다. 지금 사는 지역도 맘에 들지 않고 점점 멀고 불편한 지역으로 밀려난다.

그러다 보니 정부·기업, 부동산 소유자에게 이익이 되지 않는 방향으로 시장이 전개되면 좋겠다고 생각한다. 이럴 때 부동산 폭락론을 주장하는 몇몇 경제학자의 이야기가 그렇게 반갑고 좋을 수 없다. 그런 경제학자가 주최하는 세미나에 참석하기도 한다. 그들이 말하는 해법은 단순하다. 집을 사고 싶다면 완전히 폭락할 때까지 기다리란다. 그때까지는 힘이 들어도 전세나 월세에 살라고 한다.

문제는 전세금이 계속 오른다는 것이다. 올려 줄 여유 자금이 없어 월세로 전환하면 생활비가 부족하다. 40개월 남은 자동차 할부금을 어떻게 해야 할지 모르겠다. 다음번 휴가는 홍콩으로 계획했는데 갈 수 있을지 모르겠다.

부동산 고민층의 일상을 극단적으로 표현해 보았다. 실제로 많은 이들이 이와 유사한 심정일 것이다. 하지만 정부·기업, 적극적 부동산 활용층에게 이런 일은 발생하지 않는다. 어떤 상황에도 손해 보는 경우가 없기 때문이다.

결국 부동산 고민층만 늘 고통받는다. 이들은 어떻게 해야 할까? 정부가 양질의 임대주택을 충분히 공급할 때까지 무작정 기다려야 할까? 폭락가로 거래될 때까지 기다릴까? 정부가 집주인들을 압박해 임대료를 내리기를 기다릴까?

시장은 개인의 바람대로 움직이지 않는다. 해결책은 스스로 만들어야 한다. 국가 정책이 필요하면 정책을 만드는 사람 혹은 영향을 줄 수 있는 사람들에게 구체적인 요구를 해야 한다. 정치인은 개별적인 의견은 신경 쓰지 않지만 집단적 의견에는 관심을 갖는다.

그것이 여론이다. 여론 형성이 어렵다면 내가 직접 현실적인 방법을 찾아야 한다. 당장 살아야 할 집은 구해야 한다. 시세가 부담스럽다면 저렴한 지역을 찾아야 한다. 원하는 곳보다 불편하겠지만 어쩔 수 없는 현실이다.

매매·임대 시세가 하락할 때까지 기다리지 않는 것이 좋다. 부자들의 입장을 대변해서가 아니라 그 반대다. 인기가 없는 특정 지역들은 가격이 하락할 수 있다. 하지만 내가 압구정동 현대아파트에 살고 싶은 이상 압구정 현대아파트는 폭락하지 않는다. 나 말고도 대기 수요가 많기 때문이다. 폭락할 아파트는 그 누구도 가기 싫은 곳이다.

압구정 지역 아파트

　이것이 부동산 문제의 현실적인 해결책이다. 어떤 지역이 오를 것이니 그 지역의 아파트를 사라는 의미가 아니다. 특정 지역, 특정 아파트를 혐오할수록 그 아파트를 가질 확률은 급격하게 낮아진다는 말이다.

　이런 국민의 불만은 정부가 내 사정을 알아 달라는 요구일 확률이 높다. 기초적인 생활이 어려운 계층을 위한 영구임대주택 등은 계속 공급될 것이다. 그건 정부가 할 일이다.

　그 이상의 계층은 스스로 문제를 해결해야 한다. 정부·기업 또는 인심 좋은 자선가가 뭔가를 해 줄 것이라는 요행을 바라지 말자. 부동산 문제 또한 아무것도 하지 않으면서 하늘에서 돈다발이 떨어지는 것을 기대하는 것은 아닌지 스스로에게 질문해 보아야 한다.

　집값이 올라야 된다는 말이 절대 아니다. 누구든 합리적인 가격으로 집을 사고, 적정한 가격의 월세를 지불하면서 살아야 한다는 대전제에는 동의할 것이다. 집값이 정상화되려면 공급이 많아지면 된다. 임대 가격이 내려가려면 임대 물량이 많으면 된다.

　정부·기업의 부동산 공급 노력(?)에 반대하지 말자. 공급 과잉은 소비자에게 좋은 것이다. 더 많이 지으라고 요청하는 것이 서민에게 더 유리하다. 기업끼리 경쟁할수록 소비자는 혜택을 본다. 경제학의 기본 원리다.

서울 투기 세력은 도대체 누구일까? 있기는 한 걸까?

결론부터 말하자면

가격 상승 이유는 공급 부족이다.
못 사게 할수록 더 오를 것이다.

쉬지 않고 오르기만 하는 것처럼 보이는 서울 아파트의 시세도 언젠가는 조정 시장이 올 것이다. 이렇게 말하면 매물까지 사라진 이 시장에서 도대체 무슨 말이냐고 하겠지만 다들 너무 조급하다.

이번 시장을 보며 다른 걱정이 생기기 시작했다. '일부 입지에 대해서는 거품 시장이 또 발생하겠구나…….' 시장 실패인 것이다. 다시 말하지만 서울도 언젠가는 조정 시장이 될 것이다. 그런데 그 조정 시장의 원인은 정부의 강력한 정책이 아니라 시장의 자정 작용일 가능성이 99%다.

현재 정부의 정책은 이런 단기 급등 시장에 가장 큰 원인을 제공했다. 현 정부의 부동산 정책은 8·2 대책이다. 실수요자 보호를 위해 단기 투기 수요를 억제하려는 정책이다. 그러나 정책의 주요 목적인 실수요자 보호를 하지 못하고 있다. 그들을 조급하게 했기 때문이다.

광명 철산동 아파트를 매도하기로 계약했던 지인은 계약금으로 받은 3,500만 원의 배액인 7,000만 원을 주며 계약 해지를 요구했다. 하지만 매수자는 7,000만 원을 받지 않겠다며 오히려 버티기를 하고 있다. 정상적인 시장이 아니다.

나는 1~2년 후에 이사할 집을 탐색하다가 한동안 서울 주요 지역의 매물이 급속도로 줄어드는 것을 파악할 수 있었다. 얼마 전 네이버 부동산, 호갱노노, 직방 사이트가 거의 다운되었다. 다운된 다음 날, 내가 검색하던 단지의 매물이 아예 사라져 버렸다. 거래가 된 것이 아니다. 매도 희망자 대부분이 물건을 거두어들인 것이다. 역시 정상적인 시장이 아니다.

시장에 매물이 점점 줄어들고 있다. 이러한 시장에서 정부는 추가 규제 대책을 내놓겠다고 한다.

중학생인 딸아이에게 물어보았다. 당연히 부동산이라는 분야를 전혀 모르는 부알못(부동산을 알지 못하는 사람)이다.

"아파트 가격이 계속 오르고 있어. 왜 그럴까?"

"아파트를 사려는 사람보다 팔려는 사람이 더 적어서 아니야? 아닌가? 그럼 아파트를 팔려는 사람보다 사려는 사람이 더 많아서 그런가?"

중학생도 이렇게 대답하는데, 정부는 그렇지 않다고 한다. 정부는 이 시장 실패의 원인은 모두 투기 세력이라고 한다. 그래서 투기 세력을 억제하기 위해 추가 대책을 발표할 것이라고 한다. 대책에는 갈수록 더 강력한 내용이 포함될 것이라고 한다. 강남에 사는 1가구 1주택자들도 투기 세력으로 이해하고 있다는 것이다.

1가구 1주택자라 하더라도 세금을 부여하는 기준인 기준 시가를 현실화하겠다고 한다. 현재 시세로 보유세를 부여하겠다는 것이다. 세금이 부담되면 집을 팔라는 얘기다. 그래서 시장에 매물이 나오도록 유도하려는 것 같다. '이 정도면 정말 더 이상 해 드릴 말이 없겠구나'라는 생각이 들었다.

이번 시장의 원인과 결과에 대해서는 나중에 제대로 다시 평가받겠지만, 내가 지난 20년간 지켜봐 온 시장 중에서 이번 시장과 정책이 가장 미스매칭되는 신비한 경험을 하고 있다.

얼마 전 서초구 반포동 아크로리버파크 25평형이 26억 원에 거래되었다. 정말 1평(3.3㎡)당 1억 원이 넘는 실거래 사례가 발생한 것이다. 일반 아파트로서는 최초다. 25평형을 26억 원에 매수하는 사람이 단기 시세 차익을 노리고 갭 투자를 하려는 투기꾼일까? 아니면 실제 거주하기 위한 매수였을까?

투기꾼이든 실수요자든 재산세를 올려서 기존에 300만 원 내던 것을 500만 원 내게 한다면 그 세금이 부담되어서 집을 매물로 내놓을까? 더군다나 1가구 1주택자가 말이다. 그렇다면 투기지역을 아무리 많이 지정하고 재산세를 올린다 해도 시장에 매물이 나올 가능성은 거의 없다고 봐야 하지 않을까?

금리를 올려야 한다고 주장하는 사람들이 있다. 25평형을 26억 원 주고 사는 사람들이 대출을 얼마나 받을까? 얼마 전 서초구의 한 아파트를 실거주 목적으로 구매한 지인의 매수 가격은 28억이었다. 대가족이고 56평형을 구입했다. 대출을 얼마 받았을까? 5억 받았다고 한다.

다시 딸아이에게 물었다.

"아파트 가격이 계속 오르는데 그럼 어떻게 해야 할까?"

"더 오르기 전에 사야지. 더 오르면 부담되잖아."

보통 사람들의 생각이 이럴 것이다.

딸아이에게 마지막으로 정말 어려운 질문을 했다.

"그럼 아파트 가격이 오르지 않게 하려면 어떻게 해야 할까?"

"아파트를 많이 지어 주면 되지."

"아파트를 많이 짓고 싶은데 땅이 없고 돈도 없대. 그럼 어떻게 해야 해?"

"그걸 내가 어떻게 알아? 그러니까 비싸지는 거잖아!"

"그래. 그럼 말이야, 사람들이 아파트를 못 사게 하면 아파트 가격이 좀 내려가지 않을까?"

"못 사게 하면 왠지 더 사고 싶을 거 같은데!"

더 보탤 말이 있을까?

어떤 강력한 규제가 나온다 해도 원인 진단이 잘못되었기 때문에 처방이 잘못될 수밖에 없다. 더 올라갈 시세를 그나마 정책으로 저지했다고 얘기하는 사람들도 있다. 이 부분은 나의 지난 20년의 경험을 걸고 자신 있게 말할 수 있다. 소비자들은 상품이 아무리 좋아도, 아무리 조급해도, 가치 대비 너무 비싸다고 판단되면 매수하지 않는다. 시장과 소비자들을 너무 만만히 보면 안 된다.

규제 정책이 투기 세력을 확실하게 억제하지 않느냐고 하는 사람들도 있다. 나는 생각이 다르다. 2016년 11·3 대책 이후로 서울에 갭 투자 세력은 거의 없어졌다고 생각한다. 정책의 결과가 아니라 매매가와 전세가의 갭이 전세 레버리지 투자를 할 만한 금액이 아니기 때문이다.

결국 정부가 실수요자 보호를 위해 제거 대상으로 지정했던 투기 세력이 실제로는 존재하지 않았던 시장이었다는 것이다. 존재하지 않는 대상을 상대로 규제 정책을 펴고 있는 것이다. 규제 정책이 도대체 누구를 위한 정책인지, 정말 실수요자를 위한 정책인지 다시 생각해 보았으면 한다.

기회와 위험은
겉모습이 같습니다

얼마 전 부동산 업계의 선후배님들과 저녁 자리가 있었습니다. 세계 경제, 국내 경제, 그리고 부동산 시장까지 정말 다양한 주제로 이야기를 나누었습니다.

"김 소장, 어설픈 투자자들이 걱정이에요."

제가 무척 좋아하는 건설사 대표님 말씀입니다. 대한민국에서 가장 열심히 공부하며 사업체를 운영하는 분이죠. 제가 알고 있는 한 가장 깊이 있는 통찰력을 지닌 분입니다. 그런 분이 제게 걱정이라는 표현을 쓰셨습니다. 그런데 저도 요즘 똑같은 걱정을 하고 있었거든요. 부동산 시장을 좋지 않은 시선으로 보는 분들이 있습니다. 그분들은 좋지 않은 부동산 행태들 때문에 그런 선입견을 가지고 있다고 생각합니다.

그런 좋지 않는 행태들 중 하나가 바로 아무 이유 없이 추천하고 아무 고민 없이 매수하게 하는 찍어 주기 부동산 투자입니다. 소위 묻지마 투자지요. 현재 서울은, 수십 번 반복해서 말씀드리지만 투자 시장이 아닙니다. 실수요 시장입니다. 실수요 시장이 뭔지 잘 모르겠다고 하시는 분들은 "빠숑의 세상 답사기" 네이버 블로그에서 '실수요 시장'으로 검색해 보시면 관련 칼럼이 수십 개 나올 겁니다. 그걸 보고도 이해가 안 되면 이 책을 3번만 연속해서 읽어 보세요.

부동산 매매 행위의 주체는 크게 세 부류로 나눌 수 있습니다. 초기 투자자, 후발 투자자, 그리고 실수요자입니다. 여러분의 위치는 과연 어디인가요? 초기 투자자든, 후발 투자자든, 실수요자든, 임차인이든 서울은 여간해서는 걱정 안 합니다. 조정기가 온다 해도 그냥 살면 그만이기 때문입니다. 그게 실수요 시장의 최대 장점입니다.

문제는 말 그대로 순수 투자 목적으로 갭 투자 시장에 멋모르고 진입하신 분들입니다. 과거 조정이 심했다는 이유만으로 수요가 없는 지역 또는 수요가 축소되는 지역을 매수하면 이미 매수해 놓고 기다리고 있던 초기 투자자에게 여지없이 당할 겁니다.

공부하셔야 합니다. 스스로 판단하실 수 있어야 합니다. 단톡방이나 찍어 주기 강의에서 아무 이유 없이 추천하는 지방 갭 투자 물건들 중에는 투자하면 안 되는 것들이 투자 가능한 상품보다 훨씬 더 많습니다. 저는 20년째 수요 조사만 해 온 연구원입니다. 전국 부동산 수요 움직임은 다 다릅니다. 빠지고 있는 곳이 훨씬 더 많습니다. 빨리 부자가 되고 싶다는 목적 하나만으로 그렇게 수요가 빠지고 있는 부동산 투자 시장에 뛰어들면 안 됩니다. 그러면 100% 초기 투자자들에게 당합니다.

공부하셔야 합니다. 그래야 실수요 매수든 투자 매수든 제대로 하실 수 있으니까요. 이번 책이 이해될 때까지 반복해서 읽어 보세요. 그러고도 이해가 되지 않으면 제가 가끔씩 하는 특강이라도 들으러 오세요. 제 책의 독자분들만이라도 어설픈 투자는 하지 마시라고 다시 한번 당부드립니다. 그렇게 무리해서 투자하지 않아도 투자할 것 많습니다.

부동산을 투기로만 보는 사람들은 부동산 시세가 한번 오르기 시작하면 오름세가 계속된다고 믿습니다. 하지만 현실은 그렇지가 않습니다. 많이 오르고 나면 반드시 보합기가 옵니다. 조정기가 될 수도 있습니다. 현재 가격이 적정 가격인지 아닌지 시장이 스스로 판단하는 시간이 필요하기 때문입니다.

부동산 시세가 언제까지 오르고 언제부터 조정될지는 아무도 모릅니다. 그것을 예측할 수 있다고 이야기하는 사람들은 사기꾼일 가능성이 높습니다. 부동산 투자자들에게 시세 상승장은 그만큼 양날의 검 같은 시장입니다. 거품이면 실패한 투자가 될 가능성이 높습니다. 결국 거품이 아닐 가능성이 높은 부동산을 선택해야 합니다.

부동산 투자도 가치 투자가 기본이 되어야 하는 이유가 여기에 있습니다. 대세 상승장이든 대세 하락장이든 지역장이든 보합장이든 미래 가치가 어느 정도 담보되어 있는 부동산은 마음에 평화를 줍니다. 현명한 부동산 투자자는 미래 가치를 현재 가치로 매수하는 투자자입니다.

시장과 싸울 필요도 없습니다. 정부 정책에 크게 우려를 보일 필요도 없습니다. 내일 시세 등락에 신경을 쓸 필요도 없습니다. 그저 묵묵히 현업에 집중하면 됩니다.

《대한민국 부동산 사용설명서》가 여러분의 평생 동반자가 되어 드리겠습니다.

Good partner for you!

대한민국 부동산 사용설명서

초판 1쇄 | 2020년 1월 1일
      7쇄 | 2021년 3월 25일

지은이 | 김학렬(빠숑)

펴낸곳 | 에프엔미디어
펴낸이 | 김기호
편집 | 상현숙, 양은희
디자인 | 채홍디자인
지도 제공 | NAVER

신고 | 2016년 1월 26일 제2018-000082호
주소 | 서울시 용산구 한강대로 109, 601호
전화 | 02-322-9792
팩스 | 0505-116-0606
이메일 | fnmedia@fnmedia.co.kr
블로그 | https://blog.naver.com/bookdd

ISBN | 979-11-88754-23-6

이 도서의 국립중앙도서관 출판예정도서목록(CIP)은
서지정보유통지원시스템 홈페이지(http://seoji.nl.go.kr)와
국가자료공동목록시스템(http://www.nl.go.kr/kolisnet)에서 이용하실 수 있습니다.
(CIP제어번호: CIP2019047344)